U0579960

0～3岁儿童早期教育指南

编委会

主编
北京市教育委员会

承编
学前教育杂志社

编写组成员
梁雅珠　张　燕　王书荃　陈欣欣　王惠珊　杨海河
魏　龚　何桂香　宗文革　晏　红　程　洁　李　颖

北京师范大学出版集团
BEIJING NORMAL UNIVERSITY PUBLISHING GROUP
北京师范大学出版社

图书在版编目(CIP)数据

0～3岁儿童早期教育指南/北京市教育委员会主编. —北京：
北京师范大学出版社，2010.7(2022.6重印)
ISBN 978-7-303-11032-2

Ⅰ.①0… Ⅱ.①北… Ⅲ.①婴幼儿－早期教育－指南 Ⅳ.
①G61－62

中国版本图书馆 CIP 数据核字(2010)第 092145 号

营 销 中 心 电 话　　010-58802181　58805532
编 辑 部 电 话　　010-58808898

出版发行：北京师范大学出版社　www.bnupg.com
　　　　　北京市西城区新街口外大街 12-3 号
　　　　　邮政编码：100088
印　　刷：三河兴达印务有限公司
经　　销：全国新华书店
开　　本：710 mm×1000 mm　1/16
印　　张：18
字　　数：350 千字
版　　次：2010 年 7 月第 1 版
印　　次：2022 年 6 月第 9 次印刷
定　　价：25.00 元

策划编辑：罗佩珍　　　　　责任编辑：罗佩珍
美术编辑：毛　佳　　　　　装帧设计：阳创业　郭彩霞
责任校对：李　菡　　　　　责任印制：陈　涛

序

　　早期教育是终身教育的起点，是人类个体从家庭走向社会的第一步。近年来，脑科学、神经科学等研究的新进展更让我们认识到，0～3岁是人一生发展最为迅速和关键的时期。在0～3岁阶段，家长是孩子的第一任教师，家长对于儿童早期发展的意义格外重要。同时，对儿童来说，影响其发展的生态环境是多层次、多性质的，尽可能地将多元化的生态环境因素包容进来，是一种理想的选择。而家庭和社区作为直接影响婴幼儿的重要生态环境，理应被纳入早期教育的范畴。"建立以社区为基础的早期教育（服务）网络"正是在重视家庭、社区作用的趋势下，成为当今世界学前教育领域的一个热点，备受世界各国政府、学者和教育工作者的关注。

　　近年来，我国对0～3岁儿童保育和教育的管理已由卫生部门或福利部门主管，转变为由教育部门主管，从管理上理顺了关系。0～6岁学前儿童教育的一体化，使原本以散居家庭养育为主的0～3岁儿童教育模式转化为由全社会关注和参与的保育和教育相整合的教育模式，使0～3岁和3～6岁这两个年龄段之间产生了自然的衔接。同时，近些年来，随着经济体制的改革和城镇化程度的加快，我国的社会结构和组织形态发生了重大的变化。这些变化使得"社区"的概念逐渐被强化。

　　在时代发展的背景下，我国各级政府逐渐都在大力推进以社区为基础的早期儿童服务网络的建设和发展工作。2003年3月，国务院办公厅转发了教育部等中央十部委签发的《关于幼儿教育改革与发展的指导意见》的通知，将"根据城乡的不同特点，逐步建立以社区为基础，以示范性幼儿园为中心，灵活多样的幼儿教育形式相结合的幼儿教育服务网络，为0～6岁儿童和家长提供早期保育和教育服务"列入了我国幼儿教育改革的总目标。2001年，北京市政府颁布《北京市学前教育条例》，明确提出"倡导和支持开展3周岁以下婴幼儿园的早期教育"。

为贯彻落实《北京市学前教育条例》，满足0～3岁儿童接受早期教育的需求，北京市教育委员会于2001年启动了"以幼儿园为依托的社区儿童早期教育基地建设工程"，市政府将其列入当年为市民办的六十件实事之一，有力地促进了该项工作的开展。截止到2009年12月，北京市已建成280个社区儿童早教基地，初步形成以社区为依托，以示范基地为中心，利用社区多种资源，为社区家长提供的多元化、多层次，灵活多样、正规与非正规形式相结合、托幼机构与家庭相结合的早期教育、指导与服务网络。"十一五"期间，北京市将进一步扩大社区儿童早教基地的规模，辐射全市散居儿童家庭，发挥教育机构的服务功能和示范功能，最大限度地提高0～3岁儿童的受教育率，提高不同层次家长的科学育儿水平，普及科学的早期教育。

但要使社区早期教育事业能够顺利、持久地开展下去，切实满足0～3岁儿童接受科学系统早期教育的需求，不仅需要进一步加强正规托幼机构中早教基地的建设，规范管理，保障质量，强化服务，还必须培养一支掌握3岁以下儿童生理及心理特点、生长发育规律和适宜的教育内容与方法的专业队伍，使依托幼儿园的社区儿童早期教育工作能够健康、持久地开展下去。因此，加强0～3岁儿童早期教育师资的培训是学前教育事业发展的需要，直接影响着早期教育的发展与质量的提高，最终使0～3岁儿童和家长受益。

为适应新形势需要编写的《0～3岁儿童早期教育指南》一书，是近年来北京早教工作者理论研究与实践探索成果的集中反映，也是所有参与编写的专家、教师集体智慧的结晶。由于0～3岁儿童早期教育的相关研究还处于起步阶段，0～3岁儿童早期教育师资的培养还需要进一步的探索，本书将在研究和实践的发展中继续完善。

我们相信，在全社会的参与和支持下、在早期教育专业人员的钻研和努力下，0～3岁儿童的早期教育事业能得到可持续的优质化发展，0～3岁儿童能在更适宜的教养环境中得到高质量发展，0～3岁儿童家庭能在更有支持的社会环境中得到和谐发展。

罗洁

2010年5月

0～3岁儿童早期教育指南

Contents 目录

实务篇

基础篇

第一章

婴幼儿卫生保健

　　婴幼儿是指从出生至不满3岁的小儿，婴幼儿时期是人生的基础阶段，也是一个特殊的阶段。从新生儿到婴儿、幼儿都处在不断生长发育的过程中，其解剖生埋上的动态特点在各个年龄段也有变化，而且与成人完全不同。

　　在这一时期婴幼儿生长发育最为迅速，同时，各器官系统不成熟、机体抵抗能力低下，易患各种疾病。因此，重视与加强对婴幼儿的保健尤为重要。我们要了解有关婴幼儿保健知识，按科学规律办事，科学教养与护理，以保障婴幼儿健康成长。

【第一节】
婴幼儿分期与保健要点

一、新生儿期

　　从出生至未满28日为新生儿期，新生儿时期是婴儿期的一个重要而特殊的阶段。新生儿从在母亲子宫内生活过渡到外界生活，环境发生了巨大的变化，由于新生儿身体各器官系统的功能尚不成熟，对外界环境适应性差，抵抗感染能力弱，极易患各种疾病。新生儿期是生命最脆弱的时期，发病率高而且病情变化迅速，死亡率明显高于其他年龄阶段。

　　新生儿期保健要点主要有以下几点。

　　（一）保暖

　　新生儿自身调节体温的功能尚不成熟，受环境温度的影响很大，保暖对于新生儿很重要。冬季新生儿居室的温度宜保持在18℃～24℃，湿度在50%～60%为好；夏季注意通风，应当根据气候高低的变化，随时调节室内环境温度和包裹的衣被。冬季要预防煤气中毒，夏季要预防中暑，也要避免吹过堂风。

（二）喂养

鼓励与提倡母乳喂养，母乳营养成分全面，酶和免疫物质含量多，有利于新生儿健康成长和抵抗感染。足月顺产的新生儿出生半小时内应开始吸吮母亲乳头，早吸吮有利于母亲分泌乳汁，有助于母乳喂养成功。新生儿期一昼夜哺喂次数不应少于8次。

（三）护理

1．衣服：新生儿衣着要宽松，不妨碍四肢活动，易穿易脱。可用柔软的棉布制成，干燥、清洁。尿布要用柔软吸水性好的棉织布做成，湿后要及时更换，以防臀红。新生儿不宜捆裹，应使肢体自如伸屈。

2．脐带：脐带未脱落时，要保持局部的清洁干燥，防止沾水或污染，预防脐部感染。洗澡时，尽量避免洗澡水溅入脐部残端处；换尿布时，应注意尿布不要覆盖于脐部，以防大小便污染脐部；同时每天可用75%的酒精在脐轮下缘凹陷处自内向外呈螺旋形擦拭消毒。脐带一般出生后3～7天脱落，脱落后局部有少许渗液，可自然愈合。

3．皮肤：新生儿皮肤娇嫩，易发生破溃或感染。应当注意保持新生儿颈部、腋下、腹股沟部、臀部等部位皮肤的干燥和清洁。尿布湿了要及时更换，大便后用温水清洗臀部，还要常洗澡，洗澡水温度以略高于体温为宜，浴后可用爽身粉。如发现皮肤潮红时，可用鞣酸软膏或消毒的植物油等涂抹。

4．睡眠：新生儿期睡眠时间为每天20小时左右，睡时体位宜变换，不要长时间仰卧。喂奶后宜向右侧睡，可减少溢奶的发生率。

（四）预防感染

1．新生儿的一切用具要经常煮沸消毒。洗脸与洗臀部的毛巾要分开。

2．不要给新生儿挤乳头，不擦口腔，不擦马牙，以防乳腺炎和口腔感染。

3．护理新生儿时，如喂奶、换尿布、洗澡等要洗手。新生儿期尽量减少亲友探望，避免交叉感染。

二、婴儿期

自出生至不满1周岁称为婴儿期。婴儿期是生长发育最快的时期，对能量和蛋白质的需求特别高，如供给不足易发生营养不良和发育迟缓。在进食种类与数量逐渐增多的同时，由于婴儿消化和吸收功能未发育完善，容易出现胃肠功能紊乱，发生消化不良和腹泻。随着月龄增长，婴儿从母体获得的免疫力逐渐消失，自身免疫功能尚未发育成熟，抗感染的能力较弱，容易患各种感染性疾病和传染性疾病。

婴儿期保健要点主要有以下几点。

（一）合理喂养

为满足婴儿期快速生长发育的需要，必须给婴儿供给丰富的营养。母乳的成分最适于6个月内婴儿生长发育的需要，要鼓励纯母乳喂养；婴儿满6个月后要逐渐添加辅食，补充能量及各种营养素。辅食应当按照食物的种类、性状、数量等顺序添加，注意观察婴儿的消化功能，防止消化不良、营养失调等。

（二）促进感知觉和运动的发展

婴儿期是感知觉和运动发展的快速时期。婴儿的感知觉是在日常生活中通过实践与训练发展起来的。应结合婴儿的特点，利用颜色鲜艳的玩具或带有声响的玩具及柔和的语声促进初生婴儿视觉、听觉的发展；稍大的婴儿，要结合一日的生活、训练由近及远地引导其认识生活环境，促进感知觉的发育并培养观察的能力。按照运动发展的规律，适时地训练婴儿翻身、坐、爬、站、走等能力，促进婴儿运动觉的发展。

（三）坚持户外活动与体格锻炼

婴儿满月以后就可以抱到户外呼吸新鲜空气、接触阳光。根据不同的季节，只要风和日丽、室外温度在0℃以上，均可以让婴儿在户外活动；每日1~2次，随着月龄的增加，可以从开始时的每次10~15分钟延长到每次30分钟~1小时。户外活动可以让婴儿认识大自然，接触阳光、空气和风的刺激，增强机体对外界环境变化的适应能力。同时，采取婴儿被动体操、主动体操等体格锻炼活动，可增强婴儿身体各器官系统的功能，提高婴儿的身体素质。

（四）按时预防接种

婴儿时期由于抵抗能力低下，对各种传染病均有较高的易感性。接种疫苗是预防、减少与消除传染病的有效方法。为保护婴儿，家长应按照国家规定的计划免疫程序，在1岁以内完成预防接种的基础免疫。

（五）定期健康检查及预防常见病

按目前婴儿期健康体检要求，婴儿在出生后一年内定期健康检查4次（3月龄、6月龄、9月龄、12月龄），6月龄测查一次血红蛋白，8～9月龄进行一次听力筛查。通过健康检查及时发现问题，给予诊治，保证婴儿的健康和正常生长发育。

此外，要积极预防婴儿期易患的感染性疾病，如呼吸道感染、腹泻等；营养缺乏性疾病，如营养不良、缺铁性贫血、佝偻病等疾病。

三、幼儿期

从1岁至不满3周岁（1～2岁）属于幼儿期，即出生后第2年和第3年。幼儿期体格生长速度较婴儿期缓慢，但仍处于生长发育阶段，依然要重视幼儿期的膳食质量，供给充足的营养。幼儿期神经发育迅速，语言、思维、动作和社会交往能力明显发展，应关注幼儿教育与生活、卫生习惯养成。由于幼儿的活动能力增强，活动范围扩大，对危险的识别和自我保护能力又不足，因此应注意预防意外伤害的发生。

幼儿期保健要点主要有以下几点。

（一）合理安排膳食

幼儿期仍需供给营养丰富的膳食，以满足幼儿体格生长、神经精神发育和活动增多的需要。幼儿期正处在断奶之后，在2岁～2岁半之前，乳牙尚未出齐，咀嚼能力和胃肠消化功能较弱，因此食物应细、软、烂，便于消化，要注意膳食中各种营养素的比例适当、合理，做到膳食平衡。

（二）培养良好的生活、卫生习惯

幼儿时期是各种习惯形成的重要时期，良好的饮食、睡眠和排泄等生活习惯的培养，和饭前便后洗手、饭后漱口或刷牙等卫生习惯的形成，对幼儿的一生都会起到重要的作用。

（三）促进动作和语言的发展

可通过游戏、竹竿操、模仿操，或者借助于小滑梯、平衡木、攀登架等器械，发展幼儿的平衡能力和跑、跳、攀登等动作。也可利用积木搭高塔、画画、用杯子喝水等训练幼儿的精细动作和手眼协调能力。还可通过玩具、图画书、儿歌等促进幼儿语言能力的发展。

（四）定期健康检查和预防疾病

幼儿期（1～2岁）应每6个月体检一次，每年测查一次血红蛋白、筛查一次听力，系统观察幼儿的体格生长和营养情况。做好预防接种及佝偻病、贫血、营养不良、肥胖等常见病的防治工作。

（五）预防幼儿伤害

随着运动能力的不断增长，幼儿的活动范围明显扩大，但由于幼儿缺乏危险意识，因此容易发生外伤、烫伤、触电、食物或药物中毒等意外伤害，家长要提高安全意识，家庭中要有相应的保护性措施。

【 第二节 】

婴幼儿体格生长

一、体格生长的基本规律

婴幼儿不同于成人的突出特点是处在不断生长和发育的过程中。生长是指身体和器官能观测出的增长。例如，婴幼儿身高、体重不断增长的过程，表示量的增加。发育是指细胞、组织、器官的分化完善和功能成熟。例如，婴幼儿手指从抓物品到能捏起葡萄干、小米粒的过程，表示手指功能活动的成熟，是质的改变。

生长与发育密切相关，很难截然分开，它们共同表示机体的动态变化和由量变到质变的复杂过程。

（一）体格生长的速率各时期不同

体格生长是一个连续的过程，但体格生长并不是等速的，在不同年龄阶段体格增长速率是不同的。在婴幼儿的特殊阶段生长发育最为迅速，体格生长表现在速率上的特点为：先快后慢。即小儿年龄越小，身高、体重的增长速度越快。在生后的前半年内体格生长速度最快，后半年次之。第二年逐渐减慢，2岁后至青春前期身高、体重每年均稳定增长。

体格生长速度会出现两个突增阶段：婴儿期为第一个生长高峰，青春期是第二个生长高峰。在此时期应注重提供有利于生长的良好条件，以更好发挥生长的潜力。

（二）身体各部分长度比例随年龄而不同

身体各部分长度比例在不同年龄阶段并不是一致的，是随着年龄增长而有所不同。身体各部分长度的生长有其头尾规律，即头部领先生长，躯干的生长先于四肢，肢体近端的生长先于远端。

例如，头部在子宫内和婴幼儿期生长最快，而以后生长不多。在子宫内胎儿2个月时，头长等于身长的1/2。婴幼儿出生时头长占身长的1/4，呈头大、身体小、肢体短的体型。渐渐头小、躯干粗，胸围增长速度大于头围，四肢的增长速度快于躯干，逐渐趋于成人体型，这时的头长约占身高的1/8。

（三）体格生长与各器官系统发育不平衡

各器官系统的发育也不是按年龄以同步的速度进行的，而是有先有后，各具特殊性，呈现不平衡的规律。

神经系统脑发育在出生后头2年最快。尤其在胎儿期、出生后第一年脑的发育特别迅速。出生时新生儿脑重为成人的25%、6个月时为50%、1岁时为60%、4~6岁时接近85%~90%，5岁时接近成人水平。大多数学者认为，脑是一个只有一次机会完成发育过程的器官，丧失机会，功能不会完全发育成熟。所以，年龄越小，保护脑神经系统就越重要。应注意预防头部外伤、高热惊厥等。

淋巴系统在儿童期迅速生长，如扁桃体发育到青春期前达到高峰，然后逐渐退化至成人水平。生殖系统发育呈先慢后快，待至青春期才迅速发育。其他系统如心、肝、肾和肌肉的增长大体上与体格生长平行。

（四）体格生长存在个体差异

体格生长虽然有一定的规律，但在一定的范围内受到遗传、性别、营养、疾病、环境的影响，会在儿童的生长过程中存在着相当大的不同程度的个体差异。

例如，瘦小且矮身材父母的孩子与高大身材父母的孩子相比，女童与男童相比，健康体健的儿童与体弱多病的儿童相比，营养吸收状况良好的儿童与食量少、消化功能差的儿童相比，两者体格生长相差很大。在正常体格生长范围内会出现个体差异，因此，体格生长标准的正常值往往是一个范围，而不是一个固定的数值。

二、体格生长的常用指标

（一）体重

体重表示身体重量的大小，是身体各器官系统与体液重量的总和。体重是反映小儿营养状况最容易获得的灵敏指标，同时也是衡量体格生长最常用的重要指标。

新生儿出生时体重平均为3kg左右。出生后由于摄入不足、胎便排出、体表水分丢失等因素影响，新生儿会出现暂时性的生理性体重下降。一般在出生后3～4日降至最低点（下降的体重不超过出生时体重的7%～8%），出生后7～10日恢复到出生时体重。

1岁内儿童体重增加速度最快。正常足月婴儿在出生后头3个月体重增长最迅速，平均每月体重增加800～1000g，3～6个月平均每月体重增加500～600g，6～9个月平均每月体重增加250～300g，9～12个月平均每月体重增加200～250g。习惯上常以出生体重为基数，出生后3个月的体重约是出生时体重的2倍，1岁时约为出生时体重的3倍。

生后第二年体重增加2.5～3.5kg，2岁时体重约为出生时体重的4倍。2岁至青春前期体重增长减慢，为稳速生长，每年增长约2kg。

体重能灵敏地反映出儿童的营养状况，当儿童患有腹泻或急慢性疾病、营养不良时，可表现出体重下降。当体重增长过快、过多时，要警惕儿童肥胖的发生。观测儿童体重增长的趋势，可了解儿童近期营养状况。

（二）身高（身长）

身高（身长）代表头部、脊柱与下肢长度的总和。3岁以下儿童立位测量不准确，应仰卧位测量，称身长；3岁以后可立位测量，称身高。身高（身长）受种族、遗传和环境的影响较为明显，受短期营养因素的影响不明显，但与长期营养状况有关。身高（身长）常作为反映儿童长期营养状况的指标。

新生儿出生时身长平均为50cm。出生后第1年身长增长最快，出生前半年每月平均增长2.5cm，后半年每月平均增长1.5cm；1岁时身长75cm，约为出生时的1.5倍。第二年身长增长速度明显减慢，平均年增长10cm。2岁以后直至青春前期平均每年增加5～7.5cm。

身材矮小的判定以比相同性别、相同年龄的群体身高标准均值低两个标准差以下（或第三百分位以下）为指标。体型正常的身材矮小常见于低出生体重儿，继发于全身性疾病的身材矮小、遗传性身材矮小、体质性青春发育延迟、垂体性侏儒。体型不匀称的身材矮小应考虑由甲状腺功能低下、软骨发育不全等疾病所致。

（三）胸围

胸围反映胸廓、胸背部肌肉、皮下脂肪与肺的发育程度。

新生儿出生时胸廓呈圆筒状，胸围32cm，比头围小1～2cm。婴儿时期有时由于胸部皮下脂肪较为丰满，也可有几个月胸围大于头围。随着年龄增长，胸廓的横径增加快，至12～21个月时胸围超过头围。婴幼儿时胸廓呈圆筒状，胸腔狭窄，肋骨呈水平位，呼吸肌又不发达，所以呼吸的特点是浅表。

头围与胸围的交叉时间与儿童营养状态有密切关系，营养状况良好时，胸廓发育好，胸围超过头围可以提前。随着胸廓的发育和肺功能的逐渐成熟，肺部感染性疾病可逐渐减少。因重症佝偻病可出现肋串珠、赫氏沟（Harrison）、鸡胸、漏斗胸等胸廓发育异常。

（四）头围

头围反映脑和颅骨的发育程度。头部的发育在出生后前半年最快，新生儿出生时头围平均为34cm。在前半年增加9cm，后半年增加3cm，1岁时头围为46cm左右。1岁后头围生长速度放慢，第二年增长约2cm，第三年增加1～2cm。2岁时头围约48cm，5岁时约50cm。

头型因人不同。但如果出生时头围小于32cm、3岁后头围小于45cm，则为小头畸形，大脑发育不全时也可出现头围偏小。当头围过大时，应注意有无脑积水。

（五）囟门

囟门的大小与闭合时间可衡量颅骨的骨化程度。前囟为额骨和顶骨骨缝构成的菱形间隙；后囟为顶骨与枕骨的骨缝构成，呈三角形。

新生儿出生时前囟大小为1.5～2cm（对边中点的连线距离），其大小个体差异较大。在出生数月内随头围增大而稍变大，6个月后则逐渐骨化而变小，多数在12～18个月闭合。后囟在出生时很小，出生后2～3个月内闭合。

出生时如果摸不到前囟，要诊断是否为颅骨畸形。囟门早闭合，要注意是否为头小畸形；囟门晚闭合，要注意是否为佝偻病、脑积水、克汀病。当患脑炎、脑膜炎而颅内压增高时，囟门变得饱满；当严重脱水及营养不良时，囟门出现凹陷。

（六）牙齿

牙齿的生长与骨骼有一定的关系，但因二者的胚胎来源不完全相同，故牙齿与骨骼的成熟速度不完全平行。

乳牙共20颗，由上下各4个切牙、2个尖牙、4个磨牙组成。萌出时间一般在6个月左右。出牙时间个体差异很大，早的4个月开始出牙，晚的可到10～12个月。全副乳牙在2岁半出齐。2岁内乳牙总数大约等于月龄减4～6。乳牙萌出顺序为：下上中切牙、上下侧切牙、下上第一乳磨牙、下上尖牙、上下第二乳磨牙。

乳牙的作用包括咀嚼食物、帮助消化、促进颌骨的发育，有助于发音正常。在婴幼儿期促进乳牙健康萌出与保护乳牙十分重要。在养育过程中应注意：从出生到2岁半是乳牙发育的重要时期，应给予充足的营养；5～6月龄将要萌牙时要给予适宜的刺激；培养良好的口腔卫生习惯，漱口和刷牙预防龋齿；预防牙齿排列不齐，避免外伤。

三、影响体格生长的因素

体格生长的状况受到内在因素与营养、疾病、外界环境等多种因素的影响，是彼此相互作用的结果。

（一）环境

社会经济与文化发展水平对促进婴幼儿体格生长有着积极的作用。家庭生活、卫生环境对婴幼儿体格生长有一定影响。良好的居住环境，如阳光充足、空气新鲜、水源清洁、无噪声，同时提供完善的医疗保健服务，安排有规律的生活制度，配合良好的护理与教养以及符合年龄特点的各种形式的体格锻炼，都会促进婴幼儿的生长发育。

（二）遗传

细胞染色体所载的基因是决定遗传的物质基础，决定着每个儿童个体发育的特点，同时受种族、民族、家族的影响很深，制约着儿童的生长。男女性别因内分泌的影响，在调节儿童整个生长发育的过程中及体格生长性别的差异上，起着重要作用，影响着生长速度和限度。

（三）营养

营养是影响婴幼儿生长最重要的因素。人体必需的营养素是婴幼儿体格生长的物质基础。宫内营养不良，可影响胎儿的体格及神经系统发育；出生后营养素供给不足，特别是蛋白质、热能不足，不仅影响婴幼儿体重、身高的增长，对智能发育也有不良影响。营养过剩导致肥胖，其患病率呈增高趋势。因此，为婴幼儿安排合理饮食，提供量足并且比例合适的营养素，是保证体格生长的重要条件。

（四）疾病

疾病对婴幼儿体格生长作用十分明显。急性感染常引起体重减轻，慢性疾病则同时影响身高与体重的增长。青紫型先天性心脏病与甲状腺功能低下、垂体性侏儒等内分泌疾病对生长发育影响更突出。某些直接作用于骨骼发育的疾病，如佝偻病、软骨发育不全等，都会妨碍身高的增长。

【第三节】

婴幼儿各系统的解剖生理特点

一、消化系统

消化系统由消化道、消化腺组成。消化道由口腔、咽、食道、胃、大小肠和肛门组成，消化腺由唾液腺、胃腺、肠腺、肝脏、胰腺等构成。

（一）口腔

1. 婴幼儿流涎：婴儿的口腔较小，黏膜细嫩，唾液腺发育不足。在婴幼儿时期由于唾液分泌增加，出现流涎。婴幼儿流涎分为生理性流涎与病理性流涎。当婴儿到4～6个月时，进入出牙与学习咀嚼时期，唾液腺分泌唾液明显增加。但由于婴儿口腔浅、闭唇和吞咽动作不协调，不会调节口内过多的唾液，就会出现流涎现象，即生理性流涎。由于婴幼儿皮肤黏膜细嫩，护理时要用软的纱布或毛巾及时擦去口水，以免浸泡着皮肤。

一般2岁后流涎停止。只有当婴幼儿患口腔、咽喉病时唾液分泌量增多，才可能会出现流涎，为病理性流涎。

2. 婴儿进食技能：出生时新生儿具备吸吮与吞咽功能，新生儿由一些先天性的反射完成一些口腔的运动，如吸吮反射与觅食反射，是新生儿期最重要的反射。吞咽主要靠吞咽反射完成。

进食过程是从出生时的反射动作到2～5个月时的有意识动作。在获取食物的过程中，舌头形态发生变化。这种变化是为发出特殊说话声音而准备的。6个月时给婴儿引入固体食物引导其学习咀嚼、喝后，婴儿的口腔控制能力改善，嘴唇可关闭吃勺中食物，学习嚼，从杯中喝。口腔技能不仅对摄取食物，而且对产生闭口发唇音的能力都有帮助。

3. 学习咀嚼：学习咀嚼是正常发育和自我进食中的重要技能。咀嚼是口腔有节奏地咬、滚动、碾磨的运动。咀嚼发育代表消化功能发育成熟，是婴儿食物转换所必需的技能。

婴儿最初这种进食固体食物的能力尚不成熟，例如，不能用舌将食物送到牙齿的切面，仅会上下咬动。4～6月龄时舌体下降，使食物可达舌后部，逐渐发展到舌体能上抬、卷裹食物团块。7～9月龄时婴儿出现有节奏的咀嚼动作，可接受切细的软食。9～12个月的婴儿可咀嚼各种煮软的蔬菜、切细的肉类。12个月左右，下颌运动产生了食物在口腔内的转动。2岁左右时，幼儿已可控制下颌的动作和舌在口腔内向两侧的活动。

4～6月龄是训练婴儿"咀嚼"后吞咽的敏感期。食物在口腔的转动对磨咬纤维性食物和感觉食物是非常重要的。正常婴儿5个月左右不管有无乳牙萌出，只要有上下咬的动作，就表明婴儿咀嚼食物的能力已开始发育，就应逐渐引入一些固体食物，不宜以牙萌出的时间作为给婴儿进食固体食物的标志。

4．从杯中饮：多数婴儿在6个月左右可以开始学习从杯中饮水或奶。从杯中饮水动作需口腔运动协调，开始用杯饮的动作类似于吸吮的动作，常常伴有呛或咳发生，或将舌伸到杯外。为保持饮水时下颌稳定，开始时婴儿会咬住杯饮水或奶。2岁左右的幼儿能熟练从杯中饮，即不再咬住杯子，饮水或奶时口腔运动协调，不再从嘴边流出，而且可以自己用手稳定拿住杯子。早训练婴儿从杯中饮的能力，不仅有利于口腔运动协调，而且可促进儿童独立能力的发展。

5．用勺进食：用勺进食是摄入流质食物(奶)向摄入固体食物的一种必要过渡进食方式，儿童从勺中摄食能力的发育促进了摄入食物性质的转换，表明儿童可以接受固体食物。

多数婴儿在5月龄左右开始可用勺进食。由于神经调节的成熟，舌体前部开始下降，不再对固体食物出现挤压反射。最初用勺进食是用上唇吃净勺中食物，9个月左右婴儿可用上下唇活动进食，12个月左右可闭唇进食，此时婴儿的进食行为较成熟了。应鼓励家长让婴儿从9～10个月始就学习手指抓食，积极参与进食过程，由被动进食到主动进食。12月后儿童逐渐学会用勺进食，动作熟练与准确使抛洒食物现象逐渐减少。

（二）食道与胃

婴儿食道较短，腺体缺乏，管壁柔嫩，弹力纤维和肌层组织发育不全，因而容易溢乳。婴儿的胃呈水平位，开始行走时位置逐渐变垂直。婴儿胃壁的肌肉层及弹性组织发育不健全，胃的蠕动能力较差，同时贲门肌肉松弛，幽门肌肉紧张。因此在胃内容过多、哭闹或吸吮时吸入空气时，婴儿容易溢奶或呕吐。当婴儿吞咽下空气时，奶就容易随着打嗝流出口外，这就是溢奶。为了减少溢奶，喂过奶后，可让婴儿伏在大人的肩头，轻轻拍婴儿的背，当打个嗝排出咽下的空气后，就可以减少溢奶的出现。

（三）肠道

肠道是消化道中最长的部分，分为小肠（十二指肠、空肠、回肠）和大肠（盲肠、结肠、直肠）两个部分。

1. 婴儿容易发生肠道功能紊乱：小肠黏膜有很多环形皱襞及许多绒毛，皱襞和绒毛均增加了小肠与食物的接触面，有利于消化吸收。婴儿小肠黏膜富于血管，对不完全分解产物和微生物的通透性高，易引起全身性疾病和变态反应性疾病。婴幼儿肠壁的肌肉层发育较差，植物神经调节能力差，肠蠕动快，因此容易发生肠道功能紊乱，大便次数较多或发生腹泻。

2. 培养定时排便习惯：排便是反射性的，婴儿半岁后就可开始培养定时排便的习惯。便盆的大小要合适婴幼儿，清洁、不冰凉。一般按时坐盆排便5～10分钟，养成定时排便的良好习惯。

3. 预防脱肛、便秘：由于婴儿直肠相对比较长，黏膜与黏膜下层固定差，所以长时间久坐便盆或腹泻便秘时易引起脱肛，应注意预防。

婴幼儿由于肠肌层发育不足、运动力量较差的生理特点，容易出现便秘。同时，如果不按时添加辅食、食量不足、缺乏纤维素，大便不定时，会造成进入肠道内的食糜对肠黏膜机械性的刺激减少，不能按时加快肠蠕动，直肠对粪便的压力刺激就越来越不敏感，粪便在大肠内停留的时间过久，水分被吸尽，粪便干硬，就会产生便秘。预防便秘应多吃些蔬菜、水果，搭配着吃点粗粮，有利于大便通畅。同时，要注意每天定时排便，养成习惯。

（四）胰腺、肝脏

婴幼儿各种消化腺发育不完善，各种消化酶的活性较弱，尤其是肝细胞发育不好，分泌胆汁较少，所以对脂肪的消化能力弱。婴幼儿正处于生长快速时期，需要的营养量相对较多，所以膳食要细软、碎烂，不宜吃过多的食物，特别是油炸和油腻的食品，以免引起消化不良。

二、呼吸系统

呼吸系统包括鼻、咽部、喉部、气管、支气管、肺。

（一）鼻

婴幼儿鼻腔相对短小、狭窄，黏膜柔嫩、血管丰富，当发生炎症时易肿胀并引起鼻腔阻塞呼吸不畅，以致影响睡眠和进食。应注意清除异物、保持小儿鼻腔通畅，必要时按医嘱用滴鼻药。要注意培养用鼻呼吸的习惯，不用手挖鼻孔。同时教会幼儿擤鼻涕：轻轻捂住一侧鼻孔，擤完，再擤另一侧。擤时不要太用力，不要把鼻孔全捂上使劲地擤。因为擤鼻涕时太用劲，就可能把鼻腔里的细菌挤到中耳、眼、鼻窦中，引起中耳炎、鼻泪管炎、鼻窦炎等疾病。

（二）咽部

集结的淋巴组织以腭扁桃体为最大，藏于二咽腭弓之间。婴儿早期扁桃体不发达，随着全身淋巴组织的发育至1岁末逐渐增大，故1岁内婴儿扁桃体炎较少见。但1岁内婴儿咽后壁间隙组织疏松，淋巴组织感染后可发生咽后脓肿。婴幼儿咽鼓管宽短，呈水平位，上呼吸道感染后容易并发中耳炎。

（三）喉部

婴幼儿喉软骨柔软，喉黏膜下组织疏松，血管、淋巴组织丰富，容易发生炎性肿胀（如急性喉炎），引起喉头狭窄、呼吸困难。婴幼儿时期的声带还不够坚韧，音域窄，应避免经常大声喊叫或扯着嗓子唱歌。

（四）气管、支气管

1. 预防异物呛入：右侧支气管较直，是气管的直接延伸。因此，当不小心时异物很容易吸入支气管且多落入右侧支气管内。故注意不要给婴幼儿玩小异物，在喂奶、喂水、进食时不要让婴幼儿哭闹和跑跳，防止呛入。

2. 预防感染：婴幼儿的气管、支气管狭窄，软骨柔软，缺乏弹力组织，黏膜血管丰富，黏液腺分泌不足。因此，黏膜干燥且纤毛运动差，不能很好地排除病原微生物，易感染呼吸道疾病。应加强婴幼儿的户外活动，让其呼吸新鲜空气，逐渐增强呼吸道黏膜的耐受能力，预防感染。

（五）肺

婴幼儿肺弹力组织发育差，血管丰富。整个肺脏含血多而含气少，肺间质发育较强，肺泡数量较少。因此，当上呼吸道感染向下蔓延时，如防治不利很容易引起肺部感染，应加强他们的体格锻炼，扩展胸廓，以利于肺部的发育。

婴幼儿肺活量较成人小，而氧的需要接近成人，因此以呼吸频率增快得到补偿。年龄越小，呼吸频率越快。新鲜空气中含氧量高，每天要组织婴幼儿到户外活动，活动室、卧室也要经常通风换气，保证空气新鲜。

婴幼儿呼吸肌发育不全，胸廓活动范围小，呼吸时表现膈肌上下移动明显，呼吸类型呈腹式呼吸。2岁后站立，腹腔器官下降，肋骨由水平位形成斜位，呼吸肌逐渐发达，出现胸腹式呼吸。

三、循环系统

循环系统包括心脏、血管。

（一）心脏

婴幼儿年龄越小，心脏体积相对较成人越大，血容量相对越多，其与体重的比例则随年龄增长而逐渐下降。如1岁时血容量占体重的11%（成人只占5.6%）。由于心脏壁薄、心肌纤维细弱、心脏收缩能力差，所以每次收缩时输出的血量较少。婴幼儿新陈代谢旺盛，对氧气、各种养料需要较多，因此只能以增加每分钟的收缩次数来满足生理需要。而且年龄越小，心率越快。

婴幼儿不宜进行过于强烈的活动，以免心脏负荷过重。应多到户外活动吸收新鲜氧气，进行适宜的体格锻炼，循序渐进地增强心血管功能。

心率的快慢容易受各种因素影响。如在哭闹、跑跳活动后以及精神紧张时，心率明显加快。当发热时，体温每升高1℃，基础代谢增加10%，心率增加15～20次/分钟。由此，在日常护理中，婴幼儿心率最好在安静或睡眠时测量。

（二）血管

婴幼儿动脉相对比成人粗，动静脉内径比例为1∶1，随着年龄增长，动脉口径变窄。毛细血管较粗，尤其是肺、肾、肠、皮肤的毛细血管，为新陈代谢旺盛的婴幼儿提供了更多的氧和营养物质。同时，注意不要给婴儿穿瘦小服装，特别是穿颈、胸、腰、手脚腕束缚过紧的衣物时，会影响血液循环。

四、泌尿系统

泌尿系统由肾脏、输尿管、膀胱和尿道四部分组成。

（一）肾脏

肾脏的主要功能是泌尿。新生儿和婴儿的肾小球数目虽与成人相似，但肾小球滤过能力差，仅为成人滤过率的30%～50%，到1岁时才接近成人。婴幼儿肾小管选择性再吸收能力差，致使尿浓缩、稀释能力不足，在疾病情况下则易发生脱水、浮肿、酸中毒。

（二）输尿管

婴幼儿输尿管比较宽，管壁肌肉及弹性纤维发育不全，弯曲度大，易被压扁或扭转，因此容易造成尿潴留和尿路感染。

（三）膀胱

小婴儿膀胱的肌肉层较薄，弹性组织发育不好，排尿机能差，神经系统对排尿调节作用也不健全，所以当膀胱内尿液充盈到一定量时，就会不自觉地排尿。膀胱受脊髓与大脑的控制，出生后半岁左右，可以从把尿开始，训练自觉排尿的能力，婴幼儿不易主动控制排尿，需在白天活动中经常提醒排尿。1岁左右的幼儿会用动作、语言表示排尿的意图，1岁半左右可养成自主控制排尿的习惯。

（四）尿道

小儿尿道短，尤其女婴更短，新生女婴尿道仅1～2厘米长。女婴不仅尿道短，而且尿道口离阴道、肛门很近，尿道口容易被粪便等污染，细菌经尿道上行，到达膀胱、肾脏，可引起上行性泌尿道感染。要注意女童外阴部的清洁，擦大便应从前往后擦；勤换洗尿布；每天要洗屁股。饮水量要充足，尿液形成后从上向下流动，对输尿管、膀胱、尿道起着冲刷的作用，可以减少泌尿道感染。

男婴阴茎头部外层的皮肤叫包皮。包皮将阴茎头包没，但仍能向上翻起，称"包皮过长"。若包皮口小，不能翻起，称"包茎"。在婴幼儿时期大部分男童有"生理性包皮过长"，一般不需诊治。但包皮过长或包茎，会使包皮腺体的分泌物及污垢长期存留在包皮里，形成包皮垢，刺激包皮和阴茎头，使阴茎头红肿疼痛，积垢时也可引起感染。所以需要将包皮轻轻翻起，清洗污垢，预防感染。只有当经常发生包皮龟头炎，排尿费力、尿线细、排尿时包皮鼓包，婴幼儿常用手抓外阴时，才需到医院就诊。

五、皮肤

皮肤是保护人体的一道防线，覆盖在人体表面，柔韧而有弹性。皮肤在调节体温、随汗液分泌排泄代谢废物方面起着重要的作用。在婴幼儿期皮肤有如下特点。

（一）皮肤的保护功能差

婴幼儿皮肤的角质层比较薄嫩，保护机能差，易受损伤，若不注意皮肤清洁，易患皮肤疾病。需经常保持皮肤的清洁，每天要将身体裸露部分（脸、颈、手、脚）洗净，定期洗澡、洗头、剪指甲、换洗衣服，以免皮肤污物或汗腺的分泌物堵住皮脂腺和汗腺的开口，妨碍其正常功能。

（二）皮肤调节体温的功能差

婴幼儿皮肤调节体温的能力较差，对外界温度变化往往不能适应。所以在小儿睡眠时、起床后、活动出汗时应加强护理，以免冷热温度突变致使机体不能耐受而引起疾病。锻炼可以增强婴幼儿对冷、热的适应能力。例如，从夏天开始就可以用冷水洗脸、洗手；冬天早晨仍应坚持用冷水洗脸，作为一种锻炼，晚上用温水洗，以便更好地清洁皮肤。

（三）皮肤的渗透作用强

婴幼儿的皮肤薄嫩，渗透作用强。有机磷农药、苯、酒精等都可经皮肤被吸收到体内，引起中毒。因此，婴幼儿应选购质地柔软、吸水性强、不掉色的内衣，不宜用化妆品，不适合配戴各种金属饰物，皮肤上涂拭药物也要注意药物的浓度和剂量。

六、运动系统

运动系统由骨、骨连结和骨骼肌三部分组成。婴幼儿运动系统有如下特点。

（一）骨骼迅速生长，柔软易弯曲

婴幼儿骨的化学成分与成人不同，骨中含无机盐少、含有机盐多，因此骨骼比较柔软、有弹性，但却容易变形。

脊柱的生长反映椎骨的发育，出生后第一年脊柱生长比四肢快；以后四肢快于脊柱。正常人的脊柱有三个生理弯曲，即颈、胸、腰部的弯曲。新生儿脊柱直，3个月能抬头时颈部的脊柱前凸，6个月会独立坐时胸部的脊柱后凸，1岁行走时腰部的脊柱前凸，形成脊柱的三个自然弯曲保持身体平衡。婴幼儿时期由于脊柱的每两块椎骨之间的软骨特别发达，生理弯曲还没有固定，因此要注意纠正婴幼儿不端正的坐姿、站姿、行走姿势，并避免一侧过于负重，以引起婴幼儿脊柱变形。

腕骨由多块小骨组成，由于腕骨多由软骨组织组成，故比较柔软、易折。腕骨骨化过程较慢，一般多数腕骨在3岁后逐渐骨化。在婴幼儿活动、游戏时所使用的玩具或用具重量及大小要适宜，设计的活动、游戏动作应符合婴幼儿腕力的年龄特点。

骨盆由两块髋骨和插入其中的骶骨组成。婴幼儿的髋骨与成人不同，发育不成熟，由髂骨、坐骨、耻骨组成的髋骨，骨化过程缓慢。要特别注意小儿骨盆还没长结实，从高处跳下或蹦跳的游戏活动，应加强保护性措施，高度要适宜，落地点不宜过硬，以免强烈震动使组成髋骨的各骨转位，影响正常位置的愈合，使骨盆变形。

（二）肌肉收缩力、耐受力弱

婴幼儿肌纤维较细，含蛋白质与无机盐较少，水分多，造成婴幼儿肌肉收缩力比较差，并容易产生疲劳。同时，婴幼儿神经系统调节肌肉活动的机能不稳定，长时间保持一个姿势或静坐久站，会使相应肌肉群处于紧张状态，婴幼儿难以耐受。一日活动应根据婴幼儿的特点，动静结合、活动多样化，避免过度疲劳。

支配上下肢活动的大肌肉发育较早，3岁左右时上下肢活动已逐渐协调，以后随年龄增长肌肉增长显著、力量增加。婴幼儿肌肉是随着中枢神经系统的发展而发育的，细小肌肉群（手指肌肉、腕肌等）发育较晚，3岁时用笔、拿筷子很笨拙,尚不能自如地进行比较精细、准确的动作。

(三)关节和韧带较松弛

婴幼儿关节和韧带较松弛,牵拉手臂不能用力过猛,容易出现软组织扭挫伤或发生关节脱臼。例如,成人在带幼儿上楼梯、过马路或给婴儿穿脱衣服时,当婴幼儿肘部处于伸直位置时,用力提拎、牵拉了他们的手臂,就可能造成脱臼"牵拉肘",这是一种常见的肘关节损伤。

当婴儿会站、会走以后,会逐渐出现脚弓,但是脚底的肌肉、韧带还不结实,若运动量不合适,运动量过大,会使脚底肌肉过于疲劳而松弛;缺乏运动,脚底的肌肉、韧带得不到锻炼,也容易使脚弓塌陷,形成"平足"。另外,鞋要合脚,合脚的鞋袜不仅穿着舒服,还有利于脚弓的发育。

七、神经系统

人体是由功能不同的器官系统组成的,神经系统起调节作用,使人体成为统一的整体。神经系统由中枢神经(脑和脊髓)和周围神经两部分组成。

婴幼儿神经系统的特点是容易兴奋、不易抑制。婴幼儿大脑皮质容易兴奋,不易抑制,表现为容易激动、兴奋,但控制自己的能力差,注意力难持久。在婴幼儿的活动中需要经常变换活动的内容、方式,以引起兴趣,使他们不觉疲劳。同时,应生活规律化以保证神经系统的正常发育。

此外,还需保证充足睡眠以利于调节神经系统功能。以下为3岁内儿童每月需要睡眠的小时数表。

3岁内儿童每日需要睡眠的小时数

年龄	每日需要睡眠
1～6月龄	16～18小时
7～12月龄	14～15小时
1～2岁	13～14小时
2～3岁	12小时

第二章

婴幼儿营养

婴幼儿阶段生长发育迅速，良好的营养可以促进体格生长与智力发育，而营养不足或过剩则会对婴幼儿正常生长发育带来不良影响。根据婴幼儿对营养素的生理需要，科学合理喂养是婴幼儿保健措施中的重要环节，不容忽视。

【第一节】
0～6月龄婴儿喂养

婴儿在0～6月龄阶段是生长发育最为迅速的关键时期，需要足够的能量和营养素，尤其是蛋白质的供给。如果不能满足需要就会引起营养缺乏，并影响生长发育。由于0～6月龄婴儿消化系统各器官的发育尚不成熟，功能尚未健全，对食物的消化吸收以及废物的排泄能力较低，这与此阶段需要摄入高营养的要求有矛盾。而母乳恰是这个时期婴儿最佳的膳食营养来源，因此，提倡采用纯母乳喂养0～6月龄婴儿。

一、纯母乳喂养

（一）母乳喂养的优点

母乳是0～6月龄婴儿最理想的天然食品，极为适合体格快速生长发育、生理功能尚未完全发育成熟的婴儿。母乳所含有的营养物质齐全，非常适合于身体快速生长发育、生理功能尚未完全发育成熟的婴儿，正好能满足婴儿的需要，对婴儿的健康发育最有利；各种营养素之间的比例合适，容易被婴儿消化吸收；含有其他动物乳类不可替代的具有抗感染作用的免疫活性物质，能够帮助婴儿抵抗疾病。母乳喂养有助于增进母子感情，使母亲能细心护理婴儿；有利于促进母体产后的康复；母乳喂养安全、方便且经济。因此，应首先选择纯母乳喂养0～6月龄婴儿。纯母乳喂养是能够满足0～6月龄婴儿所需要的全部液体、能量和营养素。母乳具有很多优点，但是母乳在某些营养素方面也有略微不足，例如维生素D、维生素K的含量稍低，在婴儿母乳喂养的过程中需视实际需要情况额外补充。

（二）母乳的营养成分特点

母乳是母亲为婴儿精心设计的食物，是其他哺乳类动物的乳汁无法相比的，母乳有其特有的特点，含有丰富的营养成分。

1. 蛋白质：母乳中蛋白质含量虽然低于牛奶，但母乳中的蛋白质以乳清蛋白为主，易于消化吸收，而且氨基酸组成平衡。母乳中牛磺酸含量较多，是婴儿大脑与视网膜发育所必需的。母乳蛋白中含有特别丰富的乳铁蛋白、溶菌酶等免疫活性蛋白，不易受胃液和消化过程中的破坏，可直接进入人体，可保护婴儿避免和减少呼吸道、消化道感染性疾病的发生。

2. 脂类：母乳中脂肪含量丰富，以不饱和脂肪酸为主，由于母乳中本身含有脂肪酶可帮助消化脂肪，因此母乳脂肪比牛乳更易消化吸收。

3. 糖类：母乳中乳糖含量高，且多为乙型乳糖，不仅可给婴儿提供能量，而且在肠道中被乳酸菌利用后可产生乳酸，有利于促进肠道内钙的吸收并且抑制致病菌的生长繁殖。

4. 矿物质：母乳中矿物质含量较牛乳更适合婴儿的需要，母乳中钙的含量虽然比牛乳中低，但母乳中钙磷比例恰当，为2：1，有利于钙的吸收。母乳中铁的含量与牛乳接近，但母乳中铁的吸收率可达50%，而牛乳仅为10%。

5. 维生素：母乳中维生素的含量易受乳母营养状况的影响，母乳中的维生素A、维生素E和维生素C一般都高于牛乳。母乳中的维生素K的含量低于牛乳。

6. 免疫活性物质：母乳中含有多种免疫活性物质，如抗体、乳铁蛋白、溶菌酶、补体、白细胞、淋巴细胞、低聚糖等，有助于预防细菌病毒感染和防止婴儿过敏。

（三）乳汁的产生及分泌调节

人的乳房内有大量的腺泡，其中的泌乳细胞在催乳素的作用下分泌乳汁，泌乳细胞周围的肌细胞则在催产素的作用下收缩，将乳汁排到输乳管内，输乳管在乳晕下方变粗，形成乳窦，储存乳汁。乳房的大小和形状取决于腺泡和输乳管周围支持组织的多少，与分泌乳汁的腺体无关，因此，乳房的大小不影响乳汁的分泌。

乳汁分泌受催乳素反射、催产素反射和乳汁分泌抑制因子共同调节。

1. 催乳素反射。

当婴儿吸吮时，感觉从乳头传到大脑，大脑底部的垂体前叶反应性地分泌催乳素。催乳素经血液到达乳房，促使泌乳细胞分泌乳汁。婴儿的吸吮有助于乳汁分泌。催乳素反射有以下特点：分泌量以夜间为高，夜间哺乳有利于乳汁分泌。催乳素有镇静作用，可使母亲放松，有利于两次哺乳间的休息。催乳素有抑制排卵作用，可延迟月经复潮。

2. 催产素反射。

婴儿吸吮的刺激传到大脑垂体后叶，使之产生催产素。催产素经血回到乳房，使泌乳细胞周围的肌细胞收缩，将乳腺泡内的乳汁压向乳窦，甚至流出体外。催产素反射又称射乳反射，具有以下特点：比催乳素反射快，其作用在于哺乳当时利于乳汁流出体外。催产素可促使母亲子宫收缩，有助于减少产后出血。母亲的感受和想法对催产素反射的建立具有特别重要的影响。增加对母亲的良性刺激，有助于催产素的产生。

3. 乳汁分泌抑制因子。

乳汁分泌抑制因子就存在于乳汁中，是一种多肽。当大量乳汁存留在乳房内，抑制因子就抑制泌乳细胞的分泌。若通过婴儿吸吮或挤奶的方式使乳房及时排空，抑制因子被排除，乳房就会分泌更多的乳汁。这一机制使得乳房不会因分泌过多的乳汁而受损。

（四）母乳喂养的方法

1. 产后尽早开奶，初乳的营养最好。

如分娩顺利，母子健康状况良好，产后开奶时间越早越好。新生儿尽早吸吮母亲的乳头，可以获得初乳，特别是还具有刺激泌乳的作用。新生儿在出生后1小时内即开始母婴接触，让其吸吮乳头，开始喂奶。

初乳是在分娩7天内泌出的，呈淡黄色、质地黏稠的特殊乳汁。之后第8～14天的乳汁称为过渡乳，大约2周后称为成熟乳。初乳对婴儿十分珍贵，有以下营养特点：

（1）蛋白质含量高。

（2）含有丰富的免疫活性物质，含有更多的抗体、抗感染蛋白、白细胞等抗感染物质，有助于婴儿防御感染及初级免疫系统的建立。

（3）初乳中微量元素、长链多不饱和脂肪酸等营养素比成熟乳要高得多。

（4）初乳也有通便的作用，可以清理初生儿的肠道和胎便。

因此，应尽早开奶，产后30分钟即可开奶。尽早开奶可减轻婴儿生理性黄疸、生理性体重下降和低血糖的发生。

2．按需哺乳。

应该按需喂奶，每天可以喂奶6～8次以上，即婴儿想什么时候吃就什么时候喂，不限制喂奶时间和喂奶量。

每次哺乳中先产生的淡蓝色的奶叫前奶，后产生的较白的奶叫后奶。前奶与后奶比较，前奶含有更多的蛋白质、乳糖和其他营养素，后奶则含有更多的脂肪，可为婴儿提供足够的能量。因此，应使婴儿每次都既吃到前奶又吃到后奶，才能得到完整的营养。通常应吸空一侧乳房，再吸吮另一侧。

母乳喂养适当的标志为：

（1）喂奶时能听到婴儿的吞咽声。

（2）母亲有乳汁排空的感觉。

（3）喂奶前乳房丰满，喂奶后乳房较柔软。

（4）尿布24小时湿6次或6次以上。

（5）婴儿经常有软的大便。

（6）两次喂奶之间婴儿安静并有满足感。

（7）婴儿平均每周增加体重125～150克。

3．不给新生儿人工奶头和代乳品（水、糖水或奶粉）。

人工奶头会使婴儿对母亲的乳头产生错觉，代乳品也会影响母乳喂养。

4．教会母亲掌握母乳喂养的技术。

乳母应保持身体健康，心情愉快，睡眠充足；饮食要营养丰富，多样、清洁、易消化吸收，保证足够的热量和水分的摄入。

乳母在进行母乳喂养时，婴儿嘴与母亲乳房的正确含接、婴儿的有效吸吮、正确的哺乳体位和及时的挤奶，是促进和保持母乳足量分泌的有效技巧。

（1）含接姿势。

含接的4个要点：婴儿上唇上面露出的乳晕比下唇下面露出的多；婴儿嘴张大；下唇向外翻；婴儿的下巴贴到乳房。含接不良可导致乳头疼痛和乳头皲裂，并影响吸吮。

（2）哺乳姿势。

哺乳姿势的4个要点：婴儿的头和身体呈直线；婴儿身体贴近母亲；婴儿头和颈得到支撑；婴儿贴近乳房，鼻子对着乳头。即腹贴腹、胸贴胸、下巴对乳房。母亲的手呈"C"形托起乳房。

5. 尽早抱婴儿到户外活动或适当补充维生素D。

母乳中维生素D含量较低，家长应尽早抱婴儿到户外活动，适宜的阳光会促进皮肤维生素D的合成；也可适当补充富含维生素D的制剂，尤其是在寒冷的北方冬春季和南方梅雨季节，这种补充对预防维生素D缺乏尤为重要。

6. 给新生儿和1～6月龄婴儿及时补充适量的维生素K。

由于母乳中维生素K含量低，为了预防新生儿和1～6月龄的婴儿维生素K缺乏引发的相关出血性疾病，应在医生的指导下及时给新生儿和1～6月龄婴儿补充维生素K。

7. 纯母乳喂养应坚持到婴儿满6个月，力求使母乳为婴儿提供足够的能量。

在4～6月龄以前，如果婴儿体重不能达到标准体重时，需要增加母乳喂养次数。

二、部分母乳喂养（或混合喂养）

由于各种原因或条件限制，例如，母亲需要外出工作无法哺乳、母乳不足等，造成婴儿无法完全用母乳喂养，需要补充母乳代用品，此种喂养方式为部分母乳喂养或混合喂养。

在部分母乳喂养时，应注意以下问题：

1．乳母要注意充足的休息与合理的营养，并保持良好的心态，同时定时喂奶，以便尽量保持母乳的分泌。

2．乳母需要外出工作，当超过6小时未哺乳时，至少要挤奶一次，将挤出的奶装在消毒好的瓶子里密封，放入冰箱保存，并于当天饮用。

3．母乳不足部分，可以根据实际添加适量适合0～6月龄婴儿的配方奶粉。

三、人工喂养

由于种种原因不能用纯母乳喂养婴儿时，如乳母患有传染性疾病、神经障碍等病理原因，或经过多种努力仍无法实行母乳喂养、乳汁分泌不足或无乳汁分泌等，可考虑用母乳代用品进行人工喂养。

（一）母乳代用品的选择

不能用母乳喂养时，建议首选适合0～6月龄婴儿的配方奶粉喂养，不宜直接用普通液态奶、成人奶粉、蛋白粉等喂养婴儿。

婴儿配方奶粉是通过不断对母乳成分、结构及功能等方面进行的研究，在牛奶的基础上调整了0～6月龄婴儿所需的大部分营养成分的构成和含量，添加了多种微量营养素，使其产品的性能、成分及含量基本接近母乳，是目前适合0～6月龄婴儿生长发育需要的食品，喂养婴儿的效果比普通牛奶为佳。

（二）人工喂养方法

0～6月龄婴儿由于胃肠功能发育尚不完善，很容易因喂养方法不得当引发婴儿腹泻或其他健康问题。在人工喂养时应注意采用以下方法：

1．为婴儿选择合适的奶瓶、奶嘴。

2．奶瓶、奶头的清洗和消毒至关重要，可同时准备每日所需奶瓶、奶嘴数，每日1次集中煮沸消毒。

3．使用清洁饮用水调制婴儿配方奶粉。

4．认真阅读奶粉冲调说明，严格按说明中相应的水与奶粉比例、冲调程序方法进行操作。

5．奶的温度应适宜，不能过热或过冷，一般可将冲调好的奶液滴在手腕内侧或手背上，以感觉不烫、不很热为适度。

6．每次喂奶时间为15～20分钟，不宜超过30分钟。喂奶时应将奶瓶垂直于婴儿的嘴，如果奶嘴有2个孔时，2个孔应对着两侧嘴角，使奶嘴内充满奶液，以免婴儿吸入空气而引起腹胀、溢奶。

7．每次喂奶结束时，奶瓶中应有剩余奶液，以便观察婴儿食入奶量是否充足，喂奶后需要直抱婴儿，轻拍背部，排出胃内空气。

8．两次喂奶间隔一般在3～4小时，每天每次的喂奶量会有差异，每次喂奶不必强求婴儿将奶瓶内的奶液全部喝净。

四、营养状况评价

体重、身长的生长发育反映了0～6月龄婴儿的营养状况。在家庭中对婴儿进行定期的测量，方法简单易行，既可帮助家长了解婴儿生长发育的速度是否正常，又可及时提醒注意营养喂养是否得当。

在0～6月龄期间，应每月测量体重、身长一次。对照0～6月龄婴儿体重、身长的标准参考值评价婴儿的营养状况。

0～6月龄婴儿体重、身长的标准参考值

月龄	女婴		男婴	
	体重（kg）	身长（cm）	体重（kg）	身长（cm）
0	2.4～4.4	45.4～52.9	2.5～4.4	46.1～53.7
1	3.2～5.5	49.8～57.6	3.4～5.8	50.8～58.6
2	3.9～6.6	53.0～61.1	4.3～7.1	54.4～62.4
3	4.5～7.5	55.6～64.0	5.0～8.0	57.3～65.5
4	5.0～8.2	57.8～66.4	5.6～8.7	59.7～68.0
5	5.4～8.8	59.6～68.5	6.0～9.3	61.7～70.1

【 第二节 】

6～12月龄婴儿喂养

6～12月龄婴儿仍然处于快速生长发育时期，经过前6个月的生长，婴儿在出生时从母体获得的各种营养储备已经逐步消耗。此时单纯以母乳或配方奶喂养已经不能满足6～12月龄婴儿的全部营养需求了，因此，在继续母乳喂养的基础上，需要开始逐步给婴儿提供除母乳以外的多种多样食物，以补充母乳的某些营养不足，满足6～12月龄婴儿的生长发育和营养需求，并为顺利断母乳做好准备。

一、奶类应是6～12月龄婴儿营养的主要来源

在婴儿6～12月龄时，奶类仍应是营养需要的主要来源，以奶类优选，继续母乳喂养为原则，每天应首先保证600～800ml的奶量，以保证婴儿正常体格和智力发育。

（一）继续给予母乳喂养

对于6～12月龄的婴儿，母乳仍是婴儿首选的理想天然食物。世界卫生组织（WHO）提倡，6月龄以上的婴儿，在开始逐渐添加辅食的同时，应继续母乳喂养到1岁以上，甚至更长时间。因此，目前建议6～12月龄的婴儿尽可能继续给予母乳喂养。

（二）选择较大婴儿配方奶粉

除了母乳之外，乳类制品应是6～12月龄婴儿的奶类食物来源。当母乳不能满足婴儿需要时，可使用较大婴儿配方奶粉予以补充。对于不能用母乳喂养的6～12月龄婴儿，也建议选择较大婴儿配方奶粉。

由于普通鲜奶、一般奶粉、蛋白粉等中的蛋白质和矿物质的含量比例并不完全适合婴儿，会增加婴儿的肾脏负担，因此，6～12月龄的婴儿不宜直接喂给普通液态奶或蛋白粉等，应首选适合6～12月龄的较大婴儿配方奶粉。

二、及时、合理添加辅食

从6月龄开始，需要逐渐给婴儿补充一些非乳类食品，包括果汁、菜汁等液体食物，米粉、果泥、菜泥等泥糊状食物，以及软饭、烂面、切成小块的水果、蔬菜等固体食物，这一类食物被称为辅助食品，简称"辅食"。

建议从6月龄时开始添加辅食，逐渐增加辅食种类，由泥糊状食物（如米糊、菜泥、果泥、蛋黄泥、鱼泥等）逐渐过渡到固体食物。7～9月龄时，可由泥糊状食物逐渐过渡到可咀嚼的软固体食物（如烂面、碎菜、全蛋、肉末）；10～12月龄时，大多数婴儿可逐渐转为以固体食物为主的膳食。

（一）添加辅食的重要性

随着婴儿的生长发育和营养素的需求量增加，仅靠母乳或婴儿配方奶已经不能满足他们的需要。从6月龄开始，必须从辅助食品中获得足够的营养素。

及时添加辅助食品可以刺激婴儿唾液和其他消化酶的分泌量增加，并增强消化酶的活性；及时添加辅助食品可以促进婴儿牙齿发育和训练咀嚼吞咽能力，有助于增强消化机能；及时添加辅助食品可以促进婴儿嗅觉、味觉、视觉、触觉等神经系统的发育。

添加辅食可以帮助婴儿学习进食，培养婴儿良好的饮食习惯，不用奶瓶和奶嘴喂辅食，从而逐渐停止吸吮的摄食方式，学会用勺、杯、碗等餐具，逐步转化适应以进食固体的混合食物为主的膳食。

（二）添加辅食的顺序

首先添加谷类食物（如婴儿营养米粉），其次添加蔬菜汁（蔬菜泥）和水果汁（水果泥）、动物性食物（如蛋羹、鱼、禽、畜肉泥/松等）。建议动物性食物添加的顺序为：蛋黄泥、鱼泥（剔净骨和刺）、全蛋（如蒸蛋羹）、肉末。

（三）辅食添加的方法

由于婴儿的生长发育存在个体差异，同时婴儿对食物的爱好以及适应性也存在一定的个体不同，因此在辅食添加的过程中，对于添加食物的时间、种类、数量、快慢等均要针对婴儿的实际情况灵活掌握，应遵循以下方法。

1. 从一种到多种。

开始添加食物时，应遵循从一种到多种的原则。每添加一种新食物时，应试用几天，当婴儿适应了这种食物后再开始添加另一种新食物，要一种一种逐一添加，当几种食物婴儿都适应了，可选择其中2～3种食物混合着添加给婴儿食用。

2．由少量到多量。

添加的食物量要考虑婴儿的营养需要和消化道的成熟程度，每次开始添加一种新食物时应先从少量开始，每天1次，而后由少到多逐渐增加次数和量。例如，添加米粉时从1小勺、每天1次开始，先让婴儿尝试，同时注意观察婴儿大便情况，如果婴儿适应且大便未发生异常变化，慢慢逐步增加到2勺、3勺，直到可以成为单独的一餐。

3．逐渐从稀到稠、从细到粗。

提供婴儿营养的辅助食品形式有三种，即液体食物、半固体食物、固体食物。在婴儿添加辅食时，应遵循循序渐进的原则，从稀到稠逐步增加食物的黏稠度，例如，从米粉糊、烂粥、稀粥过渡到软饭；给予的食物的性状应从细到粗，例如，从菜汤、菜泥、碎菜过渡到软烂的蔬菜。

4．尝试多种多样的食物。

婴儿6月龄时，每餐的安排可逐渐开始尝试搭配谷类、蔬菜、动物性食物，每天应安排有水果。应让婴儿逐渐开始尝试和熟悉多种多样的食物，可逐渐过渡到除奶类外由其他食物组成的单独餐。随着月龄的增加，也应根据婴儿需要，增加食物品种和数量，调整进餐次数，可逐渐增加到每天三餐（不包括奶类进餐次数）。限制果汁的摄入量或避免提供低营养价值的饮料，以免影响进食量。

5．膳食少糖、无盐、不加调味品。

制作辅食时应尽可能少糖、不放盐、不加调味品，但可添加少量食用油。

6～12月龄婴儿的味觉正处于发育过程中，对甜味以及各种浓烈的味道刺激比较敏感，过甜或加调味品容易造成婴儿挑食或厌食，给婴儿食物中少放糖也是为了预防龋齿。

婴儿期每日的盐需要量不到1克，仅从奶类和辅食中所摄取的钠元素已经能够满足婴儿的需要，如果额外再添加盐，会增加婴儿肾脏的负担，所以在婴儿期的辅食烹调过程中可不加盐。

6．适当添加，不要强迫进食。

依据婴儿食欲和吃饱的信号提供食物，并做到进餐次数和喂养方法符合6～12月龄婴儿的年龄要求。当婴儿不愿意或拒绝某种新的食物时，不要强迫进食，可变换方式，采用在婴儿饥饿或口渴时喂给新的食物，多次尝试后往往会收到良好的效果。

7．注意观察婴儿添加食物后的反应。

添加辅食的过程中，每添加一种新的食物时应密切注意进食后的反应，需要注意观察婴儿的消化能力和是否引起过敏症状。每次开始添加一种食物时，一般应观察3天有无异常，才能逐渐增加分量或尝试另一种食物。

如果出现呕吐、腹泻等消化不良反应或皮肤出现皮疹等过敏症状时，可以根据实际情况暂停添加或暂缓添加该种食物，待症状消失后再从少量开始添加。但是，不能据此认为是婴儿不能吃此种食物，从而不再给婴儿添加此种食物了。

8．6～12月龄婴儿的辅食添加建议。

应在婴儿满6个月（180天）时添加辅食。辅食添加的时间有个体差异，若单纯乳类喂养的婴儿出现体重增长不良、频繁喂乳婴儿仍表现饥饿、对泥糊状食物表现出明显兴趣等现象时，可视具体情况酌情在4～6个月时添加辅食。

6月龄开始添加辅食是以尝试食物味道、培养进食兴趣、不影响奶量为前提，逐步进行食物种类与数量的添加。

6～12月龄婴儿辅食添加方法

项目＼年龄	满6个月	7～9个月	10～12个月
喂养次数	每天1～2次辅食	每天3次辅食	每天3次辅食1次加餐
每餐食量	每餐2～3勺	每餐2/3碗	每餐3/4碗
食物性状	糊状食物	泥糊状食物	半固体食物，切得很碎的食物
食物种类	米粉糊、菜泥、水果泥、蛋黄泥	稠粥、烂面条、馒头、蛋羹、菜泥、肝泥、鱼泥、肉泥、豆腐、水果泥	面包片、软饭、馒头、包子、饺子、馄饨、蛋、碎菜、豆腐、水果，切碎的肉、鱼、虾、鸡等肉食
每天奶量	母乳喂养或婴儿配方奶粉共800ml		600～800ml
每勺为10ml，每碗或每杯为250ml			

三、逐渐让婴儿自己进食，培养良好的进食行为

建议用小勺给婴儿喂食物，对于7～8月龄的婴儿应允许其自己用手握或抓食物吃，到10～12月龄时可鼓励婴儿自己用勺进食，这样可以锻炼婴儿的手眼协调功能，促进精细动作的发育。

良好的进食行为应从婴儿期开始培养，正确的饮食行为应包括以下几方面。

（一）固定就餐时间、位置

固定每次吃饭的时间，同时固定就餐地点、固定喂食者与相同的餐具，这样有利于婴儿建立定时定位就餐的条件反射，形成良好习惯。

（二）适宜的食物量

婴儿的胃比成人小，一餐不能吃得太多；由于婴儿对热能和蛋白质的需要量大，因此要少食多餐。应根据婴儿的月龄、活动量等安排每餐的食物量，给婴儿准备的食物要适量，不要盛放太多或过少。

（三）品尝各种各样的食物味道，不挑食、不偏食

婴儿需要学习吃，应尝试调整婴儿的食物种类，从食物性状、花色、口味上进行合理的搭配，让婴儿品尝各种各样的食物味道，提高婴儿对食物的喜好与进食兴趣，养成不挑食、不偏食的好习惯。

（四）情绪愉快，专心致志地进餐

要为婴儿营造安静的进餐环境，避免婴儿分心，不要让婴儿边玩边喂食，边看电视或讲故事边喂食，更不要边追着边喂食，应让婴儿专心投入进餐。同时，不要在用餐时训斥婴儿，不要强迫婴儿进食，要多给予婴儿鼓励进食的眼神、语言的交流，让其保持心情愉快地进食。

四、婴儿辅食应单独制作，注意饮食卫生

6～12月龄婴儿的消化系统功能仍然未完全发育成熟，对成人膳食中的营养物质的消化吸收尚不能完全适应，还需要逐步适应的过程，喂给婴儿的食物需要单独制作，膳食制作和进餐环境应卫生。

（一）为婴儿选择新鲜、卫生的食物

给婴儿选择食物时要优质、新鲜、无污染，尽量选择符合国家卫生标准和婴

幼儿食品卫生管理相关规定的信誉度较好的食品生产企业的产品。注意食品的保质期、储存条件等信息。

婴儿的辅食应现做现食，保证新鲜。尽量不要喂存留的食物，剩下的食物不宜存放。婴儿食物应合理储存，以防腐败变质。

（二）注意制作、炊具、餐具卫生

膳食制作和进餐环境要卫生，辅食的制作过程应该保证双手清洁卫生，炊具餐具要彻底清洗消毒，防止婴儿因食入不洁净的食物引起肠道感染性疾病。

五、营养状况评价

6～12月龄婴儿身长和体重等生长发育指标反映了婴儿的营养状况，应通过测量，定期监测，了解婴儿的营养状况。对6～12月龄婴儿最好每个月进行定期的测量，至少每3个月测量1次。

6～12月龄婴儿体重、身长的标准参考值

月龄	女 婴		男 婴	
	体重（kg）	身长（cm）	体重（kg）	身长（cm）
6	5.7～9.3	61.2～70.3	6.4～9.8	63.3～71.9
7	6.0～9.8	62.7～71.9	6.7～10.3	64.8～73.5
8	6.3～10.2	64.0～73.5	6.9～10.7	66.2～75.0
9	6.5～10.5	65.3～75.0	7.1～11.0	67.5～76.5
10	6.7～10.9	66.5～76.4	7.4～11.4	68.7～77.9
11	6.9～11.2	67.7～77.8	7.6～11.7	69.9～79.2

【第三节】

1～3岁幼儿喂养指导

1～3岁幼儿的生长发育速率与婴儿时期相比有所下降，但在整个生长发育过程中仍然是处于快速生长发育时期。为此，1～3岁幼儿对各种营养素的需求仍然相对较高。同时，幼儿机体各项生理功能也在逐步发育完善，但是对外界不良刺激的防御性能仍然较差，因此，对于幼儿膳食安排，不能完全与成人相同，需要特别关照。

一、每天保证乳类食物量，逐步过渡到食物多样

（一）可以继续母乳喂养

母乳是婴儿早期的营养来源，对于6个月以后的婴幼儿，虽然母乳的分泌量以及母乳所含有的营养成分已经不能满足其全部的营养需求，但是母乳与其他乳类食物相比仍然是非常优质的营养来源。为此，世界卫生组织主张1岁以上幼儿可以继续给予母乳喂养到2岁（24月龄）。

（二）每天保证给予奶制品

如果不能继续母乳喂养，应给予其他奶制品。建议首选适龄的幼儿配方奶粉，每天应当给予不少于相当于350ml液体奶的幼儿配方奶粉（80～100g）。但是，与母乳、配方奶粉相比，普通液态奶中蛋白质、矿物质的含量较高，会增加幼儿肾脏和肠道的负担，在此阶段仍不宜直接喂给普通液态奶、成人奶粉或大豆蛋白粉等。

如果因条件所限，不能采用幼儿配方奶粉喂养时，也可以选择普通液态奶（牛奶）。尽管普通液态奶的成分不太适合幼儿，但也是优质的乳类食物。因此，可将液态奶稀释，或与淀粉、蔗糖类食物调制后喂给幼儿。

如果没有条件给予奶制品或不能摄入适量的奶制品时，为满足幼儿生长发育的需求，需要通过其他途径补充优质蛋白质和钙质。可用100g左右的鸡蛋（约2个）经适当加工来代替，如蒸蛋羹等。或给予强化了铁、维生素A等多种微量营

养素的食品。

（三）逐步过渡到食物多样

当幼儿满2岁时，可逐渐停止母乳喂养，但是每天应继续提供幼儿配方奶粉或其他的乳制品。同时，应根据幼儿的牙齿发育情况，适时增加细、软、烂的膳食，种类不断丰富，数量不断增加，逐渐向食物多样过渡。

二、选择营养丰富、易消化的食物

幼儿食物的选择应根据营养全面丰富、易于消化的原则，应充分考虑满足能量需要，增加优质蛋白质的摄入，以保证幼儿生长发育的需要；增加铁质的供应，以避免铁缺乏和缺铁性贫血的发生；鱼类脂肪有利于儿童神经系统发育，可适当选用鱼虾类食物，尤其是海鱼类。

目前推荐的1～3岁幼儿的膳食营养素参考摄入量，在每天给予不少于80～100g幼儿配方奶粉或者350ml普通液体奶（鲜牛奶）的基础上，由以下食物种类和相应数量的食物构成的膳食，可以基本满足1～3岁幼儿每天的营养需求：

1. 蛋类、鱼虾肉、瘦畜禽肉等100g（2两）。

2. 米、面等谷类食物100～150g（2～3两）。

3. 新鲜的绿色、红黄色蔬菜150～200g（3～4两）。

4. 新鲜水果150～200g（3～4两）。

5. 植物油20～25g。

可根据1～3岁年龄范围分别对应着食物量的上下限范围，来选择相应品种食物，安排幼儿的食谱。在此基础上，对于1～3岁幼儿，每月还应选用猪肝75g（1.5两），或鸡肝50g（1两），或羊肝25g（0.5两），做成肝泥，分次食用，以增加维生素A的摄入量。

注意不宜直接给幼儿食用坚硬的食物或容易误吸入气管中的硬壳果类（如花生）、腌制食品和油炸类食品。

三、采用适宜的烹调方式

幼儿膳食看似与成人饮食相像，但是由于幼儿咀嚼、胃肠消化功能尚未发育完善，因此，在食物原料、烹调方法和食物性状上与成人膳食有着很大的差别，所以，幼儿膳食需要专门单独加工、烹制，并选用适合幼儿的烹调方式和加工方式。

1. 食物原料应选择新鲜、相对软嫩多汁、质地细腻的食物。

2. 食物加工应将食物切碎煮烂，易于幼儿咀嚼、吞咽和消化，特别注意要完全去除皮、骨、刺、核等；大豆、花生等硬果类食物，应先磨碎，制成泥糊浆等状态进食。

3. 烹调方法上，应采用蒸、煮、炖、煨等烹调方式，不宜采用油炸、烤、烙等方式。

4. 口味以清淡为好，不应过咸，更不宜食辛辣刺激性食物，尽可能少用或不用含味精或鸡精、色素、糖精的调味品。

5. 膳食花样品种要注意交替更换，以有助于幼儿对食物的认知和心理感受，避免对某种食物形成偏食，以利于幼儿保持对进食的兴趣。

四、重视良好饮食习惯的培养

幼儿时期是一生饮食习惯的起点，是影响幼儿食物嗜好、养成良好饮食习惯的重要阶段。因此，要重视幼儿良好饮食习惯的培养。

1. 应规律进餐，幼儿饮食要一日5～6餐，即一天进主食三次，上下午两主餐之间各安排以奶类、水果和其他细软面食为内容的加餐，晚饭后也可加餐或食用零食，但睡前应忌食添食，以预防龋齿。

2. 要重视幼儿饮食安排，逐渐做到定时、适量、有规律地进餐，不随意改变幼儿的进餐时间和进餐量。

3. 家长应以身作则，用良好的饮食习惯影响幼儿，避免幼儿形成偏食、挑食的不良习惯。鼓励和安排较大幼儿与家人一同进餐，以利于幼儿日后能更好地接受家庭膳食。

4. 要创造良好的进餐环境，进餐场所要安静愉悦，餐桌椅、餐具可适当儿童化，鼓励和引导幼儿使用匙、筷等自主进餐。培养幼儿集中精神进食，避免喧器、吵闹，在良好环境下规律进餐。

5. 鼓励幼儿参加适度的活动和游戏，有利于促进食欲，维持幼儿能量平衡，使幼儿保持合理体重增长，避免幼儿瘦弱、超重和肥胖。

五、合理安排零食

食用零食在幼儿时期普遍存在，正确选择零食品种，合理安排零食时机，既是对幼儿膳食能量和营养的补充，也能丰富摄取食物的品种，增加幼儿对饮食的兴趣，同时满足幼儿心理情趣的需求，避免影响主餐食欲和进食量。

1.零食应以水果、乳制品等营养丰富的食物为主，给予零食的数量和时机以不影响幼儿主餐食欲为宜。

2.应控制纯能量类零食的食用量，如糖果、甜饮料等含糖高的食物。

六、每天足量饮水

水是人体必需的营养素，是人体结构、代谢和功能的必要条件。幼儿新陈代谢相对高于成人，对能量和各种营养素的需要量也相对更多，对水的需要量也更高。1～3岁幼儿每日每千克体重约需水125ml，全日总需水量为1250～2000ml。幼儿需要的水除了来自营养素在体内代谢生成的水和膳食食物所含的水分（特别是奶类、汤汁类食物含水较多）外，大约有一半的水（600～1000ml）需要通过直接饮水来满足。幼儿饮水应注意以下方面的问题。

1.应定时提醒和帮助1～3岁幼儿饮水，一般上午、下午各2～3次，每次适量饮水50～100ml，晚上根据情况酌情而定。

2.幼儿的最好饮料是白开水。目前市场上许多含糖饮料和碳酸饮料含有葡萄糖、碳酸、磷酸等物质，过多地饮用这些饮料，不仅会影响幼儿的食欲，使幼儿容易发生龋齿，而且还会造成过多能量摄入，从而导致肥胖或营养不良等问题，不利于儿童的生长发育，应该严格控制摄入。

3.幼儿应在口渴时及时饮水，不要在即将就餐前饮水。就餐前大量饮水会稀释消化液，影响幼儿的食欲和膳食营养的摄取。

4.观察幼儿的尿量、次数、尿色，判断幼儿饮水是否充足。1～3岁幼儿每日尿量500～600ml，每日排尿次数10～15次，颜色清亮微黄。如果幼儿尿量、排尿次数过少或尿色深黄，应考虑是否饮水不足。

七、确保饮食卫生，严格消毒餐具

1.选择清洁不变质的食物原料，不食隔夜饭菜和不洁、变质的食物，在选用半成品或者熟食时，应彻底加热后方可食用。

2.幼儿餐具应彻底清洗和加热消毒。提倡热力消毒，将餐具完全浸入水中煮沸10分钟；或将餐具放入蒸锅水开蒸10分钟，可达到餐具消毒的目的。

3.养护人应注意个人卫生，还要培养幼儿养成饭前便后洗手等良好的卫生习惯，以减少肠道细菌、病毒以及寄生虫感染的机会。

八、营养状况评价

1～3岁幼儿定期监测生长发育状况，以身长和体重等生长发育指标反映幼儿的营养状况。父母可以在家里对幼儿进行定期的测量，1～3岁幼儿最好每2～3个月测量1次，至少每半年1次，及时发现体重、身高增长是否偏离。

1岁幼儿体重、身长的标准参考值

年龄		女孩		男孩	
岁	月	体重（kg）	身长（cm）	体重（kg）	身长（cm）
1	0	7.0～11.5	68.9～79.2	7.7～12.0	71.0～80.5
1	1	7.2～11.8	70.0～80.5	7.9～12.3	72.1～81.8
1	2	7.4～11.2	71.0～81.7	8.1～12.6	73.1～83.0
1	3	7.6～12.4	72.0～83.0	8.3～12.8	74.1～84.2
1	4	7.7～12.6	73.0～84.2	8.4～13.1	75.0～85.4
1	5	7.9～12.9	74.0～85.4	8.6～13.4	76.0～86.5
1	6	8.1～13.2	74.9～86.5	8.8～13.7	76.9～87.7
1	7	8.2～13.5	75.8～87.6	8.9～13.9	77.7～88.8
1	8	8.4～13.7	76.7～88.7	9.1～14.2	78.6～89.8
1	9	8.6～14.0	77.5～89.8	9.2～14.5	79.4～90.9
1	10	8.7～14.3	78.4～90.8	9.4～14.7	80.2～91.9
1	11	8.9～14.6	79.2～91.9	9.5～15.0	81.0～92.9

2岁幼儿体重、身长的标准参考值

年龄		女孩		男孩	
岁	月	体重（kg）	身长（cm）	体重（kg）	身长（cm）
2	0	9.0～14.8	80.0～92.9	9.7～15.3	81.7～93.9
2	1	9.2～15.1	80.0～93.1	9.8～15.5	81.7～94.2
2	2	9.4～15.4	80.8～94.1	10.0～15.8	82.5～95.2
2	3	9.5～15.7	81.5～95.0	10.1～16.1	83.1～96.1
2	4	9.7～16.0	82.2～96.0	10.2～16.3	83.8～97.0
2	5	9.8～16.2	82.9～96.9	10.4～16.6	84.5～97.9
2	6	10.0～16.5	83.6～97.7	10.5～16.9	85.1～98.7
2	7	10.1～16.8	84.3～98.6	10.7～17.1	85.7～99.6
2	8	10.3～17.1	84.9～99.4	10.8～17.4	86.4～100.4
2	9	10.4～17.3	85.6～100.3	10.9～17.6	86.9～101.2
2	10	10.5～17.6	86.2～101.1	11.0～17.8	87.5～102.0
2	11	10.7～17.9	86.8～101.9	11.2～18.1	88.1～102.7

3岁幼儿体重、身长的标准参考值

年龄		女孩		男孩	
岁	月	体重（kg）	身长（cm）	体重（kg）	身长（cm）
3	0	10.8～18.1	87.4～102.7	11.3～18.3	88.7～103.5
3	1	10.9～18.4	88.0～103.4	11.4～18.6	89.2～104.2
3	2	11.1～18.7	88.6～104.2	11.5～18.8	89.8～105.0
3	3	11.2～19.0	89.2～105.0	11.6～19.0	90.3～105.7
3	4	11.3～19.2	89.8～105.7	11.8～19.3	90.9～106.4
3	5	11.5～19.5	90.4～106.4	11.9～19.5	91.4～107.1
3	6	11.6～19.8	90.9～107.2	12.0～19.7	91.9～107.8
3	7	11.7～20.1	91.5～107.9	12.1～20.0	92.4～108.5
3	8	11.8～20.4	92.1～108.6	12.2～20.2	93.0～109.1
3	9	12.0～20.7	92.5～109.3	12.4～20.5	93.5～109.8
3	10	12.1～20.9	93.1～110.0	12.5～20.7	94.0～110.4
3	11	12.2～21.2	93.6～110.7	12.6～20.9	94.4～111.1

【第四节】
常见的营养性疾病

一、营养性缺铁性贫血

（一）概念

1. 贫血：不同年龄阶段贫血的诊断标准不同，6个月～6岁婴幼儿血红蛋白低于110g/L称为贫血。

2. 营养性缺铁性贫血：指因食物中铁摄入不足，致使体内铁缺乏，造成血红蛋白合成减少而引起的贫血，一般为小细胞低色素性贫血，是婴幼儿贫血中最常见类型。此病婴幼儿发病率最高，对健康威胁大，是我国重点防治的婴幼儿疾病之一，积极防治营养性缺铁性贫血是儿童保健的重要任务。

（二）铁的来源和吸收

1. 铁的来源。

（1）食物：为铁的主要来源，不同食物中铁的含量存在明显差异，猪肝、黑木耳、海带含铁最高，其次为肉、蛋和豆类，谷物及蔬菜铁含量较低。

（2）胎内储存铁：新生婴儿体内储存一定量的铁，为母孕末期3个月自母体获得。储铁量的多少与胎龄及出生体重成正比，足月儿自母体获得的铁约可供出生后4个月之用，早产儿、低出生体重儿、双胎或多胎儿储存铁不足。

2. 铁的吸收和利用。

铁的吸收和利用受食物种类、摄入方式、机体铁供应状态等诸多因素影响。

（1）食物种类：动物性食品如肝、肉、血等中的铁以血红素铁的形式存在，吸收率高，为10%～22%；乳类中的铁吸收率为2%～10%，母乳较牛乳高；蛋黄含铁量丰富但吸收率较差，约为3%；植物性食品的铁吸收率较低，为1%～7%，蔬菜、大米等吸收率一般为1%左右。

（2）摄入方式：肉与植物食品同时摄入可使植物铁吸收率增加，牛奶、蛋等动物食品则作用相反；空腹及加用维生素C可提高铁吸收率。

（3）机体铁供应状态：机体处于缺铁状态时铁吸收率增加，反之则减低。

（三）出现缺铁性贫血的常见原因

1.食物中铁摄入不足：膳食铁不足及其搭配不合理是缺铁的最主要原因。

婴幼儿期未及时添加辅食：婴幼儿以乳类食品为主，乳类食品含铁量较低（母乳铁含量一般为1.5mg/L，牛乳为0.5～1.0mg/L，羊乳更少），致使来自母体内的储存铁在4～5个月时消耗殆尽，若不及时添加铁丰富的辅食，6个月后极易发生缺铁性贫血。

年长儿饮食习惯不良或搭配不合理：常因挑食、偏食、膳食安排不合理等因素导致铁摄入不足而致贫血。

2.胎内储存铁不足：足月儿自母体获得的铁约可供出生后4个月之用，自出生后4个月开始需要从食物中摄入铁，每日需要量为1mg/kg（按元素铁计算）；早产儿、低出生体重儿、双胎或多胎儿储存铁较少，需自出生后2个月起从食物中供铁，每日需要量为2mg/kg。

3.疾病引起铁消耗或丢失过多：牛乳过敏者食入未煮沸的鲜牛奶可引起少量长期肠出血，每日失血0.7～1ml即丢失元素铁0.5mg；其他疾病如腹泻、感染等影响消化吸收，也会增加铁消耗。

（四）临床表现

缺铁性贫血发病多在6个月～3岁，一般表现为：

1.皮肤黏膜苍白，以口唇、指（趾）甲及口腔黏膜最为明显。

2.肝、脾、淋巴结肿大。

3.其他：食欲不振、异嗜癖；头晕、乏力、反应迟钝、多动、注意力不集中等；免疫力下降，易发各种感染。

4.血常规检查：血红蛋白（Hb）降低（必备诊断指标），平均红细胞指数包括平均红细胞容积（MCV，正常值80～94fL）、平均血红蛋白含量（MCH，正常值28～32pg）及平均血红蛋白浓度（MCHC，正常值32%～36%）均低于正常。

（五）治疗

1.铁剂治疗：一般口服用药，按元素铁计算，每天为4.5～6mg/kg，分3次服用，餐间服用，与维生素C同服可提高铁的吸收率。一般应用铁剂3～4周后，血红蛋白恢复正常，贫血纠正，须再加服1～2个月补充储存铁。常用铁剂有硫酸亚铁（含铁20%）、富马酸铁（含铁30%）、琥珀酸亚铁（含铁30%）。

2.改变生活方式和饮食习惯，祛除造成铁摄入不足的病因：婴儿及时添加含铁丰富的辅食或铁剂；年长儿纠正偏食和挑食习惯，提倡合理选择平衡膳食。

（六）预防：指导喂养，及时添加辅食，纠正挑食、偏食习惯

1.合理喂养。

（1）婴儿期合理喂养。

提倡母乳喂养：由于母乳铁吸收率高，出生后6个月内的婴儿若有足量的母乳喂养，可以维持血红蛋白和储存铁在正常范围，因此提倡母乳喂养至少4个月，最好延至6～9个月。

适时、合理添加辅食：足月儿从4个月后补铁，每日1mg/kg，可给予蛋黄或铁强化米粉；早产儿或低出生体重儿最迟从出生后2个月开始补铁，每日2mg/kg，一般可给予铁强化奶粉，也可直接给予铁剂。婴儿5～6个月后可添加铁强化谷物以补充铁，或给予蛋黄、菜泥、鱼泥、豆浆等。喂食时间应与喂乳时间分开，以免影响铁的吸收率。7～8个月开始喂肝泥、肉末等，给予丰富的血红素铁。

（2）幼儿及年长儿的膳食安排。

合理搭配膳食，保证足够的动物食品和豆类等含铁丰富食品的摄入，如动物肝脏、瘦肉、鱼、木耳、海带等。主辅食注意粗细搭配、荤素搭配，以提高铁的吸收和利用率。

2.预防感染和患消化道疾病。

3.注意事项：铁强化食品可作为膳食的一部分补充铁的摄入，但不能摄入太多，以防铁摄入过多致中毒，婴儿时期每日铁的供给量不应超过15mg；家庭储存的铁剂或铁强化食品不宜超过1个月量，以防变质。

二、维生素D缺乏性佝偻病

（一）概念

由于缺乏维生素D，致使骨骼成骨过程中钙盐不能正常沉着，导致骨软化甚至骨骼畸形，称为维生素D缺乏性佝偻病。我国是本病多发地区，北方地区尤甚。

（二）维生素D的来源

人体维生素D来源于食物和日光照射。

1.内源性：日光中的紫外线直接照射人体的表皮和真皮内储存的7-脱氢胆固醇，经光化学作用转化为前维生素D_3，再经皮肤温热作用转变为胆骨化醇（$VitD_3$）。日照过多时则前维生素D_3转化为其他代谢产物储存于皮肤内待用，不会使维生素D_3量过多。

2.外源性：膳食或药物。动物体中为维生素D_3，植物食品中为维生素D_2，统称为维生素D，均可人工合成。

（三）出现维生素D缺乏的常见原因

1.维生素D摄入不足：天然食物中除一些海鱼的肝脏含多量维生素D外，乳类、蛋黄、肉类等含量很少，谷类、蔬菜水果中则几乎不含，故每日摄入的天然食品中维生素D含量通常不能满足人体需要。

2.日照少：正常人体自身产生维生素D主要靠有效的日光照射，地区、季节、衣着、空气质量都会影响紫外线照射强度，北方、冬季、多云多雾地区、衣着多、少户外活动及工业污染等均可使紫外线照射减少，维生素D合成不足。

（四）临床表现

维生素D缺乏多见于数月至3岁的婴幼儿。

1.神经精神症状：易惊、多汗、夜啼等，常有枕秃。常见于2～3个月的婴儿。

2.佝偻病骨骼表现：颅骨软化（多见于3个月以内婴儿）、囟门大、方颅、出牙迟（较大婴儿）；肋骨串珠、肋缘外翻、鸡胸、漏斗胸等；O型腿、X型腿（常见于1岁以上开始行走的婴幼儿）等。

3.血生化：血清钙正常或降低、血磷降低、血碱性磷酸酶及骨碱性磷酸酶（ALP及BALP）升高。

4.骨骼X线：干骺端膨大，出现毛刷征，骺线增宽，皮质变薄，松质骨骨小梁数量减少。

（五）预防：容易预防但常被忽略

1.适当日照是最有效、经济、方便的方法。一般在天气晴朗的情况下，每日户外活动2小时及以上，即使仅仅裸露小儿脸部，亦可产生足量的维生素D。但阴天、雾霾天气等会影响日照效果。

2.服用维生素D预防：每日口服预防量400～800IU（婴儿400IU/天、幼儿600IU/天）。

3.食用维生素D强化食品，如维生素D强化乳等。

4.注意事项：避免过度日照，避开夏季10：00～14：00时间段，可选择树荫及屋檐下；不能隔着玻璃照射；有效日照不应和维生素D预防量重叠应用，每天根据具体情况选择其一即可。

（六）治疗原则

日照时间参见"预防"部分，应用维生素D治疗。

1.各期治疗：一般口服维生素D。

（1）剂量：初期（轻度）为1000～2000IU/天；极期（中、重度），中度为3000～4000IU/天，重度为5000～6000IU/天；恢复期用量同初期。

（2）疗程。

①上述剂量口服1个月，同时服用钙剂，每日至少服用元素钙200mg。

②1个月后根据血生化及腕部X线片调整方案：痊愈则改为预防量，恢复期则按初期方案再治疗1个月复查。

2.突击疗法：对因各种原因不能坚持每日服药者，可一次口服较大剂量，轻度10万～15万IU，中、重度20万～30万IU，同时加用钙剂，1月复查。

三、营养不良

营养不良是一种慢性营养缺乏症，是由于食物中热量、蛋白质摄入不足造成的营养缺乏症，简称营养不良。此病以体重不增、生长发育停滞、脂肪逐渐消失及全身各系统功能紊乱为特点，常伴有多种维生素及微量元素的缺乏。我国目前重症营养不良已很少见，但轻、中度患者仍很常见。营养不良分为两类：蛋白质营养不良和热能营养不良。我国以热能营养不良常见，混合型次之，单纯严重蛋白质缺乏者较少见。

（一）营养不良的常见原因

1. 长期喂养不当造成热量或蛋白质摄入不足，如母乳不足或无母乳，又缺乏合理的人工喂养措施，如乳汁配制过稀、食入量不足等，致使供给的热能及营养物质长期不能满足婴幼儿的生理需要；添加辅助食品不合理。

2. 反复感染或患其他疾病，如呼吸道感染或腹泻病，患病后自身消耗多，食欲差，腹泻直接影响各种营养物质的吸收，使反复感染和营养不良互为因果，形成恶性循环。消化道畸形、慢性疾病等可造成食物摄入、吸收困难或消耗过多，也是营养不良的常见原因。

（二）营养不良的评价方法

1. 评价指标：一般通过测定生长发育指标评价营养状况，常用指标为身高和体重。

2. 营养不良包括体重低下、发育迟缓和消瘦，分别定义如下。

（1）体重低下（低体重）：儿童的年龄别体重（体重/身高或身长）低于同年龄、同性别参照人群值的中位数减去2个标准差。此指标反映儿童存在近期或急性营养不良。

（2）发育迟缓：儿童的年龄别身高低于同年龄、同性别参照人群值的中位数减去2个标准差，此指标反映儿童存在慢性长期营养不良。

（3）消瘦：儿童的身高别体重低于同年龄、同性别参照人群值的中位数减去2个标准差，此指标反映儿童存在近期急性营养不良。

（4）严重慢性营养不良（极度消瘦）：儿童的年龄别身高低于同年龄、同性别参照人群值的中位数减去2个标准差，同时儿童的身高别体重低于同年龄、同性别参照人群值的中位数减去2个标准差。

（三）预防

1. 加强对婴幼儿的喂养和营养指导。

（1）婴儿期：必须以乳类为主喂养。

①提倡母乳喂养至少4个月。

②正确判定乳量是否充足，避免喂养不足情况发生：如果婴儿存在每次吃奶时间超过20分钟、喂奶间隔不足2小时即饥饿感强烈、大便次频、便中水多而粪

质少等情况时，提示可能存在乳量不足，须采取措施，增加乳量。

③及时、合理添加辅食：根据具体发育情况在4~6月龄时添加辅食，遵循由少到多、由稀到稠、由细到粗、由一种到多种的原则，选择既符合营养需要又适应婴儿消化吸收功能的食物。

④指导不同性状食物的喂养方式。

（2）幼儿期：幼儿咀嚼消化功能较婴儿成熟，营养需要增加，任何一种单一食物都不能满足全部的营养需求，饮食种类需逐渐向成人转化。

①从以乳类为主转为以粮食为主食，以鱼、肉、蛋、蔬菜、水果等为辅食的混合饮食。

②因幼儿咀嚼及消化吸收能力尚不完善，食物制作时应注意碎、软、细、烂，不宜用粗硬、油炸食物。

③保证一定乳量：1~2岁每日400~600ml，2~3岁每日200~300ml。

④培养不挑食、不偏食的习惯。

2.做好婴幼儿的生长监测，定期体格检查，及早发现并处理营养不良倾向。

3.合理安排生活：充足睡眠、定时进餐、加强体格锻炼。

4.做好疾病防治工作，定期进行预防接种，积极治疗已患疾病。

四、锌缺乏症营养不良

锌是人体必需的微量元素，幼儿缺锌的主要症状是食欲差，生长发育减慢，免疫机能低下，青春期缺锌可致性成熟障碍。

（一）锌的来源和吸收

1.动物性食品：如动物肝脏、瘦肉、鱼肉等含锌丰富且易于吸收，人乳与牛乳含锌量相似（0.3~0.35mg/dl），但前者吸收率为65%，明显高于后者（39%）。

2.植物性食品：植物性食品中以硬壳类食物含锌量较高。谷类食物因含较多植酸、草酸和纤维素等阻碍锌的吸收利用，生物利用率低。

（二）病因

1.摄入不足：长期缺乏含锌丰富的动物性食品是造成锌缺乏症的重要原因。

2.各种疾病影响锌的吸收和利用：各种原因所致的腹泻皆可妨碍锌的吸收。

（三）临床表现

以食欲减退、生长迟缓、出现异食癖和皮炎为主要临床表现。

（四）锌缺乏症的诊断

1．锌摄入不足的病史：可将病史作为重要的诊断依据。

2．锌缺乏症的表现：食欲差、皮炎、反复感染等。

3．实验室检查中目前常用检查及其诊断价值如下：

（1）血清锌：正常最低值为11.47μmol/L(75μg/dl)，是反映机体近期锌营养状况的指标。因受标本溶血、环境污染、进食、感染、应激、肝肾疾病、个人体质、年龄等因素影响，只能作为诊断的参考依据，必须结合锌缺乏病史才能做出诊断。

（2）发锌：反映机体远期锌营养状况的指标。采样方便，长期保存，无痛苦，便于转运，多次分析，反映不同时期锌的营养状态。但此指标受个体差异、采样部位、头发生长速度、环境污染、发样洗涤方法，取样季节等多种因素影响，因此只适用于锌营养状况的群体监测，不能用于临床个体诊断。

（3）白细胞锌：是反映体内锌营养水平灵敏的指标，但操作复杂，尚未在临床应用。

（五）锌缺乏症的治疗

1．祛除原因，平衡膳食。

2．补充锌制剂：每天口服元素锌0.5mg～1.0mg/kg，此剂量分别相当于每天口服硫酸锌2.2mg～4.4mg/kg，每天口服葡萄糖酸锌3.5mg～7.0mg/kg，每日最大剂量不超过20mg，疗程1～2个月。

（六）预防

1．婴幼儿期：提倡母乳喂养，合理添加辅食，4～6个月以后及时添加动物食品；积极防治影响锌吸收利用的疾病，如婴儿腹泻病等。

2．学龄前儿童：平衡膳食，食物忌过精过细；培养良好的饮食习惯，不挑食、不偏食。

五、单纯性肥胖

儿童期单纯性肥胖是与生活行为密切相关的慢性疾病，是21世纪严重的健康和社会问题。

（一）定义和诊断标准

1.定义：单纯性肥胖是与生活方式密切相关，以过度喂养、运动不足、行为偏差为特征，全身脂肪组织普遍过度增生、堆积的慢性疾病。

2.诊断：目前世界尚无统一的诊断标准，世界卫生组织建议在儿童中使用身高别体重法对体脂含量进行诊断和分度。目前定为身高别体重超过世界卫生组织参照人群值20%作为诊断肥胖的界点，超过20%～29%为轻度肥胖，超过30%～49%为中度肥胖，超过50%以上为重度肥胖。

（二）儿童肥胖的治疗观念

儿童期肥胖的治疗以体重控制为基本概念，体重控制是以促进生长发育、保持脂肪适度增长、促进身心健康为内容的综合生理心理调控理论、不进行减少体重为目标的"减肥"或"减重"治疗。

（三）治疗目标及治疗方案

1.目标。

第一线目标：促进生长发育、增强有氧能力、提高体质健康水平、取得体育课程高分或满分。

远期目标：养成科学、正确和良好的生活习惯，保持身心健康发育，培养没有心血管疾病危险因素的一代新人。

2.治疗方案。

（1）原则：治疗儿童单纯肥胖需要采用以运动处方为基础、以行为矫正为关键技术、将健康教育贯彻始终的综合方案。

（2）参与人员与环境：肥胖是生活方式偏差导致的慢性疾病，治疗需要家庭、教师和医生共同参与；一般以日常生活环境为治疗措施实施的主要场地，必要时配合寒暑假集中生活训练。

（3）具体措施。

运动处方：测试个体最大氧耗，以个体最大有氧能力的50%为平均训练强度，制订训练方案。每天训练1～2小时，每周训练5天，一个疗程12周。运动训练的目的还在于使体育训练成为日常生活的习惯，能经常保持和坚持体育锻炼；选择运动形式要注意兼顾减少脂肪的有效性、儿童长期坚持参加的可行性和儿童乐于参加的趣味性。

行为矫正方案：膳食指导方案包括把食物按鼓励多吃和不鼓励多吃两种分别以不同颜色代表，即红灯食品为禁吃或少吃食物，绿灯食物为可吃食物。鼓励多吃含纤维素的或非精细加工的粮食，少吃或不吃含热量高而体积小的食品；同时要求家庭帮助肥胖儿童进食多渣食物；给幼儿吃的食物要切的大小适宜，不要过大，应以小块为主；少吃甜食等。

（四）预防

1.婴幼儿期预防：母乳喂养；出生后前3个月避免喂哺固体食品。在出生后4个月时如果小儿已成肥胖，应注意避免过度喂养，特别在出生后6～8个月时对肥胖儿应适当减少奶量，代之以水果蔬菜。

2.学龄前期预防：养成良好的进食习惯，不得偏食糖类、高脂、高热卡食物。养成积极参加各种体力活动、劳动的习惯。

|第三章|

婴幼儿的心理发展特点

婴幼儿神经心理发育是相对于体格发育而言，也是婴幼儿健康成长的一个重要方面，它表现于婴幼儿神经心理的活动，包括坐、爬、站、走等身体动作能力，感知觉、注意、记忆、想象、思维能力，语言理解和表达能力，情绪情感、气质、个性心理特征等。

【第一节】

大脑与神经系统发展

脑的发育是婴幼儿神经心理发育的物质基础，脑发育的正常与否，与婴幼儿神经心理的发育密切相关。婴幼儿神经心理发育受环境、教育的影响，但这是外在因素。而内因是婴幼儿神经系统的发育，尤其是大脑的发育。婴幼儿神经心理正常发育的前提是其大脑解剖形态的完善和功能的成熟。

一、脑发育的可塑性

胎儿期神经系统的发育在各个系统中居领先地位。出生后前5年，尤其是第一年脑的发育特别迅速。新生儿出生时，脑的重量(约为390克)不到成人脑重(约为1400克)的1/3，脑细胞的体积较小，功能也很不完善。婴儿出生后脑细胞继续发育，机能不断分化，神经纤维日益增长，使脑的重量不断增加。9个月婴儿的脑重约660克，比新生儿期增长近一倍，3岁儿童的脑重达900～1000克，为成人脑重的2/3。婴幼儿出生时大脑神经细胞数目已基本与成人相同，约140亿个神经细胞，但细胞的分化还在继续。3岁时大脑皮层6层结构的分层才大体完成，8岁时基本接近成人。

儿童脑神经细胞有惊人的增生能力，但大多数脑神经细胞的增生在妊娠头3个月至出生后1年或再长一些的时间里。儿童出生时大脑有约140亿个神经细胞，而真正被利用的只有20%，这部分脑神经细胞增生后，经过移行，定于功能位继续发育。神经细胞从多方向性联系发展为单方向性联系，使婴儿的反应从泛化变为集中。大部分脑细胞由于没有接受刺激，在生成后就终止了发育（发育废止）。有研究证明，婴儿在常规的环境中生活，其大脑各个部分的脑细胞按一般速度发育，外界的刺激越频繁、越强烈，脑细胞发育的速度就越快。经过早期刺激训练的儿童，7岁时脑细胞可能已经发育了25%，而其他儿童可能只发育了15%。可见，脑细胞发育的潜力，即脑的可塑性，是非常大的。

二、脑发育的代偿性

儿童的大脑具有很强的代偿功能，即一些脑细胞代偿另外一些脑细胞的功能。在发育的某一时期，局部脑细胞的损伤或丧失，可由临近脑细胞代偿其功能，从而形成新的通路。神经学家研究发现，发育早期脑受损伤，到成人期较少受影响，但过了一定的敏感期，尤其是发育晚期，脑损伤引起的功能障碍将永久存在。我们将这一现象称为大脑的代偿性。

三、脑发育与心理行为的关系

大脑的发育并不是随婴儿年龄的增长而自然成熟的，除新陈代谢所需的物质营养外，更重要的是需要外界环境的刺激和影响。外界的刺激越频繁、越强烈，脑细胞发育的速度就越快。在外界环境对神经系统的刺激下，大脑才能得到充分的发展和完善。因此，父母及托幼机构的保教人员应抓紧3岁以前的关键年龄对婴幼儿进行早期教育。

【第二节】

婴幼儿运动能力的发展

婴幼儿运动能力的发展与其脑的形态及功能有关，因为运动是在大脑皮质直接参与和控制下发展的。运动的发育是婴幼儿神经发育的一个重要体现，同时又能促进神经的发育。

儿童第一年在动作的发展上就取得了非常重大的成就，特别是出现和发展了作为人类特有的动作——手的动作和直立行走。第二年动作发展相对稳定。第三年又是迅速发展的时期。儿童运动的发展遵循着一些规律，同时，运动的发展也有一定的程序，即不同年龄阶段会出现不同的运动行为。

一、运动发展的规律

（一）从泛化到集中

婴儿最初的动作是全身性的、不精确的、不协调的，以后逐步分化为局部的、精确的、协调的动作。例如，将一块毛巾放在婴儿的脸上，不同年龄的婴儿有不同的表现。2个月的婴儿只会全身乱动，这是一个泛化反应；5个月的婴儿则能双手定向朝毛巾的方向乱抓；8个月的婴儿已经能够准确地、毫不费力地用手拉下毛巾。

（二）从上到下

儿童动作的发展是自头端向足端进行的，例如，儿童先是会抬头，然后才会坐和爬，最后能站和走。

（三）从近到远

儿童动作的发展是从身体中部开始的，越接近躯干的部位动作发展得越早，然后逐渐向远端发展。例如，儿童首先出现的是抬头、抬胸，然后是双臂、双腿等躯干近端大肌肉的动作，以后才是手部灵巧小肌肉动作的发展。

（四）先正后反

儿童正面的动作先于反面动作的发展。例如，先学会用手抓东西，后会放下手中的东西；先学会扶栏站起，后会从立位坐下；先能向前走，后会倒退走等。

二、大运动发展程序

大运动是指姿势或全身的活动，如抬头、翻身、坐、爬、站、走、跑、跳跃等。

儿童大运动发展程序

1个月：俯卧位时能勉强抬头。

2个月：俯卧抬头30～45度，直立位时头一晃一晃竖一下。

3个月：俯卧能持久抬头至45度，扶着坐时头向前倾，头稍晃、不稳。

4个月：俯卧抬头90度，扶坐时头稳定。

5个月：能翻身至俯卧位，拉坐头不后滞。

6个月：拉坐时会主动举头，扶站能主动跳跃。

7个月：俯卧时以腹部为中心做旋转运动，可以独坐1分钟。

8个月：独自坐稳，左右转动自如，扶着栏杆能站立。

9个月：会爬行，并会拉物站起。

10个月：会扶栏杆横走，扶栏杆自己坐下。

11个月：拉着一只手能走，会独自站立片刻。

12个月：能从一个物体到另一个物体走几步，会爬上台阶。

15个月：独走稳，拉着一只手能走上楼梯。

18个月：会拉玩具倒退着走，自己扶栏杆走上楼梯。

2岁：跑得好，会双脚跳，独自上下楼梯，会扔球、踢球。

3岁：两脚交替上下楼梯，会双脚从末级台阶跳下，能骑小三轮车。

4岁：能独脚跳。

5岁：会两脚交替跳着走及快跑。

三、精细动作发展程序

精细动作是指手和手指的运动，以及手眼协调操作物体的能力，如抓饼干、捏小米花、握笔绘画、使用剪刀等。

　　精细动作多为小肌肉的运动，在全身大肌肉发育后迅速发育。儿童的手在精细动作方面有着极其重要的位置。婴儿抓握物品的方式最初是用手掌的尺侧抓握，进而用全掌抓握，然后发展到桡侧掌抓握，8～9个月开始用手指抓物，10个月会用拇指与食指对指取物，以后手指的灵巧性继续发展。

　　精细动作的基本动作包括抓握、翻揭、搓揉、撕扯、挟取、旋开、捏取、捻压、折叠、捆缚等。随着儿童年龄的增长，越来越需要其双侧肢体的配合性动作。比如，1岁内的儿童会双手传递玩具，拿两块积木对敲；2～3岁的儿童会穿珠子、系纽扣；4～5岁的儿童则能用剪刀剪东西。而且，随着精细动作水平的提高，儿童手眼协调的能力进一步发展并越来越占据重要的地位，贯穿于精细动作之中。

　　儿童精细动作发展程序

　　2个月：看见玩具时手舞足蹈、全身乱动。

　　4个月：能将玩具在手中留握较长时间，会伸出双臂试够悬挂于胸前的玩具。

　　6个月：会迅速伸出手够抓面前的玩具，抓握方式为全掌大把抓握。

　　8个月：会用传递、摇、敲等多种方法玩一个玩具，抓握方式为桡掌或桡指抓握。

　　10个月：能够拇指与食指对指取小物品，会笨拙地主动松手放下或扔掉手中的玩具。

　　12个月：会灵巧地钳式捏起小丸，一手能同时抓握2～3个小物品，会轻轻地抛球。

　　15个月：垒2～3块积木，大把握笔自发乱画，会用勺取食物。

　　18个月：垒4块积木，能几页几页地翻书。

　　2岁：垒6～7块积木，能一页一页地翻书，正确握笔，模仿画垂直线。

　　2岁半：垒8～9块积木，能模仿画水平线和交叉线，会穿短袜和便鞋。

　　3岁：垒10块积木，能临摹圆形和十字，会穿珠子、系纽扣。

　　4岁：模仿着用积木垒造型，会使用剪刀剪直线，能画简单的图画。

　　5岁：会用剪刀剪下圆形，会使用筷子夹小物品，能临摹方形和三角形。

【第三节】

婴幼儿感知觉的发展

感知是一个基本的心理过程，通过这一过程，人获得对周围环境的认识。形形色色的事物作用于我们的感官而产生感觉，对事物各种属性、各个部分及其相互关系的整体反应就是知觉。在实际生活中，人都是以知觉的形式直接反应具体事物的。根据知觉时起主导作用的分析器，可分为视知觉、听知觉、触知觉等。

一、视知觉的发生发展

视觉刺激在儿童与环境之间的联系中提供着重要的信息。婴儿出生时，眼睛已经有相当好的光学特点，即有瞳孔对光的反射，已能看见明、暗及颜色，但新生儿所有的视神经细胞都尚未发育完善，还需要经历一个发展成熟的过程。0～6个月是儿童视力发展的敏感期。

儿童视知觉发展程序

1个月：短暂注视，目光缓慢地跟随移动的物体至中线。

2个月：开始出现头眼协调，目光能水平、上下跟随移动的物体90度。

4个月：头眼协调好，目光跟随移动的物体180度，并且做环形跟随。

6个月：目光跟随落地的物体，开始能辨别场景的深度。

9个月：长时间看远处人物的移动。

12个月：偏爱注视小物品。

18个月：能注意悬挂于3米远的小玩具。

2岁：区别直线与横线。

5岁：区别斜线、垂直线与横线。

二、听知觉的发生发展

新生儿出生时鼓室没有空气，所以听力低下，听觉阈限高于成人10～20分贝。出生后3～7天，听觉敏锐度有很大提高，2个月已能区别出笛声和铃声，4个月以后能按类别区分不同的语音，这种感知不同语音的能力有助于以后语言的学习。

儿童听知觉发展程序

1个月：对铃声有反应。

2个月：区别笛声和铃声。

3个月：头转向声源。

4个月：听悦耳声音时微笑。

6个月：对母亲的语音有反应。

9个月：可迅速、直接地寻找声源。

12个月：听懂自己的名字。

18个月：区别不同的声音，如犬吠声与汽车喇叭声。

2岁：较精细区别声音，如揉纸声与流水声。

3岁：更精细区别声音，如区别"ei"与"er"语音。

正常儿童的听觉强度为0～20分贝。如果听觉强度在20～40分贝为轻度听觉障碍，40～60分贝为中度听觉障碍，60～80分贝为重度听觉障碍，80分贝以上为极重度听觉障碍。早期发现儿童先天性和后天性听觉障碍，尽早配戴助听器，早期进行听力语言康复，就能让大部分聋儿能听、会说，像正常儿童一样健康成长、生活和学习。

三、皮肤感觉的发生发展

皮肤感觉包括痛觉、温度觉、触觉等，婴儿的皮肤感觉很早就表现出来。新生儿痛觉已存在，但不敏感，痛刺激后出现泛化反应。新生儿对温度的感受比较敏感，能区别牛奶和水的温度太高或太低，冷刺激比热刺激更能引起明显的反应。所以，新生儿遇到冷环境会大声啼哭，如果放到温暖的地方很快就不哭了；洗澡时如果水冷也会大哭起来。

新生儿的触觉有高度的灵敏性，其能对接触身体的褓褓或被褥的任何不舒服的刺激产生强烈的反应。触觉特别敏感的是嘴唇、手掌、脚掌、前额、眼帘等处，例如，在物体接触嘴唇的时候，小婴儿就会发生口部动作；在物体接触手掌的时候，他立刻就会抓握物品等。而大腿、前臂、躯干处的触觉比较迟钝。随着年龄的增长，儿童皮肤感觉的灵敏度和定位能力逐步提高，同时手部皮肤在感知周围物体中起到了极其重要的作用。2～3岁时已能辨别各种物体的属性，如软硬、冷热、糙滑等，5～6岁能区别相同体积而重量不同的两个物品。

四、嗅觉和味觉的发生发展

婴儿出生时嗅觉中枢及末梢已发育成熟。哺乳时新生儿闻到奶香就会寻找母亲的乳头，4个月的婴儿能比较稳定地区别好闻的气味和不好闻的气味，比如喜欢好闻的茴香油味，不喜欢难闻的臭胶味。

婴儿味觉的发展也比较早，新生儿时期就能对不同味道的东西产生不同的反应。对微甜的糖水表示愉快，吸吮速度加快，间歇时间缩短；而对酸的或苦的东西表现出一种特有的消极表情，如皱眉、闭眼、张嘴等。4～5个月以后的婴儿味觉更加敏锐，对任何味道的改变都会表现出敏锐的反应。

【第四节】

婴幼儿注意、记忆、想象的发展

一、注意的发生发展与培养

注意是心理活动的指向和集中，当人的心理活动集中于一定的事物时，注意就发生了。注意是一切认识过程的开始，注意本身并不是一个独立的心理过程，而是感觉、知觉、记忆、思维等心理过程的一种共同特征。

（一）注意的分类

注意分为无意注意和有意注意。无意注意是自然发生的，无须意志努力的注意，如儿童听到汽车鸣笛时，不由自主地去注意。有意注意是指自觉的、有预定目的的注意，如学生听课时需要有意地将注意集中在老师的讲课上。3岁以前的儿童基本以无意注意为主，具有无目的、无预见的性质，其注意由客观事物的鲜明性、情绪性和强烈程度等特点决定。3岁以后才逐渐发展形成有意注意。

（二）注意的发生与发展

注意是随着年龄的增长而逐渐发展起来的。1～2个月的婴儿仅为无条件的定向反射；3～4个月则能较长时间注意一个新鲜事物；6～7个月对鲜艳的物体和声响产生定向反应，会准确地转头寻找；之后到1岁，注意时间延长，并会用手触摸注意的物品，尤其是注意感兴趣的事物；1～2岁的儿童，不仅能注意当前感知的事物，还能注意成人语言所描述的事物；至3岁，儿童的注意进一步发展，能倾听故事、歌谣等。学龄前儿童开始能控制自己的注意，学龄初期的儿童集中注意的时间可达20分钟左右，10～12岁可达25～30分钟。

（三）教育关注

注意对儿童认知的发展非常重要，应从小培养。对3岁以前的儿童来说，首先要注意给他们提供丰富的环境，扩大经验、增长知识、发展感知觉。人的感知觉越敏锐，他的注意就越易被外界刺激物所引起。而3岁以上的儿童，则要注意培养他们的兴趣、意志力和自制力，发展有意注意，并引导其逐渐学会调控自己的注意。

二、记忆的发生发展与培养

记忆是一个重要的心理过程，是对经历过的事物的反应。记忆主要有再认和回忆两种形式。原来感知过的事物在眼前重新出现，而且觉得确实感知过，即为再认；过去感知过的事物不在眼前，却在头脑中重现出来，即为回忆。

（一）记忆的发生发展

儿童由于条件反射的建立和发展，记忆能力也随之初步发展起来。婴幼儿的记忆首先出现的是再认。5～6个月的婴儿能再认妈妈，从复杂的背景中分辨出妈妈的脸，但此时再认的保持时间很短，只有几天，如果离开妈妈一段时间，婴儿就不认得妈妈了。1岁的婴儿能再认10天前的事，并开始出现回忆。3岁的儿童可再认几个月以前的事，回忆可保持几周。而4岁的儿童既可再认1年前的事，回忆也可保持几个月。一般来说，人不能回忆3岁以前的事情。

（二）婴幼儿记忆的特点

婴幼儿的记忆主要具有以下特点：记忆时间短，仅可保持几天至几星期；记忆内容少，限于经常接触的熟悉的事物；记忆内容多带有情绪色彩，对感到快乐或恐惧的事情比较容易记忆；记忆的无意性很大，记忆过程缺乏明确的记忆目的，主要凭兴趣进行；随着他们的探索行动，感兴趣的就记住了，不感兴趣的则不屑一顾；记忆中喜欢背诵，但理解基础上的记忆远比不理解的机械背诵效果好；记忆的精确性尚差，随着年龄增长而逐渐改善。

（三）教育关注

在培养婴幼儿的记忆能力时，首先要注意创设一个良好、轻松的情绪环境，丰富生活的内容，以便于其记忆。其次通过游戏、生动的玩具、朗朗上口且易于理解的儿歌及故事，给予必要的刺激，以逐步发展幼儿的有意记忆和记忆的精确性。

三、想象的发生发展与培养

想象是人脑对已有表象进行加工改造而创造出新形象的过程。想象与回忆不同，回忆是过去感知过的事物再现，而想象则是人在已有表象的基础上，根据语言的调节在头脑中形成过去从未感知过的新形象。

（一）想象的发生与发展

1岁以前的婴儿没有想象，1～3岁开始有想象的萌芽。例如，拿一块饼干放到布娃娃嘴里让布娃娃吃，画个圆圈将其称为太阳等。这一年龄段儿童的想象内容还非常贫乏、零散，局限于模拟成人生活中的某些动作，没有什么创造成分。进入学龄前期的儿童想象要丰富得多，从日常生活的人和玩具逐渐扩大到社会环境，甚至宇宙。例如，扮演小司机开火车，与星星、月亮打电话等。不仅想象的对象广了，想象的内容也更加完整、细致和系统，并且加入了很多创造性成分。

（二）儿童想象的特点

学龄前儿童的想象还有许多不成熟的地方，主要表现在：想象的主体易变化，画画时一会儿画小人，一会儿画飞机；想象有时与现实分不清，经常将童话里的事情当成真实的；想象具有夸大性，如儿童都喜欢听《拔萝卜》等夸张性的故事；满足于想象的过程，想象常常没有预定的目的，因而具有幻想的性质。

（三）教育关注

在培养儿童的想象力时，可以用续编故事、补画面、提问、听音乐等方法来进行，同时培养儿童绘画、手工、朗诵、唱歌等表达想象的基本技能，为以后的创造性思维发展打下基础。

【第五节】

婴幼儿认知能力与思维的发展

一、认知的发生发展

认知是感知、注意、记忆、想象、思维等全部心理过程的总和，是大脑反应客观事物的特性与联系，并揭露事物对人的意义与作用的心理活动。由于认知涵盖了个体心理活动的很多重要方面，并广泛渗透于其他心理过程中，因此认知始终是心理学的重要研究领域。自认知心理学产生以来，认知过程就被看做信息的接受、编码、储存、提取、使用的过程。这个过程可概括为四种系统，即感觉系统、记忆系统、控制系统和反应系统。

人的认知来源于动作，动作既是感知的源泉，也是思维的基础。儿童通过动作适应环境是发展的真正原因，儿童的每一个心理反应，不论是外部的实际行动（动作）还是内部的系统行动（思维），都是一种适应。适应是智慧的本质，而适应的本质则在于取得机体与环境的平衡。

二、认知、思维与智力

认知发展是指个体认知结构和认知能力的形成，以及随儿童年龄和经验的增长而发生变化的过程。婴幼儿认知的发生发展包括其感知觉、注意、记忆、想象等能力的发生与发展的整个过程，而思维的产生与发展是其中的一个重要方面。

智力活动是在人脑内部进行的认知活动。智力是指认知方面的心理特征，即观察力、记忆力、思维和想象等能力的综合，其核心成分是抽象思维能力和解决问题能力。因此，个体认知发展的过程，实质也是其智力发展的过程。

认知是在儿童探索的活动中能动地发展起来的。婴儿早期认知活动主要建立在感知和运动的基础上，早期对周围环境的认识和适应是以后智力的由来。随着儿童年龄的增长，语言逐步发育，儿童认知从外部动作转向内部心理活动。认知发展是连续有序的，从简单到复杂，从低级到高级。

三、婴幼儿认知发展的阶段与内容

根据皮亚杰的理论，婴幼儿认知发展主要在感知觉、注意、记忆、思维和言语等初步发生与发展的时期，也是儿童智力发展的初步阶段（感知运动阶段）。认知的发生与发展有以下六个阶段。

（一）反射练习阶段（0～1个月）

此阶段也称本能阶段，新生儿天生具有无条件反射，为了适应外界环境，新生儿出生后不断重复出现无条件反射，如觅食反射、吸吮反射。这些反射的积极重复和泛化（如吸吮手指）的结果是形成了新的习惯。

（二）动作习惯和知觉形成阶段（1～5个月）

婴儿早期由于某些条件反射，形成了一些行为习惯，如吸吮手指、头转向声源、目光追踪移动的物体等。这些习得性动作是通过两个以上感官的整合，把不同的动作联合起来形成的。但这时的婴儿只是为动作而动作，没有明确的目的。

（三）有目的的动作形成阶段（5～9个月）

此时婴儿的视觉和动作开始协调，出现伸手够物、敲打、传递玩具等，且这种够抓、摆弄物品的能力越来越趋于成熟。如果在摇篮顶上挂一个风铃，婴儿手上牵一根线，拉动线风铃就发出"叮叮当当"的声音。这种新奇的效果引起了婴儿的兴趣，为了能再次听到这种声音会反复该动作。这时婴儿的动作目的和手段之间发生分化，意味着婴儿的感知动作思维开始萌芽。

（四）手段与目的之间协调阶段（9～12个月）

这个阶段的婴儿动作从一开始就明显地表现出它是用来达到目的的方法。例如，拉妈妈的手，让她去够远处够不到的东西。另外，这个阶段的婴儿还获得"物体永存"的概念。比如，当玩具在他视野中消失的时候，他知道玩具不是不存在了，而是"藏"在某个地方，所以他开始会玩藏猫猫的游戏。客体永久性概念的获得是婴儿智力发展阶段的重要成就，是一切认知活动发展的基础。

（五）感知运动智力阶段（12～18个月）

婴幼儿能够通过偶然尝试而发现新的达到目的的手段，探索新的方法。这不是一个简单的循环反应，而是立刻导致为了了解外在客观变化而进行的不断尝试。例如，婴幼儿够不到桌子上的物品，偶然拉动桌布一角观察到物品移动，从而认识到两者之间的关系，于是拉动桌布，拿到物品。通过主动实验，婴幼儿发现达到目的的新途径。这是婴幼儿智力发展中的又一大进步，它标志着婴幼儿思维能力的产生和初步发展。

（六）智力的综合阶段（18～24个月）

这时婴幼儿具有了心理表征能力，他们可以对自己的行为以及外在事物进行内部表征，开始心理的内化进程。婴幼儿获得心理表征能力的明显标志是：

1. 不用明显的外部尝试动作就能解决问题，即通过头脑中组合动作来构成达到目的的新方法。例如，看到桌子上的物品不易够到，直接拉动桌布取到物品。

2. 产生延迟模仿能力。例如，看见一个小伙伴把果皮扔到垃圾筒，第二天自己也学着扔果皮到垃圾筒。这表明婴幼儿此时已形成内化了的模仿，可以通过保持在某一情景下获得再现，积累了大量的表象素材（思维内容），从而促进了婴幼儿思维的发展。

另外，接近24个月的婴幼儿不再是原始的混沌状态，开始出现自我意识，逐渐能把自我与外在环境区分开来，将自己的愿望与现实区分开来。这个自我中心化及相应的去自我中心化过程，是儿童心理发展的重要特征和一般规律，并贯穿于儿童心理发生与发展的整个过程。

四、思维类型的特点

思维是客观事物在人脑中概括的、间接的反应。婴幼儿期是人的思维发生和初步发展时期。2～3岁儿童开始产生思维的低级形式——感知动作思维，到学龄前阶段发展起具体形象思维，之后出现思维的高级形式——抽象逻辑思维。

（一）感知动作思维

所谓感知动作思维，就是思维过程离不开直接的感知和动作，思维在动作中进行，与行动分不开。2～3岁的儿童只有在直接感知具体事物时才能进行思维，他们不能先想好了再行动，而是边做边想。例如，绘画时不是先想好了再画，而是边画边想，边想边画。

（二）具体形象思维

儿童从3岁左右，具体形象思维开始发展起来，并在整个学龄前期的思维活动中占据了主导地位。所谓具体形象思维是利用直观形象解决问题的思维，即依靠表象、依靠对事物的具体形象的联想进行的思维。例如，学龄前儿童在绘画中可以事先想好事物的形象，然后再根据表象去绘制。具体形象思维是在感知动作思维的基础上形成的，正是感知动作思维使儿童积累了最初的表象，为具体形象思维的发展提供了可能性。

（三）抽象逻辑思维

抽象逻辑思维是以抽象的概念和理论知识解决问题的思维。在儿童知识经验范围之内，他们能够进行初步的抽象逻辑思维，即依靠概念、通过判断和推理进行思维。例如，学生运用数学符号和概念进行数学运算和推导。5～7岁儿童的思维活动中已经有了这种思维的萌芽，这是人类思维的高级形式，其中，"语词"起着重要作用。

从个体角度看，儿童思维的发展经历着从感知动作思维到具体形象思维，再到抽象逻辑思维的过程。年长儿童在进行思维时，三种思维往往相互联系，通常不会单纯地利用某一种思维形式。

五、教育关注

对0～6个月的婴儿要多进行视觉、听觉和触觉刺激，对他抚摸、说话，让他追视移动的玩具或人脸，寻找声音，加强他对语言的理解。7～12个月的婴儿在感知觉刺激的基础上，可多进行翻身、爬行、摆弄玩具等动作的练习，多与其游戏、进行言语交流，促进其知觉和有目的活动的开展，建立"物体永存"的概念。1岁以后的婴幼儿手的精细动作快速发展，要给其提供动手操作的机会，他将在不断摆弄物品中迅速提高认知水平。2岁以后的幼儿，其皮肤感觉的灵敏度和定位能力逐步提高，已能辨别各种物体的属性，如软硬、冷热、糙滑等，手部皮肤在感知周围物体中起到极其重要的作用。幼儿期口语发展迅速，儿童认知开始进入最初的思维阶段。语言的发展对促进自我意识的建立具有积极的作用。

【第六节】

婴幼儿语言的发展

语言为人类所特有，它是词的符号系统，是一种高级的神经活动，是人们交往、思维的工具。从广义上来说，文字、言语、视觉信号、手势等均属于语言的范畴。

一、语言发展的生理基础

语言的发展离不开听觉器官、发音器官和大脑功能的完善。任何一项功能的异常均可出现语言障碍。因此对语言发展缓慢的儿童，应首先检查其有无听力障碍或发音器官的器质性损害，以便尽早配戴助听器或进行手术治疗。其次要检查发音器官有无问题，包括口腔、鼻腔、咽、喉、声带等，以及与发音有关的唇、舌功能和出牙情况。而对智力落后儿童的语言障碍，则必须进行早期训练，才能提高其发展水平。

二、语言发展程序

正常儿童语言的发展经历发音、理解和表述三个过程。三个过程一环套一环，1岁以前，儿童主要处于咿呀学语和初步理解的前言语阶段，1岁以后开始学说话，先说单词，然后组成句子，逐步完善。

儿童语言发展程序

2个月：可发出几个单元音（a、i、o等），能与成人交流发音。

4个月：会出声笑，大声叫，能咿呀作语，主动和人发出咕噜声。

6个月：喜欢对熟悉的人发音，开始出现唇辅音，会模仿咂舌音，从叫名字开始有反应。

8个月：能发出重复音节"mama""dada"等。

10个月：能够咿呀学语，对成人的要求有反应，会招手"再见"，或拍手"欢迎"。

12个月：听懂几样物品的名称，有意识地叫"爸爸""妈妈"，会学动物的叫声。

15个月：能说出6个左右的词，开始出现难懂的话。

18个月：能说10～20个词，用言语辅以手势和表情表达需要。

21个月：能说20～30个词，会说"不要""我的"，说出几个图画的名称，能将2～3个词组合起来。

2岁：能说3～4个字组成的简单句子，会用代词"我""你"。

2岁半：会说6～8个字的复合句，不再说出难懂的话，能说短的歌谣。

3岁：会说姓名、性别，知道2～3种颜色的名称，能回答成人的简单问题。

4岁：能说出较多的形容词和副词，喜欢向成人提出问题。

5岁：会用一切词类。

三、婴儿的"前言语行为"

婴儿会说第一个字之前的时期称为前言语行为阶段，这个阶段大约是婴儿出生至12个月。在这个阶段，婴儿的感知觉、注意、记忆、发音能力和理解能力逐步发生发展起来，出现了咿呀作语（1～6个月）、咿呀学语（6～10个月）等非言语性声音，出现表情、手势等姿态交流现象。这些都是发生在婴儿期的、与未来言语发生密切相关的"前言语行为"。

四、言语的基本特征

言语是指个体根据所掌握的语言知识表达思想、进行交流的过程，即实际的话语。言语是语言的传递过程，它既包括听、读等感受和理解的过程，也包括说等表达过程。语言只有通过言语活动才能体现它作为交流工具的职能，而言语也离不开语言这个工具，二者密不可分。

言语又可分为外部言语和内部言语两部分。外部言语是用来进行交流的言语，内部言语是伴随思维活动产生的不出声的言语。一般认为，内部言语是口头言语发展到一定阶段，在出声言语的基础上形成的，是外部言语的内化。例如，2～3岁儿童在做一件事情时经常自言自语，这是因为他的外部语言正在向内部语言转化，到4～5岁时这种现象就不再出现了。

五、教育关注

1.在前言语行为阶段，应该多跟婴儿说话，创设一个良好的语言环境。同时鼓励婴儿发音和用姿态表达，对他们的表达给予积极的关注和回应，为婴儿学说话打下良好基础。

2.在幼儿学说话阶段要耐心引导，每天都要有与其面对面交流的机会，鼓励他用言语表达。还可以通过看图画书、游戏等方式，不断增加幼儿的词汇量。

3.仔细观察幼儿的言语表达情况，理解幼儿在发育过程中出现的隐语、暂时性口吃、内部语言外化等生理现象，保护幼儿学说话的积极性。

【第七节】

婴幼儿情绪情感的发展

人的高兴、悲伤、焦虑、恐惧、欢喜等心理现象都是各种形式的情感和情绪，它是人对客观事物态度的一种反应。情绪是在人的生理需要是否得到满足的情况下产生的，情绪是人和动物共有的，属于外部表现，具有情境性、暂时性和冲动性，是不稳定的。情感则是人类社会生活中，人对社会性需求是否得到满足而采取的不同态度的反应。情感是人类所独有的，它具有稳定性和深刻性。情绪是情感的外在表现，情感是情绪的本质内容。

一、情绪情感对婴幼儿发展的意义

情绪情感是婴幼儿适应生存的重要心理工具。婴儿出生后在成人的哺育和照顾下才得以生存，婴儿情绪的感应力使他处于主动位置，能从成人那得到最好的哺育。婴儿依恋的形成和发展对他情绪情感的健康发育至关重要。研究发现，愉快情绪有利于婴幼儿学习，而不良情绪则起干扰和破坏作用。情绪情感对婴儿的心理活动具有明显的动机作用，情绪是儿童心理活动的驱动器。同时，良好情绪对婴幼儿的人际交往、自我意识产生和个性形成均有促进作用。

二、婴幼儿情绪情感的发生与分化

儿童情绪情感的发展是随年龄的增长而逐步分化、丰富起来的。新生儿对谁都会笑、会发声音，不管是爸爸妈妈还是陌生人逗引，都会产生同样的反应。但是3个月以后，他们开始能在相当的程度上辨别人，对母亲比对别人凝视的时间长，并且有特别的微笑。6个月的婴儿，这种倾向变得非常明显，陌生人抱他就哭，母亲抱他就会立刻不哭；听到母亲的声音就高兴，对母亲微笑、主动发音，而一旦母亲要离开就会哭着要去追。婴儿自身对母亲或其他特定对象之间所形成的这种感情联结，就是"依恋"。

婴儿出生后，首先有生理上的需求，即需要有人给他喂奶、换尿布、洗澡……还有更高的情感需求，即需要有人对他微笑、说话、抚摸等。而母亲与婴幼儿密切接触，无微不至地关心照料，使他们的生理需求和情感需求均得到满足，他们能确认自己是被爱的，并对爱他的人产生信任，从而形成依恋。有了依恋，才能获得安全感，才能在满足、坦然、愉快的基础上去探索外界环境。如果婴儿早年丧失母爱，未获得生理、心理上的满足，那么他就无感情依恋过程，也就建立不起对他人的信任。这样的儿童无安全感、胆小、孤僻、呆板，受到压制、欺侮、虐待则变得敌视。有些成年人个性孤僻、脾气古怪、不能与别人融洽相处、感情脆弱，以致某种精神病的发生，往往可追溯到儿童早期依恋形成的失败或需要受到压抑，比如亲人死亡、父母离异、长期生病住院、本身为弃婴等。

三、婴幼儿基本情绪的发展

婴幼儿的情绪多种多样，主要可以分为积极情绪（如笑）和消极情绪（如哭、惧怕）。各种情绪反应在发生的时间和表现上均不相同。

笑

婴儿出生就开始有笑的反应，通常在没有任何外部刺激的情况下发生，表现为卷起口角微微一笑。出生后1~4周，婴儿在吃饱、听到柔和的声音、抚摸面颊时也会微笑。但这些微笑都是反射性微笑，而不是社会性微笑。5周以后，引起婴儿微笑的刺激范围缩小，此时婴儿对人的声音和面孔容易报以微笑，同时眼睛明亮、特别高兴、十分活跃。但对谁都微笑，不能区分熟人与生人。4个月开始，婴儿逐步出现社会性微笑，对熟悉的人比不熟悉的人微笑要更多，并开始对陌生人带有警惕性注意。认知能力和认知发展水平在婴儿微笑的发展中起着很大作用。

哭

哭虽然是一种消极的情绪反应，但在婴儿发展过程中不全是消极的意义。婴儿常用哭声引起母亲的注意、接近和照顾，挽留母亲别离开或召唤母亲赶快回来，以保持与母亲的亲近。新生儿刚出生时，啼哭的原因是生理性的，主要包括饥饿、寒冷、疼痛、睡眠被打扰等。以后引起啼哭的原因逐步变化，除生理原因外，逐步增加社会性诱因。哭的类型也由应答性的、反射性的哭，逐步发展出主动性的、操作性的哭（后天习得）。

恐惧

恐惧是一种消极情绪。新生儿自出生就有恐惧反应，由听到大的声音、从高处降落等所引起。4个月后，出现与知觉发展相联系的恐惧，如被火烫过、被小猫抓过，从而引起恐惧情绪。18个月以后的婴幼儿会产生想象性恐惧，开始产生对黑暗、动物等的害怕。过分恐惧不仅会影响婴幼儿的认知活动，而且还对儿童个性的形成有消极作用。长期的恐惧会造成儿童的退缩行为，从而形成怯懦、胆小的个性。但应一分为二看待恐惧。将害怕作为警戒信号，可以使儿童逃避危险，但成人需要及时给儿童适当的抚慰和鼓励。

四、婴幼儿情绪的社会化

社会性微笑、母婴依恋、陌生人焦虑、分离焦虑等是婴幼儿情绪社会化的核心内容。

（一）母婴依恋

与母亲形成健康的依恋，对儿童以后的情绪与处理人际关系能力的发展都非常重要。儿童对母亲健康依恋的形成，是他学习爱别人的基础。婴儿从对母亲的依恋开始，逐步扩大依恋的范围，在成长过程中，逐步学习并掌握了处理好人际关系的能力。所以，儿童对母亲依恋的形成，是儿童一定要完成的重要课程。依恋发展的过程，即儿童向自立发展的过程。

（二）分离焦虑

儿童与母亲或其他照顾者产生依恋后，一旦分离，将使儿童产生一种独特的心理状态，那就是悲伤、难过和盼望。这种心理活动在人生的各个时期都会出现，但在儿童时期，母子分离会造成儿童严重的心理挫伤，出现明显的行为反应。

对小年龄的儿童来说，母子分离早期会出现急性痛苦症候群，即表现为非常焦虑、哭、要找妈妈。随着分离的继续，儿童的哭声减少，但如果新环境不理想的话，儿童会出现极消沉的情绪，表现出悲哀和绝望式的淡漠。长期与亲人的分离，会造成儿童依恋的冷化，使之很难产生对他人的深入联系而出现爱情缺乏症。因此有人认为，没有充分经受养育过程的人，是不会养育下一代的。长期母子分离、未能受到母亲养育的儿童，会出现一些行为障碍，如遗尿、咬指甲、刻板动作，有的儿童还会出现反社会行为，如打人、咬人、破坏公物等。

母子分离是否会产生以上反应，还要看儿童的年龄、气质特征、环境等因素。婴儿一般在5～6个月以后才开始对分离产生反应，12～18个月达到高峰。而4岁以上的儿童反应就不会那么明显了。从气质特点看，越是活泼、适应能力强的儿童，分离痛苦的时间越短，反之则分离痛苦的时间长。如果母子分离时，还有其他亲人照顾他，儿童情绪的紊乱和痛苦可以减轻许多。如果伴随分离，还出现一个陌生环境（如入托儿所、因病住医院），对儿童则是一个很重的心理压抑和打击。

（三）陌生人焦虑

婴儿逐渐能分清熟人和生人后，与母亲建立了依恋关系。当出现陌生人时，婴儿会恐惧、焦虑。儿童入托的初期，将要接受母子分离、适应新环境和陌生人的双重心理压力，这时托班老师应特别关注这些刚入托的儿童，给予他们母亲般的护理、照顾，使儿童尽量减少因母子分离而造成的痛苦和焦虑。逐渐对新的照顾者产生信任，形成依恋，在新环境中获得安全感，从而积极地、情绪愉快地投入到集体活动之中。如果托班老师不能像妈妈那样对待儿童，甚至训斥、体罚，则会使儿童变得胆小、恐惧、呆滞。

因此，托幼机构的保教人员除了对儿童进行有计划的教养外，还要使每个儿童、尤其是新入托的儿童及时得到注意，并对儿童的要求敏感地做出和蔼的反应，鼓励他们在新环境中交往、探索，为儿童的健康发展创造种种条件。

五、教育关注

婴儿早期的经验对他一生的发展至关重要。在培养儿童良好的情绪和情感时，首先，要注意给予他足够的爱，并教他爱父母、爱老师、爱小伙伴、爱小动物等；其次，要教他有意识地控制自己情感的外部表现，如摔倒了不哭、与小朋友共享玩具等，来培养儿童稳定、良好的心境；再次，注意从小培养道德观、荣誉感、责任感等良好情感，正确地引导他克服和抑制嫉妒心、虚荣心等一些不良的情感。

附

0~3岁婴幼儿发展指标与教养策略

婴儿呱呱坠地，便驶入疾速发展的成长轨道。

在生命的最初三年里，适宜的早期教育能为儿童一生的成长夯实可持续发展的动力基础。而实现这个目标的关键则在于父母、监护人、照看者对婴幼儿早期发育与成长所需要的悉心关注，对婴幼儿个体发展现状、水平的观察了解，以及对科学的早期教养方法的正确掌握。唯此，我们的早期教养才有可能在0~3岁这个人生的黄金起点上开启婴幼儿的发展潜能，为他们注入健康快乐的成长活力。

《北京市0~3岁儿童教养大纲》就是为使良好的早期教育能够惠泽每个婴幼儿而制定的教养指导依据。

婴幼儿的早期发展，既有阶段性又有连续性，在个体成长速度上，既呈现出明显的趋同性，也存在着极大的差异性。所有这些特点都在告诫、提示我们：科学的早期教育必须在遵循他们自身发展的规律、尊重婴幼儿个体与生俱来的特质的前提之下展开，才能有为、有效。同时，由于婴幼儿个体之间的差异，我们的早期教育又必须从每个婴幼儿的实际发展需求出发，努力提供适合婴幼儿的教育，而不是机械地照搬、套用大纲的一般性要求去揠苗助长、人工催熟。如果婴幼儿在某一阶段的某一方面"超前"或"滞后"于大纲的发展要求了，可采取提高一级标准或降低一级要求的方式因人而宜进行培养。

本教养大纲从身体与动作、语言与认知、生活与交往等方面，提出面向0~3岁婴幼儿实施的教养要求，包含发展指标、教养策略、评价建议和养育要务等内容。发展指标是指不同年龄阶段婴幼儿的一般发展水平；教养策略是针对婴幼儿成长的需要，为养育者提供的具体的指导；评价建议是针对婴幼儿关键经验形成的解读提示和提请成人必须关注的婴幼儿在相应阶段内发展异常的行为表现；养育要务则是针对每个特定的年龄阶段，成人要全力做到的教养重点。特别是在评价建议中，我们倡导养育者从传统、孤立的角度去评价孩子的发展，转变为从审视养育者的教养方式和行为入手，有侧重地观察教育对孩子发展的有效促进。同时特别强调：婴幼儿良好健康的发育成长是在与环境的积极互动中实现的，是与日常生活相互联系、密不可分的。所以，我们极力倡导"在日复一日的生活里，在婴幼儿喜爱的游戏中，伴随着生理成熟与心理成长，主动学习与富有个性地发展"的早期教育理念，把各方面的教养要求自然地渗透在一日生活的养育过程之中，运用游戏的形式融通于婴幼儿丰富的生活体验里，使婴幼儿在生命的前三年中获得积极主动、和谐快乐的发展。

更由于每个婴幼儿都有自己独特的生物遗传和专属于自己的成熟时间表，因此在发展速度以及发展的不同方面都会存在不平衡的现象。成人应该通过对婴幼儿发展指标的了解和掌握，在日常教养观察中，当婴儿正常行为出现时，提供适度、适宜的刺激促进发展；当觉察到异常的行为表现征兆时，要及时就医诊断，通过积极有效的早期干预，让每个婴幼儿都拥有幸福、美好的生命开端。

出生～12个月婴儿教养大纲

用"日新月异"来描述从出生到12个月的婴儿的发展毫不夸张。从出生问世开始，每个婴儿都带着与众不同的独特准备，开始了从自然人到社会人演进的第一乐章。在本节，我们将从身体与动作、语言与认知、生活与交往等方面分别提出0～3个月、4～6个月、7～9个月、10～12个月四个不同阶段的婴儿发展指标和教养策略，以期为早期教育工作者能够有效地指导每个家庭开展科学早期教养活动提供有针对性的帮助。

一、0～3个月婴儿发展

（一）发展指标

1. 身体与动作。

● 新生儿具有多种无条件反射，如觅食反射、吸吮反射、吞咽反射以及握持反射、迈步反射等，时常会用力蹬踢、划动四肢；

● 2个月可以俯卧时有本能的挣扎，如将头转向一侧；

●2个月左右颈部肌肉力量增强，俯卧时，头能抬至45°；

●3个月左右可以自己翻身，从仰卧变成俯卧姿势，在被抱起时，头部能直立着向四周张望，但持续时间不长；

●抓握反射消失后，手指能伸展开摸东西拉扯衣服，从偶尔会看见自己的手，到两只手在胸前接触时会摇晃、注视自己的手，逐渐出现自觉的抓握动作，能将两手碰在一起；

●2个月左右，眼睛能快速注意到较大的玩具，头能随看到的物品或听到的声音转动180°，会追随走动的人。

2. 语言与认知。

●新生儿阶段时就可以短暂地注视红色的气球，喜欢看人脸；

●对于咸、甜、苦等味道和母亲的体味有反应；

●对说话的声音很敏感，哭闹时听到母亲的呼唤能安静下来；

●2个月左右与父母对视时，看到父母说话会模仿翕动嘴唇咿呀学语，能发出a、i、o等单元音与父母"谈话"；

●能看见几尺远的较大物体，对移动的物体会特别关注；

●2个月左右开始将声音和形象联系起来，对反复的视听刺激有初步的记忆能力，如听到问"灯灯呢"，会试图找到对应的物体；

●开始注意周围环境中熟悉的面孔和物体，对外界的好奇心不断滋长。

3. 生活与交往。

●2个月左右，每天睡眠时间会从18～20个小时逐渐减少到15个小时左右，哭声逐渐减少并出现分化，能传达不同的信息；

●被抱的时候表现安静，被逗引时会动嘴巴、伸舌头、注视、微笑和摆动身体、四肢，或发出"咕咕"的声音；

●2个月左右看见妈妈的脸会笑，能辨别出不同人说话的声音及同一人不同情感的语调；

●常用微笑、皱鼻、伸舌或其他表情与动作来表示喜欢、讨厌、拒绝；

●乐于与熟悉的面孔交往，2个月左右出现自发性微笑表示欢迎，能笑出声音，见人会舞动手足表示欢乐。

（二）教养策略

1.感官刺激促发育。

要让婴儿有机会多听、多看、多摸、多嗅、多尝。如哺喂味道不同的水、搂抱婴儿让他熟悉父母不同的体味；每天为婴儿说唱短小的儿歌、播放轻柔的音乐，促进其听觉的发育；婴儿仰卧位时，在其上方20～30厘米处悬吊一些色彩鲜艳、有声响的玩具，还要注意经常变换位置，训练婴儿眼睛追视移动的物体；淋浴后用柔软的毛巾包裹婴儿，让婴儿多触摸抓握大小适度、手感柔软的玩具，通过抓握发展他的手部力量。

2.充分活动长智慧。

2个月左右要逐步训练婴儿抬头，每天俯卧半小时左右，通过俯卧的练习提高颈部肌肉力量和改变视角，促进新的信息通道形成稳定的联系。训练婴儿多运动四肢，可以促进脑的发育。如给他可以抓握的玩具、将玩具轻轻拴在婴儿的手腕上，吸引他牵动玩具，促进手部的力量；学习靠坐，发展下肢力量，为学习爬行、站立做好物质上的准备。

3.柔和应答情绪好。

满月后，婴儿的睡眠时间逐渐减少，2～3个月间，还会在情绪好的时候咿咿呀呀发音玩耍，此刻成人与婴儿对视、模仿他的发音，能够鼓励婴儿更喜爱这种面对面的"交流"。婴儿之间的生理节奏会有很大的差异，即便是同一个孩子也会因消化、排泄、睡眠等方面的变化而出现暂时的不适。因此，以一贯温和、耐心、愉快的态度应答他非常重要。特别是对比较难照料的婴儿，照料者一致、一贯的良好情绪能够对他的行为方式产生积极的、潜移默化的影响。母亲在哺喂时用慈爱的目光注视婴儿，亲昵地搂抱、抚摸、微笑并引起他的注意，十分有利于婴儿尽快与周围环境之间建立起积极、信任的关系。

4.存在差异多调节。

每个婴儿都携带着与众不同的作息时间表，开始了他们的"社会实践"。有的婴儿生理节律很快就显现出稳定的节奏，非常容易照料，有的则很长一段时间都难以把握规律。婴儿间不仅在吃喝、睡眠、排泄等方面的生理节律上显现出明显不同，而且在成长发育的不同方面都会显示出令人惊奇的差异。所以，在婴儿的成长照料和评价中，成人要根据孩子的实际需要循循善诱，不能照搬教科书上的理论方法改造孩子。孩子是不同的，不同是正常的。所有与婴儿密切接触的成人要从新生命问世之初就充分地认识到这种观点，并做好一切准备。

（三）评价建议

从出生到满三个月，需要得到婴儿的生理节律成人的尊重和关注。

1.在丰富的刺激下，婴儿能够积极、活跃起来。

●成人在喂奶、清理排泄物、洗浴时，婴儿会表现出积极的肢体应答与配合；

●婴儿在短暂的清醒状态里能凝视成人，享受成人拥抱的温暖，会表现出积极的情绪反应；

●婴儿会抓住身边所触之物啃噬、品尝，开始探索这个客观世界。

2.发展异常信号。

了解必要的常识，能够为我们优质早期教育的开展提供必需的物质保障。如果孩子在发育中表现出以下的行为特点，成人一定要引起警觉，除要进一步密切关注之外，还要及时咨询儿童保健专业人士和随诊就医。

●对很大的声音没有反应；

●对酸、甜、苦、辣等不同的味道毫无反应；

●满月后仰卧位时，头、眼不能转动180°水平追视45～60厘米距离内的移动物；

●2个月后俯卧位抬头不能大于45°以上；

●2～3个月不注视人的脸，不注视自己的手；

●3个月成人逗引时不笑；

●3个月了仍不会咿呀发音学语。

二、4～6个月婴儿发展

（一）发展指标

1.身体与动作。

●会翻身，扶起后能坐、立，俯卧时能抬头到90°；

●会抓住悬吊的物体，双手能拿起、握住玩具，会双手抱住奶瓶；

●5个月左右能尝试把玩具从一只手递交到另一只手；

●5个月左右扶着站立时，两腿会上下弹动或做蹦跳的动作；

●靠坐较稳，6个月左右能独坐片刻，会抓握自己的脚玩耍，能把玩具放入口中。

2. 语言与认知。

●婴儿自主发音明显增多，开始发辅音b、n、m、d；

●即使看不到父母，听到父母的声音也会保持安静或微笑；

●看见玩具、熟人能发出愉悦的声音；

●会摇晃和敲打玩具，能信手"扔"东西；

●可以看4～7米远，能较专注地盯看1米内的物品或图形；

●会找铃铛、看电视，手中的球掉了，会用目光追寻；

●会撕纸、会寻找东西；

●会对着镜子微笑，伸手试拍镜子中的自己；

●听到别人叫自己的名字，会将头转向声源。

3. 生活与交往。

●睡眠时间基本形成规律；

●开始认人，向熟悉的人微笑表示友好；

● 5个月左右开始认生和怕羞，见到陌生人会发脾气；

●会改变音调、音量和"语速"，常用语音表达高兴、不高兴、舒服、不舒服等基本情绪；

●喜欢藏猫猫，会抓去蒙在脸上的手帕；

●认识妈妈和亲近的人，会向母亲伸手要抱和大声笑；

●对周围物品都感兴趣，吃奶时会出现分心。

（二）教养策略

1. 提供适宜刺激。

准备有声、有色、可抓、可握的玩具，如哗铃棒、小皮球、口咬胶等，让婴儿在把持、吸吮、啃咬中了解事物的多样性；每天保证有一定时间亲子面对面的

"交流"游戏，让他看口型、听发音，看、听、记"爸爸、妈妈"和常用物品等词汇，并与具体形象联系起来，建立语言信号反应；在玩耍中鼓励婴儿充分活动，如在仰卧、俯卧的动作转换中增强肢体动作间的配合；成人还可以用手拍打、够取婴儿眼前的玩具、物品，吸引他注视、抓取；经常愉快地搂抱、抚触婴儿，与他对视、做鬼脸，引导婴儿模仿并逗他开心笑等。

2. 强化新的本领。

婴儿会有自发的行为出现，如用吐舌头、发出咕咕的喉音、眉眼挤在一起表示快乐，晃动小手玩耍等，成人可通过鼓励、欣赏、赞美的语言方式如"舌头呢""眼睛呢""咕咕一个"等进一步强化，逐渐引导婴儿学会用表情和动作表达自己的意思和感受，如皱眉、撇嘴角、点头、摇头等。还要给婴儿创造接触更多家人的机会，认识和记住更多的亲人，同时感受被喜爱、受欢迎的愉快情绪。

3. 有规律地生活。

百日之后，婴儿的日常生活应该逐渐形成基本的规律。稳定、有节奏的生活利于婴儿神经系统的健康发育。发育健康的婴儿可以通过睡醒把尿的方式，逐步建立排便的条件反射；从温度适宜的季节开始用婴儿浴床为他淋浴，提高婴儿对水温、水流的适应；适宜的季节里每天都要在阳光充足的时段俯卧裸浴半小时进行锻炼等。但是当婴儿的生物节律出现暂时紊乱的时候，成人既要注意保持基本的规律，更要满足婴儿特殊阶段的特殊需求，这样才能唤起婴儿积极的适应，逐渐在有节奏的日常生活中形成基本习惯。

4. 引发积极情绪。

成人对婴儿的需要、哭泣或情绪变化要表现出积极的关注。如在生活中成人用安详的笑脸与婴儿交流，满足婴儿希望被成人拥抱的需要，与婴儿多说话，对婴儿咿呀学语积极呼应，让他在"交谈"中积极愉快地活动；在换尿布、喂奶时辅以温柔的交谈，让婴儿从中感受到舒适和满足；为婴儿播放悠扬、明朗的乐曲，抱着他随着音乐节奏"跳舞"；在翻身、学坐时用玩具逗引他抓取；到户外晒太阳，呼吸新鲜空气；陪伴婴儿看颜色鲜艳的图片、画书，给他念儿歌、讲故事等，这些都有利于婴儿安全感、信任感的建立，诱发和维持婴儿积极的情绪。

5.应对需求性啼哭。

四五个月的婴儿对房间中的很多东西看得见但摸不到，由此备感挫折和无聊，便出现具有社会意义的需求性啼哭。这时，成人要给以及时回应，除了和他一起开心地玩耍外，还要把他放在柔软的地面上，旁边放些结构简单、安全、可以啃咬的小玩具，提供轻巧的可以翻覆、敲打、推移、能收纳小玩具的圆角整理箱等，鼓励婴儿自己接近要探索的目标，让他有事可做，逐渐丰富自己的体验。相反，如果成人对于婴儿的需求性啼哭反应淡漠，不能积极应答，那么很有可能会导致婴儿向难以相处、不易照料、经常要人抱、过度依赖的方向发展，甚至养成坏脾气。

(三) 评价建议

会翻转移动身体后，婴儿需要更充分地活动以发展智力。

1.通过变化视角拓宽视野，婴儿可以认识身边密切接触的事物。

●当成人频繁地发起游戏，激励婴儿观察、摆弄小件玩具，婴儿开始积极探索；

●在成人的引导下，能手、眼配合一致地抓取、把持，翻看质地、性状不同的玩物；

●经常与婴儿"交谈"，婴儿可以强化对各种声音和语言的聆听兴趣，并从中获得支持和鼓励。

2.发展异常信号。

●坐位时头后仰；

●身体僵硬，肌肉发紧，站立时双腿呈剪刀状；

●身体柔软得像个布娃娃；

●4个月不会转头向声源；

●5个月不会翻身；

●6个月不会大笑，对照顾他的人漠不关心；

●不会主动拿食物，难以将食物送到口中。

三、7~9个月婴儿发展

（一）发展指标

1.身体与动作。

●开始长出门牙，会自己拿饼干吃；

●会用拇指和其他手指配合抓玩具；

●能用拇指和食指捏取物品，如小块的食物；

●能尝试用一个玩具敲打另一个玩具；

●能独自坐稳；

●扶着双手能站立，会爬，尝试独自站立；

●会从抽屉或容器中取出玩具；

●会反复从高处扔下东西，观察物体下落后发生的情况。

2.语言与认知。

●能模仿发音，会喊"妈妈"或"爸爸"；

●对呼叫自己的名字有反应；

●可听懂常用词的语意，理解"不"；

●喜欢用牙齿啃咬东西；

●会寻找掉下的玩具；

●会推掉自己不要的东西；

●喜欢探索周围环境，能模仿简单的动作；

●对周围环境的兴趣大大提高，如会试着打开盒子、瓶子，察看内部结构。

3.生活与交往。

●见父母及熟人要求抱；

●会玩与人合作的游戏，如藏猫猫、打哇哇；

●能听懂简单的语言指令，配合肢体、表情等回应交流，如拱手表示谢谢、耸起五官表示幽默等；

●会"察言观色"，能从成人的语调变化中获取同意或禁止的信息。

（二）教养策略

1.学习生活本领。

引导婴儿认识自己的专属物品，如在日常使用中渗透婴儿对坐便器、衣服、帽子等物品的识记，会从几件东西中翻找出自己的玩具；提供机会让婴儿学习用杯子喝水，促进唇、舌、咽喉等器官的协同吞咽活动；培养良好的饮食习惯，能接受多样的食物，会自己捏食；尝试分床睡眠，在成人的陪伴下能够比较放松地入睡；提高手部动作的灵活性和控制力，能把手中细小的东西或玩具投入到较大的容器中等。

2. 强化适宜的行为。

当婴儿会通过翻滚、爬行移动自己的身体接触更复杂的事物后，成人的一项重要教育就是在生活中强化婴儿的适宜行为。如随着婴儿认识环境、探索事物的需求日益增加，但同时又不能通过有效沟通来表达需要，所以会采取用手抓、抹、玩弄食物，甚至情急之下用指甲抠人等极端的方式表示不满，感到身体不适和困倦时也会长时间哭闹等。成人要细心地观察婴儿行为的缘由起因，耐心、清楚地借助语言疏导，让他知道成人对他困境的理解，同时强化适宜的行为，及时给他有效表达的支持，婴儿就能够更快地建立适宜的行为模式，且从中获得归属的欣喜。

3. 丰富玩耍的经验。

通过更多的游戏和玩耍帮助婴儿积累经验。如学习用动作表示谢谢、再见、欢迎；和婴儿不厌其烦地玩"藏猫猫""找狗狗"的游戏，丰富他的空间知觉，积累更多藏匿、寻找的经验；教婴儿指认图画，发展观察兴趣；变化不同的嗓音模仿故事中的不同角色，不仅可以增加兴趣、培养幽默感，而且能够促进婴儿在变化的声音中筛选出本质特点；为婴儿选择短小、节奏感强、韵律优美的歌谣，发展他对语调、节奏的感知体验；和他面对面地交流，诱导他发出不同的音节，回应他咕咕嘎嘎的表达，调动婴儿学习听和尝试说的兴趣；每天保证婴儿有足够的时间在安全的地面练习爬行，能运用有效的运动方式移动身体，接近每个角落里的玩物；经常帮助婴儿扶栏杆站立、在腿上弹跳、尝试蹲下捡拾玩具后再直立站起等，获得更多控制身体的本领。

4. 扩展交往范围。

6个月后婴儿会对最亲近的成人、特别是妈妈建立起稳定的依恋，同时会惧怕生人。因此在日常生活中，不要让婴儿和突然造访的"陌生人"（也许是很亲近的姑姑、小姨）独处，也不要在"陌生人"（即便是熟识的祖父、祖母）刚来时自己突然离开孩子，避免强化婴儿的恐惧；另外，有计划地走出家门扩展婴儿的交往范围，对于提高适应能力也很重要。首先为初入社交场合的婴儿营造一个安全的体验情境，提前告知亲朋好友婴儿的情绪压力，避免成人强行搂抱、揉捏婴儿的肢体等粗狂戏耍的行为发生等，减缓婴儿与陌生人接触的恐惧，从而逐渐适应家庭之外更复杂的社交场合，体验到与更多人接触的愉快情绪。

（三）评价建议

前9个月是婴儿大脑的飞速发育期。

1.在有序、有趣的生活中，婴儿可以建立更多的信息链接通路。

●在适宜的刺激下，婴儿在聆听、玩耍、相处、交往中能形成更多的新鲜经验；

●婴儿自主的运动能力和简单的生活技能不断提高；

●在成人恰当的语言引导下，婴儿能以积极稳定的情绪面对困惑、挑战和挫折。

2.发展异常信号。

●不会独坐；

●不会翻身；

●不分生人和熟人；

●对呼叫他的名字没有反应；

●8个月时不能发现部分被隐藏了的物体。

四、10～12个月婴儿发展

（一）发展指标

1.身体与动作。

●会扶着物体行走或自己走几步，能自己扶物蹲下捡取物品；

●会用四肢爬行，且腹部不贴地面；

●会自己坐下，能自己扶栏杆从坐姿变为站立；

●能更多地使用两只手同时做事，如会把书打开、合上，将抽屉倒空，拧开较松的瓶盖；

●手指协调能力更好，如打开包糖的纸、捏拿小物件、握笔涂涂点点等。

2. 语言与认知。

● 能说出少量的词语，如最基本的"爸爸""妈妈"；

● 能用手势、动作等表示简单的需要，如五指抓挠、扭动身体等；

● 会自己"创造"词语，说些莫名其妙的话；

● 会听指令，听名称指认物品，按要求指自己的耳朵、眼睛、五六种图画等；

● 会跟着音乐节律随意摆动身体，能学做简单的模仿动作；

● 能比较专注地听、看喜欢的图画书故事。

3. 生活与交往。

● 能学着坐盆排便，对大小便的语音信号有反应，有一定的排便规律；

● 能初步适应咀嚼、吞咽固体食品，尝试用杯喝水、用勺喂食；

● 喜欢玩藏东西的游戏，会用表情、动作、语音等回应他人；

● 对父母表示依恋之情；

● 能够识别许多熟悉的人、场所和物品；

● 向他索要东西知道给，自我意识开始萌芽。

（二）教养策略

1. 提供安全的环境以充分活动。

平坦、整洁、软化的地面和一面敞开的大床等，是婴儿练习、巩固爬行动作的适宜环境，它能够给婴儿提供足够充分的空间伸展肢体，婴儿可以不断地扶住床栏或低矮的家具站起、坐下，翻滚和独坐玩耍，可以爬行更长的距离，够取自己看中的物品……此刻，成人重要的任务是：保证婴儿通过更多的自主运动，增强肢体力量，提高四肢协同活动的能力，能够更充分、有效地移动身体，为直立行走做好充分准备。

2. 安排丰富、有趣的生活。

带领婴儿更多地接触身边丰富的事物，为他准备可以增添活动乐趣的玩具、用品，吸引他摆弄玩耍。如提供软体积木，教他搭高，促进视动协调能力的发展；给他准备常见的瓶子、盒子、饼干桶等生活用品，让他敲击、装入倒出、拧动瓶盖，使手掌、手腕、手指能够配合用力；为他提供适合婴儿使用的粗笔信手涂抹，选择画面简约、内容浅近、词句重复的有趣的故事和儿歌，和他一起阅读、讲述，吸引他在反复聆听的基础上咿呀学语。

3. 学习更多生活本领。

当婴儿有了排泄需要或需要换纸尿裤时，鼓励他用自己的方式"告知"成人，并让婴儿能清晰地接收到被成人赏识的反馈；根据婴儿的发育状况准备适宜的坐便器，吸引他尝试使用，成人对他成功的定位排泄要给予称赞；为婴儿准备有别于米糊状的食品，如磨牙饼、面包干让他自己抓取、啃食；户外游戏中，当婴儿能够比较自如地完成蹲、坐、站立等动作转换时，要引导婴儿逐渐适应封裆裤；为他准备可以双手把持的饮水杯，鼓励他学用，当他能够喝下几口水时，成人积极的强化和鼓励必不可少。

4. 渗透基本的规则教育。

9个月的婴儿进入能够听懂更多话的语言理解期，成人要在游戏生活中融入基本的规则教育，不能因为幼小就可以"为所欲为"。如当婴儿抓取成人戴着的眼镜、揪扯桌布企图向上爬时，成人要温和而坚定地制止，明确地告诉他：危险，不可以！一旦明确禁止的事情，成人就要持之以恒地一致坚持，有助于婴儿理解不该做的原因，学会约束自己，并接受对自己的安全负责、不妨害他人的教育引导。

（三）评价建议

婴儿在自主安全的环境里能够充分发展自己的能力。

1. 在成人的帮助下，婴儿可以学会掌握适宜自己的行动方式。

● 在成人正面的鼓励、诱导下，婴儿乐于有效地运用手和脚充分活动，探索环境中更多的事物；

● 在安全的背景下，婴儿对感兴趣的事物和活动经常表现出积极、活跃的参与状态；

● 在成人运用多种语言方式悦纳婴儿的情况下，婴儿能够运用表情、动作、语音等方式对成人的评价做出积极反馈。

2. 发展异常信号。

● 不会扶站；

- 不会爬;

- 不会扶走;

- 不会用拇指、食指对捏抓小物品;

- 不会用摆手表示再见或拍手表示欢迎;

- 不能有意或无意发出"爸爸""妈妈"的音。

五、小婴儿的养育要务

小婴儿是通过眼睛、耳朵、鼻子、嘴巴、舌头、小手等感觉通道接收外界信息,然后经由各神经通路回传给大脑的。婴儿获得的感官刺激越丰富,大脑被激活的程度也越高。特别是在出生后的前9个月中,婴儿的脑重量平均日增达1克之多。因此在1~12个月的生命养育中,为婴儿提供丰富的感官刺激,是成人这个阶段最重要的任务。

当婴儿长到3个月大的时候,除了一些反射动作外,他更多地是在做一些有控制的动作,比如,有意识地用目光去寻求妈妈的面孔和注视悬吊移动的玩具;用手把持材质柔软、温暖的物体;喜欢用口、舌舔舐、吸吮东西,对酸、甜、苦、辣的品味能做出不同的反应等。伴随着婴儿的成长,不间断地适时提供适宜的刺激,能够促进婴儿大脑皮层的活跃发育。

当婴儿掌握了一些诸如翻身、独坐、爬行等身体运动技能之后,成人的任务就是提供一切可能,让婴儿保持足够充分的自主活动,才能为脑的良好发育提供优质的物质营养。要警惕日常生活中过于充足、方便的物质生活条件很有可能会造成婴儿大脑发育的阻滞,如干爽的尿不湿容易让婴儿的皮肤丧失对不适的反馈;严实的保护措施容易让婴儿失去本体运动的感受。多对一的养育分工也分担着婴儿的一切责任,如有需要时不等用自己的嘴巴说就会被成人猜到并给予满足;想要墙角的皮球小手当空抓一抓,成人就会在第一时间送过来;想看汽车身体朝窗口歪一歪,怀抱他的成人就能心领神会……凡此种种,何来良好的早期成长?!

面对小婴儿的养育,最好莫过于回归自然!

1～2岁婴幼儿教养大纲

从周岁到2岁，婴幼儿建立起来的丰富、多样的经验将会对他一生的成长与成熟产生重要的影响。从蹒跚学步到经常迸发出难以听懂的话语，从翻越襁褓的藩篱到我行我素的闯荡，在这12个月里他们日渐独立。这个阶段要为婴幼儿创设可以自由活动、充分体验的适宜环境，以激发、调动他在日常生活、动作发展、语言认知、情感交往等各个方面的发展潜质。

一、1～1.5岁婴幼儿发展

（一）发展指标

1.身体与动作。

● 能基本自如地转换动作，如自己坐下或蹲下再独自站起，爬到家具、椅子上并能转身坐好；

● 会跑，但不太稳，最初常常会摔倒，会扔出皮球，能抬脚踢球，但无方向感；

● 能拉着成人的手或自己扶着楼梯的扶手上楼，可以倒退着爬下来；

● 会独立地平稳行走，能拉着玩具侧着或倒退走；

● 可以蹲下或弯腰自己拣起玩具而不跌倒；

● 会用2～3块积木垒高楼；

● 会动手游戏，如从瓶中倒出小球，握柄摇动拨浪鼓，会把小球捏起，放入容器中；

● 能用手攥着笔杆随意涂抹，能模仿画出简单的线条，能一次多页地翻看图书。

2.语言与认知。

● 能听懂熟悉物品的名称，能指认熟悉的人或事物，会执行简单的命令；

● 会说出几个简单的字、词，开始出现成人难懂的语言；

● 在成人的帮助下，会把形状简单的东西放入模型中或相应形状的盒子中；

- 能从熟悉的物体中，鉴别出其他新认识的物品；
- 会模仿简单的动作；
- 能和成人玩简单的游戏，惊讶时会发笑；
- 喜欢单独玩或观看别人的游戏活动。

3.生活与交往。

- 会双手端水杯、用勺取物，尝试自己用勺子舀食物放进嘴里；
- 能记住自己喜欢和讨厌的东西，有意识的行为开始增多；
- 会害怕陌生的环境和人，对熟悉的家人有很强的依恋感，会以哭泣吸引他们的注意；
- 能说出自己的名字，会坚持自己独立做事尝试各种行为，并观察他人的反应；
- 有更强的独立性表现，活动中不喜欢被大人搀扶和抱着；
- 能通过面部表情、肢体动作和简单语言，表达愤怒、害怕、嫉妒、焦急和喜悦等情绪；
- 能理解并遵从成人简单的行为准则和规范，会听从劝阻；
- 会对常规的改变和所有突发的变迁表示反对，表现出情绪上的不稳定。

（二）教养策略

1.满足婴幼儿充分活动肢体的需要。

鼓励、支持他在自己的活动中有发展、有发现。如在安全的环境里自己蹒跚学走，打开抽屉拿出里面的物品并在父母的帮助下复原收回，翻动书报模仿成人咿呀阅读等。成人可提供一些婴幼儿自己容易获取的材料、物品，如放置低矮及可以扶持的家具、可拎起的空盒子、能遮挡的纱巾、会滚的球等，吸引婴幼儿并能方便地获取自己需要的东西独立游戏。

2.适度鼓励婴幼儿的活动。

成人要对婴幼儿的活动和能力给予明确、一致的期望和信任，这样既能帮助婴幼儿提高自信心，又能让他感受到成人对他的努力所持有的赞赏态度，从而更愿意不断地努力。对婴幼儿保持适度期待非常重要，揠苗助长会导致人为的成长挫折，盲目迁就则会阻碍正常的发展。

3.多与婴幼儿沟通和接触。

用结构简单的句子和婴幼儿交谈，听他"倾诉"。这个时候婴幼儿想说的话远远多于会说、能说的，因此成人精心地对他原创的语言进行解释、完善，赋予它含义，婴幼儿会在温暖的回应中，萌发更积极的交流兴趣，从而促进口语的发展。

4.规避危险，确保安全。

当婴幼儿的游戏做法危及安全或存在潜在危险时，成人一定要用明确、清晰的语言，坚定、认真的态度示意、制止，引导婴幼儿学习最初的自我约束和是非判断。也许他们会抗拒、会哭闹不止，但运用哄骗、转移的方式只是权宜之计，不能确保他们从事件过程中积累自护的经验。

5.鼓励婴幼儿模仿动作游戏。

成人是支持、引导婴幼儿学习的最有价值的资源，即便是吐吐舌头、呵呵痒、按按鼻子、蒙住脸，对于他们都是非常重要的学习。经常有目的地重复这些能引发良好情绪的简单的模仿动作游戏，他们能更迅速地感知，并在玩耍中不断做出有创意的反应。

6.在生活中提供更多的体验机会。

准备更多的日常用品（如靠垫、方巾、报纸、海绵块、小拖把、手提食品包装袋等）让婴幼儿拖拉、挤压、浸泡、举抱等，刺激他去探索和发展身体机能；利用更多的生活情境让婴幼儿在主动操控中获得多样化的经验，如自己用手捏取小块的食物吃、用吸管杯喝水、帮助父母准备食物、自己选择餐具等，都能唤起婴幼儿积极、主动的行为。

（三）评价建议

随着动作的发展，婴幼儿进入积极探索期。

1.在成人的尊重和鼓励下，婴幼儿的独立性逐渐发展。

●在安全的运动环境中，婴幼儿可以自己学走、搭叠积木、充分活动肢体，动作迅速发展；

●婴幼儿可以学习照顾自己，如用杯子喝水、自己吃饭、练习戴帽子、脱袜子；

● 婴幼儿在日常生活中与家人相处或在陌生环境中能够保持稳定的情绪。

2. 发展异常信号。

● 对自己的名字和熟悉的词没有反应;

● 年满1岁仍不能独自站立;

● 对外界刺激常常显得漠然,没有反应;

● 学会走路后几个月只能用足尖走;

● 将近1岁半不能模仿动作或发音;

● 不能把三个物体较平稳地堆垒起来。

二、1~1.5岁婴幼儿的养育要务

"周半周半,搬坛挪罐。"这段时间成人要保证对婴幼儿的全程看护,避免意外事件的发生。日常生活中,要尽可能多地为刚刚学步的婴幼儿提供安全、无障碍的运动环境,通过游戏中与孩子的体肤接触,通过言语支持、鼓励、满足他肢体动作的需要,引导他体验满足的喜悦。为婴幼儿提供刺激丰富的语言环境,利用他爱听、爱模仿的特点,通过多听和学说增进他对身边事物的认识与理解。

培养积极稳定的情绪对于1岁多的婴幼儿同样重要。提高婴幼儿的活动积极性,强化好奇、好动、爱探究的天性,有助于稳定、愉快的情绪的形成。比如,精心为婴幼儿提供丰富的语言与环境刺激,利用各种有趣的玩具和游戏,通过听、说、看、触摸等多种感觉的充分活动,促进婴幼儿手部肌肉活动能力和认知水平的发展,帮助、支持婴幼儿逐渐积累起对身边事物的认知和记忆的经验。

鼓励婴幼儿学习做自己的事情。尽管他们此刻能够胜任的"工作"并不多,但是我们还是要多为他们创造学习新的生活本领的机会,为他们添加方便使用的餐具、用具,如带柄的饭碗和带吸管的饮水杯等,他们就能有所成就。另外,坚持饮食起居有规律、衣着简洁且方便活动对于这个阶段的婴幼儿十分重要。

成人要在婴幼儿蹒跚学步时就有意识地逐渐扩大他的社会交往范围,让他们有机会和小伙伴或其他成人多接触,以有效地提高他们对陌生环境及陌生人的适应能力。同时,为孩子创造温馨的家庭生活氛围,成员之间和睦相处,长幼之间礼貌相待,能使孩子在健康且友善的人文关怀中模仿学习与人交往、与人相处的技能。

三、1.5～2岁婴儿发展

（一）发展指标

1. 身体与动作。

● 能双手扶栏独自上下楼，能从楼梯矮阶上往下跳；

● 能控制走、跑的动作，会有意识地绕开障碍物；

● 会向前、向侧和倒退着走路，能将手中的物品朝某个目标扔出去；

● 会坐在地上把球滚向对方，并能接住滚回来的球；

● 能搭5～7块积木，会正确使用勺子；

● 能把大小不同的物品叠放在一起；

● 会倾倒容器内的物体，再将物体装入容器内；

● 能粗略模仿画简单的线条，如画不规则的圆形和竖线。

2. 语言与认知。

● 爱说，爱模仿成人的语言，有时会创造出莫名其妙的新词和古怪的句式；

● 能将2～3个词组合起来，会用简单的短语表达自己的需要，能回答简单的问题；

● 能够正确使用人称代词"我"，能准确地说出自己的名字、性别；

● 能按照要求到指定的位置找到指定物品；

● 喜欢倾听简单的三字儿歌、韵律诗和歌曲，会随着音乐节奏拍手，试着学唱歌；

● 能一页一页地翻看画页，会较长时间地看有漂亮插图的图书，能简要地说出刚听完的故事中的人和事；

● 喜欢问"这是什么"；

● 会根据颜色、形状匹配物品，如将三角形、圆形等嵌入相对应的孔内；

● 能完成简单的拼图。

3. 生活与交往。

● 开始学会有规律地大小便，能做到在固定的位置（如坐便器或便盆）大小便，夜间不尿床；

●有初级的自我意识，知道哪些东西是自己的、哪些东西是别人的；

●会尝试不同行为，能根据他人的反应坚持或调整自己的行为；

●能准确使用一些词汇引起父母的注意，喜欢得到表扬；

●能在游戏中模仿父母的行为，如假装给娃娃喂饭、穿衣；

●有初步的是非观念，知道什么是对、什么是错；

●会帮忙做事，学着把玩具收拾好。

（二）教养策略

1.促进动作的发展。

准备适合这个年龄儿童玩耍的玩具，如发条、回力车，户外脚蹬车，会发响的橡塑手捏动物，可以击打的乐器、铁桶，能够嵌入、套叠的模型玩具等。通过摆弄、控制玩具，促进婴幼儿认知水平、操作经验和身体各部分肌肉协调活动能力的提升。

2.养成规律的排便习惯。

有计划地在日常生活中培养婴幼儿控制大小便，力争做到白天不尿床、不脏衣裤。如提供适合婴幼儿学习使用的坐便器，鼓励他在有需要的时候，学习自己解决或者主动向成人求助。

3.初步培养婴幼儿的独立性。

为婴幼儿准备放置自己专用物品如玩具、鞋帽、图书等的箱柜、盒子等，注意高度适合、安放稳固、无遮挡，能方便婴幼儿在任何需要的时候都能够自己取用、收放，使他逐步养成使用完毕能够收回原处的秩序感和良好习惯。

4.在游戏中丰富婴幼儿的体验。

提供刺激丰富的亲子游戏和生活，如户外室内捉迷藏、模仿游戏过家家、读画书听故事、帮忙择菜舀米、餐前为家人分发安全餐具（筷子、摔不碎的碗和盘）等，通过这些快乐的日常活动，婴幼儿好奇、好动、好探索的天性都能得到满足和鼓励。

5.关注婴幼儿的情感需求。

随时满足婴幼儿需要被尊重、被认可、被接纳的愿望，对他们寻求关注的目光、争取支持的表情、询问是非的体态、定夺取舍的疑惑等，都要给予及时、肯定、明确的回应，尤其是当他们发起对话时成人无论多忙，都要积极地倾听，并将全部的注意力都投入其中，这样他们在语言沟通中才能够不断获得有益的信息。婴幼儿正是在这种积极的反馈中学习如何尊重和倾听，肯定和推动他们对自身正确行为的理解，逐渐积累判断对错、是非的经验的。

（三）评价建议

在成人的呵护和指导下，婴幼儿逐渐走向自由。

1.体验成功，获得表扬，婴幼儿逐渐建立自尊和自信。

● 在积极的赏识教育下，婴幼儿能在不同场合为获得他人的认可而学习控制、约束不当的行为；

● 在明辨是非的引导下，在日常小事中婴幼儿能判断简单的对和错，知道应该怎样做；

● 在游戏生活中，婴幼儿能积极、忙碌、快乐、主动地探索，处理自己的事情。

2.发展异常信号。

● 1岁半仍不会走；

● 不能把两个字连起来说；

● 听不懂很简单的句子；

● 2岁时不能使用2个简单句进行表达。

四、走向2岁婴幼儿的养育要务

面对走向2岁的婴幼儿，成人的重要任务是通过日常生活，引导婴幼儿理解成人的教导要求和接受生活中的基本规则。小的方面如一日三餐两点定时（时间）、定点（餐桌上）、定量的习惯养成，午睡、晚睡作息有序，能接受多种食物、能喝白开水，每天坚持到户外运动、锻炼；大的方面如跟随成人参与社交活动时不妨碍别人，在公共场所购物不任性，与小朋友一起游戏时能遵守轮流、分享、等待等规则，都要通过为婴幼儿提供丰富的实践体验机会，才能使婴幼儿在亲历中体验被接受的愉快、被拒绝的无助，从而通过遵守规则和规范，促进其社会性的初步发展。

丰富吃、穿、住、行、玩的内容，促进婴幼儿生理、心理良好地发育。如在一日饮食中，不断丰富食品的种类，积极为婴幼儿创造愉快接受多样化食物的条件；在居家环境中设立可以满足婴幼儿独立活动的安全区域，成人要将尖锐的器物、药品、电源插座等危险物放在婴幼儿触及不到的地方，同时指认给他们，告诉他们不能动，从而在自主活动中积累更多的经验；准备适合这个年龄婴幼儿探索、玩耍的玩具，如积木、小车、穿珠等，促进他们认知水平和活动能力的发展；经常陪伴婴幼儿阅读和交流，提供规范的语言模仿、学习的榜样；为婴幼儿准备方便自己学习穿脱的衣裤、鞋袜等，降低他们在自理大小便中的难度，使他们在学习照料自己的过程中，不断提升自信心与积极性。

应该留给婴幼儿摆脱成人管束的短暂时空，不能通过简单、消极的保护控制、维护孩子的安全而剥夺他们自我成长的机会。成人要负起帮助他们了解身边的环境的责任，还要不断激发他们的玩耍兴趣和探究愿望，鼓励、支持他们乐于接受和寻求富有挑战性的活动，并从中获得快乐。要多激发婴幼儿看书、读书的兴趣，亲子共读，培养婴幼儿旺盛的好奇心和求知欲。重视、欣赏婴幼儿主动向成人表达意见、诉说愿望的表现，使婴幼儿在语言沟通中，不断获得肯定，感受成功自信。

随着孩子能力与需求间矛盾的增加，1岁半以后的婴幼儿对挫折的忍受水平也滑落到了最低点，并会衍生出一些行为方面的问题。面对婴幼儿粗暴、任性、侵犯他人等不良行为，成人首先要表明不支持的态度，其次要认真分析各种行为的形成原因，尽力让孩子把遇到的困难说出来，力求把问题治理在源头上。如鼓励他把沮丧的情感表达出来，可以选择咬"口咬胶"等这类不妨害他人的泄愤方式，主动找成人索要安抚等。孩子的消极情绪有了健康的出口，有助于他顺利接受成人传递的是非观念和行为规则，从而把握正确的行为。

2～3岁幼儿教养大纲

2～3岁，是第一个独立宣言问世的重要阶段。伴随着成长，幼儿积聚了空前的经验财富，但同时也不可避免地遭遇着更多挑战甚至挫折，如需要与能力的不对等、期待与现实的高落差，高擎独立大旗的幼儿，在这样的人生驿道上百折不回……

一、2～3岁幼儿发展

（一）发展指标

1. 身体与动作。

● 能模仿画垂直线、水平线、圆圈和交叉线；

● 能两手配合做事，会穿珠、会叠放多块积木和把积木连结成桥；

● 会双脚原地腾空跳跃2～3次，能向前连续跳，会从高处向下跳；

● 会踮起脚尖走路，能两脚灵活交替上下楼梯；

● 能平稳地走和跑，会主动避开障碍物；

● 会骑乘小三轮脚踏车，能单腿站立2秒钟左右；

● 会手臂举起物体从肩上投掷；

● 会边角相对，折叠长方形纸、正方形纸；

● 向杯中倒水时能控制流量。

2. 语言与认知。

● 会说简单的复合句，叙述经历过的事，能运用"如果""和""但是"等词；

● 能准确地在表述中运用人称代词"你""我""他"；

● 会背诵1～10的数字，能背几首儿歌，能记住一些歌曲；

● 能理解白天和黑夜的差别，能正确识别简单的图形，如圆形、方形、三角形；

● 能比较物体的远近、大小、多少、里外，对发现不同物体的不同特点感兴趣；

● 能回答成人简单的问题，叫出家庭中常见物品的名字，说出自己身体各部位的名称；

● 会观察事物的主要特征，能够完成简单的拼图；

● 会比较熟练地依据一些典型特征做不同物体的匹配游戏；

● 能理解一些表示时间、数量的概念，如多少、长短、白天、夜晚、今天、明天。

3.生活与交往。

● 能很好地自己吃饭，会主动如厕；

● 会解衣扣、会穿鞋袜和穿脱简单的衣服，如能穿松紧带的裤子等；

● 能表现出同情心和自尊心，会怕羞，不如意时会发脾气；

● 能较清楚地判断他人对自己的期望，会在成人的语言指导下调节自己的行为；

● 有一定的控制能力，禁止做的事情知道不去做；

● 会玩装扮游戏模仿角色活动，如打扫房间、给娃娃讲故事；

● 能使用一些新的社交技能来博得他人的喜爱、夸奖；

● 会和同龄小朋友分享同一事件，能学习等待、轮流，如把玩具分给别人。

（二）教养策略

1.生活中培养幼儿健康的饮食习惯。

应在生活中培养幼儿能接受多种性状的食物，如颗粒粗大的蔬菜、水果丁、细做的粗粮、有特殊气味的蔬菜、纤维丰富的绿叶菜等，通过充分的咀嚼刺激消化酶的分泌，促进颌骨、舌系带等重要器官的发育；能喝白开水，养成每日餐点定时、定点的习惯等。

2.适度放手，促进幼儿独立做事的能力。

可让幼儿练习自己吃饭、自己穿脱衣服鞋袜、自己收拾整理玩具，做些简单的家务事，如搬运物品、倒垃圾、送东西给长辈、分发物品等。这时，幼儿独立做事、坚持己见的时候增多，成人要在避免对立的前提下，尽可能满足幼儿合理的要求,对于不能满足的需要,忌讳简单地拒绝、禁止,要深入浅出地告诉他什么可以做、什么不可以做,使渴望独立的幼儿能够逐渐学会接受建议,克服执拗和任性。

3.提供丰富刺激,促进婴幼儿的认知。

保护幼儿对周围事物积极关注的好奇心和对身边变化的敏感反应,在他们接触事物的过程中启发他感知事物的特性,记住名称,比较物体的大小、多少、轻重、粗细和长短,感受事物在空间上的变化,理解远近、里外、前后等位置,积极、耐心地解答幼儿提出的问题,和他们共同活动,鼓励、支持、帮助他们尝试自己寻找答案,在体验行为与结果间的关系中形成理解问题、解决问题的最初经验,并获得积极的情绪体验和新的认知技能。

4.注重对幼儿进行遵守社会公约规范的适应性培养。

幼儿与外界事物接触越来越多、越来越频繁,社会性的培养很重要。在公共场所游戏时,要学会轮流分享的交往技巧,遵守游戏规则,与人友好相处;与父母外出购物、付款时要学会选择和等待;参观游览时要遵守规则与约束等,不断提高幼儿社会生活中的适应能力,形成亲社会情感。

5.形成积极的自我意识。

帮助幼儿建立初步的生活、卫生、游戏习惯的同时,还要帮助他们掌握相应的技能,如会自己洗手、擦嘴,会正确使用餐具,不偏食、不挑食,能在固定的地方基本独立地吃完自己碗里的饭菜。他们能在充满自信的生活中获得更多的快乐。

6.注意安全。

安全教育要自然融合在日常生活里,当幼儿接近危险的事物或举止危险时,成人应该明确禁止并迅速将幼儿带离危险情境,但切忌粗暴恐吓和过分渲染,一则避免强化幼儿的叛逆和好奇,二则要避免养护偏执导致幼儿形成胆小、退缩的性格。

(三)评价建议

幼儿发出"独立宣言",成长更迅速。

1.幼儿进一步的发展需要环境提供充分的成长支持。

●在井然有序的居家生活中,幼儿能形成良好的秩序感,能自如利用环境进

行游戏;

● 亲子间有平等的话语权，幼儿有表达沟通的愿望，所有感受都需要得到健康、充分的宣泄;

● 适应变化的能力逐步加强，在延迟满足中能学习等待。

2.发展异常信号。

● 走路经常跌倒不会上楼梯;

● 一直流涎，言语不清;

● 不能搭起超过4块积木的塔;

● 不能用短语交流，不理解简单的指令;

● 对其他小朋友没有交往兴趣;

● 3岁仍不会模仿画圆圈;

● 3岁仍不会单脚、双脚跳或沿着一条直线走;

● 与母亲分离时非常困难。

二、进入心理反抗期幼儿的养育要务

一贯一致地耐心对待幼儿的所有问题，避免情绪化，精心培养处于第一心理对抗期的幼儿，是成人这个阶段首当其冲的重任。四处出击、无所不动，是迈过2岁门槛的幼儿突出的行为特点，因此在日常生活中，亲子冲突可能会激增。冲突的根源来自于幼儿日益增长的需要与环境给予的满足不成正比。面对这个阶段的孩子，增强他对是非的辨别能力，克服任性和执拗成为第一要务。培养懂事明理的孩子最好的途径就是生活中的实践体验，当他动手的需要、探索的需要、发问的需要、维权的需要获得了满足之后，就一定能为获得成人的赞许而有意识地约束自己的行为。

给幼儿留下更多选择的机会，他会在选择中感受成长的快乐。如孩子希望参与做家务，且力所不能的事居多，那就给他留下选择的机会："想掰辣椒？可以。但是辣到了不能发脾气，剥豆豆好不好？这个不辣……"在选择中他能逐渐学会承担责任和后果，这要比生硬地说"不"更有意义。日常生活中经常把预定的教育融化在孩子的自主体验之中，他们将会在选择的过程中，感受被尊重、被理解，在体验行为与结果的关系中，形成认识事物、解决问题的基本经验。

还要给幼儿听得懂、看得见的教育引导。独生子在家庭中没有可以垂范、求教的姐妹兄长，成人的身教言传就是孩子最直观的体验型学习模本。希望孩子不独霸、有爱心、能分享，成人就要在细小环节上经常关心身边的长辈、亲人、朋友；希望孩子懂事明理，成人就要在处理矛盾上耐心沟通、细致说理而不是靠打压、"霸权"；希望孩子爱动脑、好提问、愿学习，就要对孩子爱问问题的行为表现出高度的欣赏，随时接住孩子发来的球，并且调整好角度回传到位。这样在听得懂、看得见的教育影响下，孩子所有良好的发展才"皆有可能"！

最后，还要注意给幼儿留下独处的空间，让他有时间、有可能、有兴趣主动学习选择一些感兴趣的事情，既有利于培养孩子的独立性，又有益于做好未来和父母、家人分离进入教育机构过集体生活的准备。在日常生活中，鼓励他做自己能做的事，欣赏他独立活动的成就，将促使他对成人的依赖降到尽可能低的程度。

实务篇

| 第四章 |

社区早期教育基地的开办与管理

　　以亲子园、亲子学苑、亲子学校、亲子指导站、早教指导中心等命名的附设在幼儿园中的社区早期教育基地是一种新的教育模式，它是以婴幼儿及其父母为指导对象、以普及科学育儿知识和方法为主要内容、以亲子活动为主要特征的一种家庭教育指导的组织形式。通常是教育者、婴幼儿和家长亲临教育现场，通过亲子群体之间的活动和交流，增进亲情关系，加强家长对婴幼儿教育的理解，以普及科学教育观念和早期教育方法，使婴幼儿得到健康发展。

【 第一节 】

社区早期教育基地的开办

　　从全国范围看，目前存在着专门的经营性亲子园（如红黄蓝等早教机构）、幼儿园（包括公办园、街道园和民办园）附设的亲子园以及以社区为依托的亲子园。因此，从亲子园的兴办主体和办园性质的角度，可以归纳为经营性亲子园、幼儿园附设的亲子园、社区公益性亲子园（如北京的"四环游戏小组"）这三种主要类型。其中，幼儿园附设的亲子园等各种形式的社区早期教育基地（以下简称早教基地），是目前国家教育部门投入建设的重点。

一、基本定位与任务

　　开展社区早期教育工作要全面贯彻党的教育方针，遵循教育规律，从当地经济和社会发展的实际情况出发，立足现有条件，因地制宜、积极稳妥地进行。要通过充分的实践，不断积累经验，逐步推广，力求探索一条适合于本社区散居学龄前儿童及其看护人需要的早期教育形式与方法。

北京市教委推动社区早期教育的方式是依托幼儿园，建立社区儿童早期教育基地。幼儿园内附设的早教基地是以正规幼教机构为基地，利用这里的师资、场地、设施等教育资源，为社区散居儿童特别是先学前儿童及其家长提供所需的教育服务。

（一）基本定位与目标

1. 基本定位。

（1）教育性。

早教基地是教育性机构或组织，而不是像游乐园那样的纯娱乐性设施。早教基地的任务一方面是对孩子实施寓教于乐的保育与教育，提高先学前儿童的综合素质，另一方面更要提高家长的教育能力。早教基地中的教育工作者作为专业人员，应当成为早期教育的倡导者、引领者，要发挥教育的主导作用去影响家长和社区公众，使他们掌握科学的育儿理念和方法。

（2）非正规性。

就早教基地的性质和功能而言，早教基地是一种社区非正规学前教育模式。它是现行教育体制之外的教育，与社区生活紧密结合，但又与生活中的非正式教育不同，需要有目的、有计划、有组织地选择适宜于特定幼儿及其社区成员的教育内容。它以教育需求为导向，有什么样的教育需求就有什么样的教育形式，而不是实施划一的、固定的、标准化的教育。

早教基地具有不同于幼儿园等正规教育机构的特点，表现为：办学形式开放灵活，教育活动的组织更具有针对性和能够因地制宜，适应并满足多种不同需求。早教基地的出现为社会和家庭提供了正规幼儿园教育之外的另一种选择，满足了散居儿童特别是先学前儿童及其家长的教育需求。与主要收托3～6岁儿童的组织化、制度化较强的正规幼儿园的学前教养形式相比，早教基地针对的是在家庭中教养的0～3岁婴幼儿及其家长，无论是活动设置、时间安排还是指导内容、指导形式，都有着独特的特点。在时间安排上体现非正规性，可以是半日活动或小时制，也可以是周末来活动，以满足家长的不同需求；在教育内容的设计上不仅要针对婴幼儿，更要指导家长，并使教育向家庭延伸；指导形式也具有多样性，包括亲子活动、伙伴游戏、交流分享、家教讲座、发放家教指导材料等。

（3）指导家长。

作为非正规教育的早教基地，更强调家长作为重要教育力量与资源的参与。

众所周知，在学龄前儿童的发展中，家庭教育起着举足轻重的作用，其对孩子发展的影响甚至超过了托幼机构。因此，社区早期教育工作的重点是向社区儿童家长及看护人普及正确的育儿理念、育儿知识与方法，为社区全体儿童（包括残疾儿童和外来儿童）和家长提供多种早期教育服务。它以指导家长、提高其科学育儿的观念和方法、激发其育儿自信心作为重要内容和最终的目的。早教基地对家长的指导和培训具有现场示范性、具体针对性以及全方位性等特点。

早教基地的教育活动要反映并满足家庭育儿需求，具有针对性。要注重针对0～3岁孩子的特点和教养方式，同时要针对家庭保育和教育的内容、针对不同类型（父母、祖辈、保姆等看护人）家长的特点及其育儿中的常见问题、困惑，开展科学育儿指导。

早教基地强调活动与指导同步，对家长的指导强调在一种真实情境下的现场示范指导，也可以看做参与式培训。家长和孩子来到早教基地参与这里的活动，教师和家长、孩子共同相处，针对活动过程中遇到的实际问题，及时提供具体的指导帮助。这种现场指导或参与式培训有助于教师了解每个幼儿的个性特点及其家庭教养方式，更有针对性地调整指导内容和方式。

早教基地对家长的育儿指导具有全方位性。早教基地对家长的指导不限于孩子的认知发展与教育，而是涉及有关孩子饮食起居、科学喂养及生活作息、习惯养成等教养活动的各个方面。例如，关于如何使用布尿布，膳食不宜过烂过细，学习用杯子喝水、进入厕所（以下简称入厕）等生活自理能力等的培养。要注重引导家长认识先学前儿童的发展特点，强调生活指导，随时注意针对日常生活细节实施教育，帮助家长实现"养中带教，教养结合"。

早教基地工作的重中之重是激发家长参与教育的积极性。家长是幼儿的第一任教师，育儿效果如何直接取决于家长参与教育——包括家庭教育和早教基地教育的积极性。早教基地以家长作为教师的合作伙伴和重要的教育力量，要注重激发家长参与活动的积极性，以唤起家长作为"第一任教师"的角色意识和责任，帮助他们提高育儿能力，从而能够给予婴幼儿持久的影响，逐步形成儿童发展与教育的长效机制。

幼儿园作为专业幼儿教育机构举办早教基地，要注重面向家长和社会公众，广泛进行有关科学早期养护和教育的宣传，以营造有益于儿童发展的社会环境。

（4）辐射社区。

国外有研究表明，现代教育机构的校长应成为具有三大基本管理职能的综合专业行政人员，依次是领导教学、管理学校、维护学校与社区的关系。幼儿教育是社会系统的一个组成部分，是社区生活的有机构成部分。托幼机构是一个开放的动态系统，一方面要依靠社会、社区的支持得到发展，同时必须主动为社区的建设发展服务，为社会尽责。特别在当前我国由计划经济体制向市场经济体制转型的社会大背景下，托幼机构要能够融入所处的社区环境，成为社区的一分子，成为社区服务系统的有机组成部分。在开展早教基地教育的同时，必须注重了解和根据社区公众的实际需求，提供有针对性的育儿支援与服务；要注重发现多种教育因素，通过与家长及所在社区的积极互动，使潜在的资源成为现实的教育力量和资源。社区早教中心和专业托幼机构，还要发挥示范与辐射作用，注重向所在社区公众进行科学育儿方法宣传，促进学习化社区的建设。

早教基地的创办必须密切与社区的互动联系，争取多方面的协助支持，实现早教基地的社区共建，建设具有地域特色的社区早期教育中心。

2.目标。

（1）总目标。

早教基地的总目标应为：为0～3岁婴幼儿及其家庭提供全程、全方位、富有个性的服务，促进婴幼儿全面发展，在家庭和社区中树立体现婴幼儿身心发展规律的新理念。

（2）具体目标。

早教基地应着重建立一个可持续和可推广的家庭养护支持模式，以期达到以下具体目标：

第一，改进教养人在照料、护理和教育婴幼儿方面的知识、态度、行为和能力。

第二，通过婴幼儿的游戏活动、面向教养人的咨询和指导、入户指导等形式，促进婴幼儿健康、快乐地生活，积极、主动地探索，多元、自然地游戏，培养身心健康的儿童。

第三，通过与教养人的沟通，促进家庭建立和睦关系，为父母提供多元的社会支持；通过与社区成员的协同合作，倡导整个社区对婴幼儿早期发展的关注，动员社区资源为婴幼儿及其家庭服务，鼓励婴幼儿与家庭成员、社区成员共同成长，改善婴幼儿早期发展的外部环境。

因此，幼儿园附设的早教基地的基本任务包括五大方面：

第一，了解并掌握本社区散居儿童的基本情况。

第二，向社区儿童家长及看护人传播正确的育儿理念、育儿知识与育儿方法。

第三，提供亲子活动场所。

第四，组织开展多种形式的亲子教育活动。

第五，为有特殊需要的儿童和家长提供早期教育支持与帮助。

（二）基本原则

在早教工作的目标和任务下，早教基地各项工作的开展应该遵循以下原则。

1.以养为主，教养融合。

"养"是指养育，包括生活护理、安全、健康。以养为主，意味着先学前儿童的教育必须把生活护理、提供安全舒适的生活环境、合理养育以满足基本需要作为一切教养活动的基础。先学前儿童的生理发育与心理发展是相互依存、不可分割的，对于他们来说，教育就是生活。教养融合，强调"保中有教"，教养自然渗透，通过日常的养育活动自然而然地实施教育。例如，成人在给孩子喂奶、换尿布或穿衣时，通过抚摸、与之交谈等，帮助孩子增长经验，养成生活规则，学习行为自理，建立安全、积极的亲子依恋关系。

2.满足需要，情感优先。

受情绪情感作用影响大是婴幼儿身心发展的一个重要特点，对于处于生命早期的先学前儿童，情感需求的满足和发展更是其他各个领域发展的基础。研究表明，从小能够得到照看者积极回应、有着良好依恋关系和情感环境的婴幼儿，长大后有更好的社会适应性，更独立和自信，因而往往更容易取得较高的成就。因此，早教基地要创设能够体现温馨的家庭式的环境氛围，教师要安定孩子的情绪，注重以情感为纽带，与孩子建立积极的依恋关系，要关注他们的需要并及时给予满足。在教育过程中，注意创设伙伴交往的机会，提供小伙伴共同阅读、游戏的机会，帮助孩子们融入积极的交往氛围，建立良好的伙伴关系，并要给予家长正面的示范和引导。

3. 关注发育，顺应发展。

对婴幼儿的教育要关注发育顺应发展，这意味着在教育上一方面要尊重婴幼儿身心发展的规律，顺应其天性，克服焦虑心态；另一方面也要关注发展的敏感期，把握机会。脑科学的研究揭示了一个重要的事实，即人在生命的最初几年是人脑发育的最快时期，许多发展的敏感期如感官敏感期、语言敏感期、动作敏感期、秩序敏感期等均出现在人生早期。因此，要关注婴幼儿经验获得的机会和发展的潜能，让婴幼儿在"自身发展大纲"发展的同时，使环境、教育成为其发展过程中的重要支持性力量，实现顺应自然，推动发展，二者辩证统一。当然，每个个体各方面发展的敏感期是各不相同的，不宜以统一的标准衡量。

4. 因人而异，激发潜能。

尊重儿童首先要尊重儿童的发展差异。应当清醒地意识到，婴幼儿在发展过程中，差异是全方位的，有生理发育和健康方面的差异，也有感知与运动、语言与认知、情感与社会性等方面的差异。加之婴幼儿以往各自家庭教养方式的不同，有可能加大这种差异。在早教基地中，对婴幼儿的保教工作必须以这种自然存在的差异为基础，实施因人而异的个别化教育。与此同时，要重视激发婴幼儿的发展潜能，人生许多良好品质的形成和智慧的获得均是在生命的早期，如果成人能够密切关注，把握机会，提供适宜的刺激，就能够诱发多方面经验，促进孩子在快乐的游戏和日常生活中健康发展。具体而言，凡是孩子能做的就尽量提供机会而不是包办代替，同时，不属于当前的发展任务则不要人为地超前，切忌揠苗助长。

同时，早教基地在实施教育活动时应注意以下两点。

一是多观察、少定性。首先，早教基地的教师要注意了解婴幼儿各阶段发展的一般行为和学习特点；其次，要为每个婴幼儿及其家庭建立名册和档案，每次来园活动都应关注他们的行为表现，注意观察婴幼儿的生活行为及游戏行为，进行记录和分析，持续性地与家长联系沟通，共同设计有针对性的、适宜的教育方案。对婴幼儿出现的某些行为或问题倾向不宜过早定性，如多动症等，应当尊重每个儿童的发展水平与特点，即使有一些异常也应看做发展中的问题，而且往往是由于不当的教养方式所致的。与婴幼儿及其家长交往要细心和耐心，需要认定"教育是慢的艺术"，包括对家长的引导也不可能一蹴而就，重要的是要帮助家长树立信心，并且共同寻求解决问题的策略。

二是回归自然、回归常识和生活，而不是刻意的、过度的教育。在婴幼儿教养活动中，要强调环境、材料的自然影响，比如，提供比较充分的活动场地，提供利用阳光、空气等的机会，引导婴幼儿多进行自如爬行、独立活动、平行活动和小群体活动的空间，使他们能够利用自然因素进行户外锻炼；可以提供生活中的真实物品让婴幼儿摆弄、操作；可以提供丰富的语言环境，让婴幼儿在与周围人的自然接触中，多讲话，多交流沟通。对婴幼儿的教育特别要强调生活化和回归常识，而不宜刻意而为。要注意引导家长，育儿需要平常心，儿童是在生活中学习的，可以在日常生活中随时捕捉教育契机，促进其自然、和谐发展。

二、工作要求与特点

早教基地教育具有早期教育与早教指导的双重任务，因此，了解婴幼儿发展特点和早期教育规律，树立正确教育理念，是对家长进行早教指导的依据和前提。早教基地的管理者及教师要注重在实践中进行行动研究，探索早教基地教育的特点，并认真思考本园开展早教基地教育的目标方向、条件与具体策略。

早教基地的教育活动不同于一般意义上的教学活动，它更强调家长与孩子在情感方面的交流沟通，强调在早教基地教育现场，教师、孩子与家长之间的互动。教师要引导家长学习在活动中观察孩子、了解孩子，掌握适宜的教育方法。孩子、家长、教师的共同活动，能够营造共同学习的氛围，增进亲子关系，同时还有益于教师教育能力的增强，实现专业成长。早教基地教育要能够将0～3岁早教基地、家庭与社区的教育资源加以整合和运用，创造有利于婴幼儿发展的良好的教育环境。早教基地教育的特点归纳起来，大致有以下几点。

（一）主体多元性

在早教基地教育活动中，教师不是唯一的教育主体，教师、家长和儿童三者都参与到活动之中，他们均为教育活动的主体。家长和儿童作为课程的参与者，也是课程的实施者、支持者，还有可能成为课程的共同开发者、审议者。早教基地的教师是专业的教育工作者，他们需要在亲子教育实践中，通过直接接触婴幼儿——对自己的教育对象暨发展主体有更完整、更充分的认识，掌握儿童身心发展的规律和特点，了解教育的方式和方法，从而有目的、有计划、有组织地对儿童实施教育影响。家长作为教育的合作伙伴，在家园共育中是不可或缺的力量，家长参与早教基地课程，有助于教师直接获取有关婴幼儿发展状况的信息，还能发挥家长自身的智慧和优势，完善早教基地的课程，有利于构建起学习和教育的共同体。在参与早教基地的活动中，家长不仅是学习者或教育的受益者，可获得教育知识，提高育儿能力，而且能增强作为教育者的信心与责任意识。同时，家长是以教育者的身份参与到活动之中，可以发挥能动的教育主体作用，可以促使教师不断调整教育内容和修正教育方法，使课程视野得以拓展，内容及形式不断丰富，最终使教育效果得到改进。

（二）多向互动性

在早教基地教育过程中，并非仅仅存在教师面向婴幼儿或面向家长的单一向度的教育影响，而是存在着多方面的教育影响、多向度的互动关系，不仅有教师与婴幼儿之间、教师与家长之间的交往互动，还有婴幼儿伙伴之间的互动，以及家长之间的互动交流。教师在亲子活动中要随时了解孩子，主动与家长交流沟通，了解家庭教养方式和亲子关系，促进家庭教育与早教基地教育的结合，并调整、改进与婴幼儿及其家长之间的交往方式，密切相互关系，向教育对象、服务对象学习如何教育；同时还应注意把早教基地作为平台，促进孩子之间和家长之间的交往互动，比如，组织伙伴游戏，分享家教经验，对共同关注的教育问题展开讨论等，发掘和组织多方面教育力量、资源，提高教育效果。

（三）形式综合化

亲子活动或游戏是早教基地教育活动的主要组织形式，游戏是亲子交往的良好方式，可以激发孩子的兴趣，增进亲子关系，有效地满足孩子的各种需要。应当明了，在早教基地教育中，亲子活动不是唯一的形式。近年来，各地开展早教基地教育均积累了一些行之有效的经验，比如，组织孩子的活动、建立育儿聊天室、就父亲育儿展开家长间的交流或经验分享、发放宣传资料、为孩子及其家庭建立档案等，应综合运用多种形式，多方面推动早期教育和早教指导工作的有效开展。

（四）亲子引导同步

早教基地以亲子活动和游戏为载体，以婴幼儿及其家长为指导对象，提供一种现场的教育指导和影响。早教基地一方面要通过共同关注儿童的全面发展，实施早期教育，同时要对家长提供育儿指导。教师要注重在早教基地教育过程中积极实践探索，寻求适宜的内容和形式，实现教育儿童和引导家长同步。

【第二节】

幼儿园开办早教基地的意义

早教基地是以社区为依托、对0～3岁散居儿童及其家长进行教育和指导的一种社区早期教育形式。它以亲子活动为主要组织形式，不仅把婴幼儿作为教育对象，而且更强调教师以正确的教育理念和教育方法引领家长，在教育过程中与家长结成教育伙伴，使家长的教育观念和行为发生变化，使教育延伸到家庭中去，进而向社会公众广泛宣传科学育儿方法。幼儿园附设早教基地，能有效地开展社区早期教育，需要基于对早教基地的目标与定位认识的基础上，对有关幼儿教育与社区或社会关系等方面形成正确而积极的看法，正确看待幼儿园开办早教基地的意义。

一、增强教育机构的社会服务功能，促进幼儿园与社区关系的融合

早教基地属于社区教育范畴，幼儿园通过开展亲子教育和服务，开放办园，增强教育机构的社会服务功能，有利于使幼儿教育改变封闭状态，更好地适应经济体制转型的社会环境和要求。

幼儿园面向社区开展亲子教育和服务，可以促进园所与社区关系的融合，有益于使托幼机构成为社区一员和综合服务体系的有机组成部分，建设具有地域特色的社区早期教育中心，同时也为推动学习型家庭、建设学习化社区做出一定的贡献，实现幼儿教育与社区环境的和谐，并与社区建设相互促进、同步发展。

实践中，一些幼儿园附设的早教基地在与社区的有效互动方面积累了丰富的经验，比如，北京市西城区果子市幼儿园早教基地所在的新街口社区对早期教育十分重视，构建了社区教育工作的管理网络系统，有了社区的协作支持，早教基地工作开展得较为顺利；北京市丰台区方庄第三幼儿园、北京市宣武区和平门幼儿园早教基地积极主动地找到社区，通过各种途径寻求对方的理解和支持。

幼儿园在开展早教基地教育的同时，还注重了解和根据社区的实际需求，开展面向社区内弱势群体的育儿支援行动。有的幼儿园本身就处于平民社区或是兼有农村的城乡结合部，如北京市朝阳区团结湖第一幼儿园、北京市西城区果子市幼儿园及北京市东城区分司厅幼儿园，把对社区内的弱势群体、尤其是外来务工人员和低收入家庭孩子的援助，作为自己的职责和特色，面向社区，全面加强与社区的联系和合作，不仅在幼儿园附设有收费的早教基地，还深入社区，实行免费的社区学前教育。北京市朝阳区团结湖第一幼儿园了解到所在社区内有较多农转非和外来务工人员的子女，这些孩子一般没有机会接受正规的幼儿园教育，家长的科学育儿知识比较欠缺，为此展开了发放宣传材料、开展育儿咨询、开办游戏小组等一系列送教下社区的免费的教育活动；西城区果子市幼儿园采取降低早教基地收费标准的做法，由原来的一次活动15元减少到2元，还免费给家长发送幼儿园自编的家教刊物，并安排专门的教师下到社区给家长讲科学育儿知识，解答家长在育儿过程中碰到的种种问题；东城区分司厅幼儿园则面向社区内平民家庭开展教育服务，满足了低收入家庭、特别是残障儿童的需求，扩大了幼儿教育的覆盖范围。

二、实现教育资源的整合与共享

幼儿园附设的早教基地作为一种社区教育服务形式，要注重发现多种教育因素，通过与家长、所在社区的积极互动，将潜在的资源加以发掘利用，使之成为现实的教育力量和资源。一方面要利用园所集中而专门的幼儿教育设施与资源，为社区所享用，扩大幼儿教育的辐射范围；另一方面要注重争取社区的支持和发掘社区资源，如利用社区公园、图书馆等公共设施，吸收家长和热心的社区居民、志愿者参与。

国管局幼儿园等园所在构建社区关系及网络式服务方面进行了一些探索，取得了有益的经验。国管局幼儿园位于北京市西城区甘家口社区，这是一个人口众多、地域较宽的大社区，社区及周边共有5所幼儿园，幼儿园作为市、区级早教基地，如何整合资源，有效地促进社区早期教育工作的开展，更好地发挥基地的辐射作用，让社区0～3岁儿童都能够受到早期教育的指导和服务？通过与街道办事处协调沟通，5所幼儿园和甘家口街道办事处共同组成了早教联合共同体，街道办事处将下设的43个居委会分成5组，5所基地园各负责一组，每组辐射八九个居委会，社区教育定期召开例会。居委会协助幼儿园做以下工作：每半年统计一次儿童名单，包括新生儿、特殊儿童、外来务工子女人数及其相关资料；协助幼儿园定期发放育儿资料，逐渐形成制度。幼儿园把居委会的意见与建议同社区早教工作的开展紧密结合起来，掌握社区婴幼儿及其家庭情况和家长的需求，以社区的要求、条件及相关信息作为开展早教服务的依据，探索适宜的服务形式和提供有针对性的指导。

此外，幼儿园作为专门的幼儿教育机构，除了在本园附设早教基地外，还可以对社区内其他非正规教育（社区早教基地、游戏小组和家托等）提供专业上的支持，发挥指导、辐射和带动作用，从而实现教育资源的整合与共享，更大限度地发挥作用。

三、面向社会广泛进行科学早期教育宣传，推动学习化社区建设

早教基地以社区为依托，对0～3岁散居儿童及其家长进行教育和指导。在教育过程中，早教基地的教师要与家长结成教育伙伴，引导和帮助家长在教育中学

习教育，改进教育观念和行为，使教育延伸到家庭中去。

作为社区早期教育中心和专业幼儿教育机构，幼儿园还要注重向所在社区公众进行科学育儿方法宣传，发挥示范与辐射作用，促进学习化社区的建设。早期教育的活动形式不应仅仅限制在幼儿园围墙之内，而是可以有多种多样的形式，例如，在社区内开展育儿讲座、咨询，送教上门，组织家长辅导站等，不拘一格。要注重通过教育机构的广泛宣传和积极引导，在社区乃至全社会树立"儿童优先""尊重儿童"的意识，营造有利于教育发展的社会环境。

【第三节】

社区早期教育基地的筹备

一、开办前提

（一）明确定位与社区需求

早教基地管理者及教师要明确早教基地的目标定位，在实践中澄清办园理念，立足社区，为散居婴幼儿及其家庭服务。

早教基地作为社区内面向孩子和家庭的教育服务性组织，必须强化为社区服务的意识。要根据社区的实际条件和需要创设，活动的形式不限于开展亲子活动，还可以拓展多样化的非正规教育形式，如游戏小组、家教辅导站等。早教基地要向社区开放，最大限度地发挥集中于园所的学前教育资源的价值，以解决社区内婴幼儿活动场地、器械设施等问题。

开办早教基地是要让散居婴幼儿有接受教育的机会，提高社区内婴幼儿及其家庭的受益率，亦即学前教育的普及率，而不是幼儿园不得已接受上级委派的任务，更不能成为幼儿园用以营利的项目。幼儿园作为社区一员和社区或地域内专门的幼儿教育机构，在服务社区和散居婴幼儿家庭方面，需要增强服务意识，把开展早教基地活动作为一种公益性早期教育服务。

在教育活动中，教师要更多地指导家长，要从家长在家庭中养育0～3岁孩子的需要和面临的问题出发，考虑课程的设置和提供家教指导。要提供家长互相学习、交流的机会，帮助家长树立正确的教育观。可以把家长育儿中的一些共性问题作为专题，组织家长进行讨论、交流，掌握婴幼儿教养的技能和方法。

幼儿园所在社区环境不同，举办早教基地要根据对当地家长的特点与需求、社区的实际状况与条件等方面的分析，以及园所自身的状况，确立自己的目标定位，如对象范围、服务内容和适宜的活动形式等。

为了了解婴幼儿家庭和社区的基本情况，可以通过走访社区居委会、入户走访、电话和面谈结合等形式，就社区0～3岁儿童家庭中的人口结构、父母受教育程度、居住环境、对子女的期望值以及社区家庭早期教育现状进行多种调查，并认真统计和分析调查结果，从中发现社区家庭教育的现状及家长的早教需求，为早教工作的开展指明方向。

（二）认真考核，确保办学质量

根据基础教育"地方负责、分级管理"的原则，社区早期教育基地作为学前教育的组成部分，区县教育行政部门应承担对其的审批工作。

为确保0～3岁婴幼儿社区早教基地的办学质量，目前各地的教育行政部门也逐渐形成了一整套考核办法。教育部门的考核通常集中在管理、师资、组织实施、实际效果等方面。比如，依据《北京市社区早教基地验收标准》，一所社区早教基地应该能够依照《北京市0～3岁儿童教养大纲》，开展0～3岁婴幼儿早期教育，形成以社区为依托的早期教育服务基地；园内领导班子对早教工作认识到位，在队伍的建设、管理过程中，能够选派园内骨干，选派既责任心强、又具备一定早期教育专业知识与技能的教师，经过培训担任早教工作。比如，教师必须至少参加过教育行政部门组织的早教师资培训，并取得结业证书；将幼儿园的早教工作纳入幼儿园的发展规划中，计划总结具体可行且具操作性，保证早教基地工作的有序开展；认真落实"五个一"的要求，争取工作有成效；卫生保健能够严格依据北京市卫生局、北京市教育委员会颁发的《关于加强0～3岁婴幼儿早教基地卫生保健工作的通知》开展，建立健全、切实可行的早教基地卫生保健制度，记录翔实，登记资料齐全，卫生保健工作常规管理实施到位；在办园目标的制定、早教基地的对外宣传中，能体现社区早教活动形式多样、切实指导家长实施科学的亲子教育、增进亲子感情、促进孩子全面发展的教育思想；社区散居儿童受教育率达到90%以上，在实践中能够积极探索，不断创新，效果显著，如建立个案追踪并建档、参加婴幼儿早教等相关课题研究等。

（三）确定规范、合理的收费标准

幼儿园附设的早教基地作为非正规教育形式，亦即地域性或社区性、普及性和社会公益性的教育服务形式，主要是利用园所现有的和其他潜在的教育资源，为社区婴幼儿及其家庭提供教育服务，是非营利性的。基于这样的定位，必须保证所开展的免费早教活动数量达到教育行政部门的要求，这就要求幼儿园讲究经营，降低办园成本，同时保障教育服务的质量。如果需要收费，应根据成本核定，制定合理的最基本的教育成本作为收费依据，报所在区县物价局和教育局备案并公示。

（四）成立运行管理机构

管理机构需要合理架构，分工明确，职责到位。附设在幼儿园的早教基地，作为一项独立工作，需要幼儿园设立专门机构来负责其日常运行，机构中的管理人员以及具体工作人员可由本园教师兼职担任。

早教基地管理机构的主要任务包括：协商机构的办学方针和思路，确定管理层的人员构成和岗位职责，确立规章制度，商议教师的聘任标准和福利待遇，讨论机构的财务预算及执行情况，商讨各种运行问题。

（五）人员准备

园长要深刻认识开展社区早教工作的重要意义，将社区早教工作纳入幼儿园整体工作之中；有目标、有计划、有措施、有指导、有检查、有总结，与幼儿园整体工作一起推进；制订每学期的工作计划；安排专人负责社区早教工作，定期检查，督促落实。

一所附设在幼儿园的早教基地至少需要早教基地主任、业务主管、保健医、早教指导师、档案管理人员、财务人员等岗位。其中，早教基地主任可由园长或副园长兼任，全面负责机构的开办、管理与运行；业务主管可由副园长或保教主任兼任，负责招生编班、教师聘任、师资培训、业务指导、业务评估等工作；保健医可由园内保健医兼任，负责对参与早教活动的婴幼儿、教养人及教职工的健康全面负责，如晨检工作，做好学期卫生保健工作的计划和总结，建立和健全各项卫生保健工作制度，并检查督促落实，做好各项卫生保健的记录和统计，并负责婴幼儿在园安全事故的等级分析和针对处理，及时向主管领导汇报；早教指导师，也称早教教师，可由园内教师兼任，应接受较为系统的岗前培训，具有早教培训结业证书，热爱社区早教工作，在工作中能积极创设环境，组织并引导婴幼儿和教养人进行活动，对婴幼儿实施观察和评价，完成教养人指导，具有亲和力和良好的表达能力，善于做家长工作；档案管理人员可由园内相应工作人员兼任，负责对有关信息及时登记，根据要求保存及整理电子文本以及其他形式的资料；财务人员可由园内财务人员兼任，协助机构主任制定并修改相关财务制度，根据需要制定财务预算，做到有计划地开支、按标准规范收支，做好收费与人员工资的核算等工作。

二、物质准备

幼儿园附设早教基地，在教育环境的创设方面不是全部重新设置、另搞一套，而是要从特定对象的需要出发，尽可能利用教育机构的现有条件，最大限度地发挥园所教育资源的效用。

早教基地的环境创设要符合0～3岁婴幼儿的身心发展特点，考虑婴幼儿发展的需要。首先要有益于婴幼儿的健康和安全。活动场地要无污染、无噪声、空气流通。要从0～3岁婴幼儿的身心发展特点出发配备必要设施，如适合婴幼儿的便盆等应该到位。从心理氛围上，应创设宽松、平和、温馨的家庭式的环境。环境的创设要能引起婴幼儿的兴趣，满足他们活动的需要。值得注意的是，过度刺激的环境是不利于婴幼儿的情绪健康的，特别是在色彩上不宜过于强烈。

幼儿园附设早教基地要尽可能地利用现有场地设施，最大限度地发挥其应有的作用和功能，实现幼儿教育资源的社区共有、共享，为社区内的孩子和家庭所用。例如，有的幼儿园附设早教基地通常是周末或每周几个半天开展活动，就可以将小班活动室或多功能室等利用起来，不一定设置专用教室。

早教基地在环境创设上要发挥导向作用，要简易适用，便于婴幼儿活动。不仅如此，环境创设上还要考虑能够便于家长参与以及促进家长之间（包括个体之间及群体之间）的交流互动。此外，在环境创设上还要注意发挥正确教育思想的引导作用。有的园搞墙壁软包装等高档装修，这些东西与孩子的需求和教育质量的提高并无关系，是毫无意义的，反而助长了攀比、追求奢华的风气，误导了家长的观念。另外，高投入必然导致高收费，损害了家长的利益，限制了收托或参与范围。

三、宣传与招生

通过有效的宣传，我们可以为早教基地的开办创设一个支持性的环境。一般，宣传工作可以参照以下几个方面进行。

一是请社区工作人员和社区婴幼儿家庭代表参与基地的前期筹备，扩大影响。

二是面向社区，把社区代表和家庭代表请进幼儿园，举办讲座，或走进社区，开展多种形式的咨询、早教活动，宣传早教基地，逐步培育出社区环境中共同的育儿价值观。

三是利用各种宣传手段，如宣传栏、自制小报、网络，广泛宣传早教基地对婴幼儿家庭的支持作用。

四是有效传递机构的基本信息，包括机构名称、主办者、服务定位、服务内容、招生范围、收费标准，以及机构的地址、电话、联系人、交通路线等基本情况。

【第四节】

社区早期教育基地的组织与管理

幼儿园附设早教基地是开放办园、正规与非正规教育相结合、扩大托幼机构社会服务功能、实现教育资源社区共有共享的创新性探索。

一、教育活动的组织和其他多种形式活动的开展

早教基地教育活动的组织要增强针对性。比如，针对目前家庭教育的误区和受忽视的方面，着重进行户外活动、自由活动和有关生活教育的内容。早教基地事实上为先学前儿童提供了与伙伴交往的场合和机会，这是他们在家庭中不易得到的，因此应当多为孩子提供与小伙伴游戏和交往的机会。除了组织孩子的活动、亲子活动，还要注重开展其他多种形式的活动，可以有现场培训，还可以开展父亲育儿、家教经验交流分享、咨询指导等，发挥引导家长的作用。比如，北京市朝阳区亚运村第二幼儿园早教基地就尝试了家长聊天室，既使家长之间相互分享了育儿经验，也使教师走近家长，了解了其家教状况，确保提供的指导更有针对性、实效性。

早教基地活动的开展应注重教师与家长间及家长之间的互动交往。家长兼有教育培训对象与教育主体的双重身份，教师与家长是教育的合作者，幼儿伙伴和家长也是重要的教育资源。可以以早教基地为平台，建立学习共同体，通过亲子活动，实现孩子、家长和教师共同成长。

除了立足园内开展早教基地教育活动，还可以根据实际需要，开展各种形式的送教下社区的活动。比如，开展育儿咨询、发放宣传材料、设立游戏小组或家教辅导站定期活动等，满足家长多样化的需要和扩大早期教育的受益范围。

二、健全必要的制度规范

非正规教育是相对于现行的教育体制而言的，早教基地作为一种教育组织，要实施有目的、有计划的活动，就要建立必要的制度以保证活动的顺利实施和有效开展。一些早教基地在实践中依据需要逐步建立起相应的制度，使教师和工作人员明确了早教基地服务社区和家长的理念，推动了工作的开展，提升了教育质量和管理水平，较好地发挥了早教基地的功能。一般而言，制度建设包括以下内容。

（一）活动时间安排

早教基地教育是一种非正规教育形式，面对的是0～3岁婴幼儿及其家长，因

此在活动组织上，要根据婴幼儿的年龄特点进行时间安排，活动时间较短，多采取小时制或者半日制。

针对婴幼儿的年龄特点，组织教育活动宜采用宽松、自由的大块面和小环节的安排。活动要注意动静交替，集体活动与分散活动相结合，集体活动时间不宜过长，中间可以穿插一些自由放松的活动。看似松散无序的活动却以一个个小环节变换活动方式，渗透教育内容，做到形散而神不散。要注意留出一定的时间，如留出自由活动时间或加以专门的安排，使教师与家长、家长与家长之间有相互交流的机会。具体可以参考下面的时间安排。

8：30（15～20分钟）

接待来园：主要提供晨检服务，教师与孩子、教师与家长之间亲切招呼与交往，让孩子与教师逐步建立信任感，使孩子放松、愉快，愿意参加游戏活动。

盥洗：用儿歌、律动音乐、卡通图片等有趣的形式，提示、伴随孩子与家长认真洗手，以保证集体活动的卫生与安全。

自由活动：提供孩子喜欢的，安全而丰富的玩具、半成品材料与原材料，供孩子自由选择、操作探索，也让孩子在操作中进一步消除紧张情绪。

8：50（5～10分钟）

集体社会性游戏：教师支持孩子在特别设计的社会性游戏中与教师、同伴、其他成人进一步交往，可在户外进行，也可在户内进行。

9：00（15～20分钟）

亲子游戏：侧重大、小肌肉活动，感知游戏与阅读。家长是主要的指导者，教师是游戏活动的设计者、材料提供者与支持者。让孩子与家长一起，更主动地投入有趣的游戏活动中；让家长在活动中亲身体验与学习婴幼儿教养的有效方式与方法；教师更能个性化地观察、了解、指导婴幼儿与家长，并向家长学习与孩子交往的有效策略。

9：20（20～30分钟）

休息：让孩子自由而安静地休息、吃午点、喝水，还在使用尿布的孩子可由教师或家长给其换尿布（入厕与喝水可随时进行）。根据孩子的年龄，教师可设计有趣的游戏活动，以家长为主引导适龄孩子（特别是2～3岁组）学习用杯子喝水，用勺独立吃东西，由使用尿布逐步到控制大小便，脱、穿裤子，自己洗手等。教师还需要注意在这一环节中促进孩子与教师、孩子与孩子、孩子与家长的愉快交往。

9：50（5～10分钟）

集体教与学活动：侧重认知活动、讲故事、说儿歌、艺术与表征活动等。教师是主要的指导者，家长为支持与配合者，可在户内进行，也可在户外进行。

10：00（20～30分钟）

户外自由活动：让孩子们在户外自由使用大型玩具与器械开心地游戏，教师与家长观察、记录孩子的活动情况，并可针对孩子的情况，家长与教师进行个别交流。如孩子有需要，也可个别离园。

10：30

离园：教师和孩子及家长一一亲切、礼貌而郑重地道别，这也是一个让孩子参与社会交往的自然而良好的机会，可让孩子对教师产生依恋，还愿意再来。

（注：这里举例的半日时间安排适合上半学期——春夏季，如是下半学期——秋冬季，可将时间往后顺延半小时；孩子如有入厕、喝水、休息、睡眠等个人需求时，应随时得到满足。）

半日时间安排表1

9：00～9：15	接待来园、户外律动游戏活动
9：15～9：25	喝水、入厕
9：25～9：50	亲子游戏
9：50～10：20	户外活动
10：20～10：30	喝水、入厕
10：30～11：00	自选游戏
11：00	离园

半日时间安排表2

8：30~8：50	接待来园、盥洗、自由活动
8：50~9：00	社会性活动
9：00~9：20	亲子游戏
9：20~9：30	入厕、喝水
9：30~9：45	认知训练
9：45~10：00	大肌肉训练（户外活动）

（二）各种活动形式的制度化

早教基地活动的开展，还要有相关的安全制度、卫生保健制度，活动室活动制度等，旨在为早教基地工作提供制度支持，保障活动的顺利进行，也能起到自我反馈和监控作用，同时也可用于引导家长。

为了从活动时间、内容、形式、程序上规范早教基地家长工作的指导形式，幼儿园要将相应的活动形式制度化。比如，家长互助小组定为每周活动一次，家长俱乐部每月安排一次主题进行活动，形成良性的工作运作机制。

（三）教师职责和教研活动制度

早教基地教育既要面向孩子，也要面向家长，要明确确定早教基地教师的职责和工作要求，并将教育计划的制定和教研活动以制度的形式确定下来，如早教基地教师行为规范、早教基地教师教研制度等。

（四）有关家长参与活动及社区工作制度

早教基地活动需要家长充分参与，因此有必要建立相应的家长参与活动制度，让家长更清楚地明确自己在亲子活动中的角色，实现教师与家长、家长与家长之间的有效沟通，比如，有的早教基地建立了"早教基地活动家长须知"等制度。早教基地作为社区学前教育的一种模式，开展多种形式的社区教育活动是早教基地实现其宗旨的重要途径，也需要建立相应的制度，以便发挥早教基地在社区中的服务功能和辐射作用。在与社区配合协调方面，也要有相应的工作制度作为保证，比如，有的园所与所在社区沟通，建立了社区教育例会制度、居委会定期采集社区儿童及家庭信息的相关制度等。

三、师资配备和培训

幼儿园要根据早教基地教师的角色要求、本园亲子活动的开展现状和兴办早教基地的长远规划，选择配备教师。早教基地教师一般情况下是兼职的，即由幼儿园带班教师在周末承担早教基地工作；根据需要和条件，也可以配备专职教师。要逐步建立起一套评估指标，如教师自身的儿童观、教育观、指导教育活动的能力、对幼儿发展进行教育评价的能力等，除此之外，还要加大教师与家庭、社区沟通的能力方面的要求。

（一）澄清亲师关系，明确早教基地教师的角色

师资是实施亲子活动和家长指导的最重要因素。早教基地的教育活动有着与幼儿园教育活动不同的特点，在早教基地，教师要与先学前儿童交往，能够面对家长和孩子一起开展活动，因而需要具备丰富的婴幼儿心理发展和教育的知识，并有针对不同儿童的表现做出判断的能力，要有较强的亲和力、教育机智和灵活性，使家长产生信服感。早教基地教师要了解家庭教育的特点，主动做家长工作，并能与社区沟通、联系，向社会宣传早期教育，这些都构成了早教基地教师独特的职业特点。

关于教师与家长的相互关系，以往人们习惯性地将二者看做教育者与教育对象的关系，正是基于这样的看法，实践中人们常常把教育责任归于教育机构和教师，而忽视家长作为教育者的角色及应承担的责任；教师则以当然的教育者自居，向家长发号施令指手画脚，最终导致教育效果不佳。事实上，对于处于先学前阶段的婴幼儿，家庭以及家长的作用更加重要。因此，对早教基地教育过程中教师与家长的相互关系有必要重新认识，要从家长是孩子的第一任教师、教师与家长是教育合作伙伴的意义上，进一步澄清认识，明确双方关系。

早教基地的教师作为专业人员，是亲子活动的指导者。首先，指导者应该把自己定位为家长主动的合作者，主动和家长交流，了解家长的需求；是家长声音的聆听者、家长教育观念和行为的洞察者，更是家长良好家教经验和行为的学习者。其次，指导者可以发挥专业优势，对家长的科学育儿提出建设性意见，提供育儿支持。再次，指导者是家长教育资源的发现者和开发者。

家长则是亲子教育活动积极的参与者、教师的教育合作者、科学育儿知识技

能的学习者和实践者。首先，早教基地应该引导家长充分认识到自己作为教育主体的积极能动性，增强教育者的责任意识，变"要我配合"为"我要参与"。其次，家长还应该是早教基地的参与者、建设者，能够针对早教基地的活动、家长指导工作、育儿需求等积极提出要求和建议等，提高参与质量。再次，在家长积极参与育儿的过程中，每一位家长都是同伴家长的指导者，同时又是同伴家长科学育儿的学习者。

基于以上观念，在实践中，早教基地教师与家长之间的交往互动应着重以下几方面。

1. 对家长教育观念的调适。比如，教师通过一个阶段的观察和调查发现家长在教育观念上存在以下问题：一是对孩子的教育期望过高，二是"重保轻教"。针对这些现状，可以在开展家长俱乐部的活动中，向家长宣讲早教基地与幼儿园的关系，进而设计一些育儿话题引导家长共同讨论。比如，如何给孩子自由？如何理解"儿要宽心养，让他快乐长"？对孩子重在横向比较还是纵向发展？在讨论中，教师的专业优势与家长的自主和自我教育相辅相成，共同作为家长指导的形式发挥作用。

2. 示范并强化适宜的教育行为。教师要将自身的专业优势在亲子教育情境中充分发挥出来，在家长忽视教育机会的情境下，教师要以敏锐的观察力发现问题所在，及时做出正确的行为示范，起到指导家长的作用。而家长在做出正确的教育行为时，有时候是无意识的，这就需要教师能够挖掘家长在教育中的闪光点，并予以强化，这样既澄清了正确的教育观念，又扩大了指导的范围。

3. 及时引导家长，解答家长的育儿困惑。在早教基地中，家长不正确的教育行为时有发生，教师要能够及时发现问题所在，并予以有针对性的指导。一般而言，当教师指出家长的不当之处时，家长都会"辩解"，这就需要教师掌握一定的沟通技巧，这样，教师的建议才容易被家长接受。同时，面对家长的育儿困惑，教师要进行分析，分别采取适当的对策。家长的困惑有的是"真困惑"，如"孩子胃口不好怎么办""孩子总出现攻击性行为怎么办"等，一般是围绕幼儿的个性、行为习惯等提出的问题。面对真困惑，教师之间可以在教研会上研讨，发挥集体智慧，共同献计献策，尽力解决问题。而有的家长所谓的困惑实际上是"假困惑",如"孩子怎么不爱跟我背唐诗""我们怎么才能让孩子超常呢"等,一般是受到社会上错误教育观念的影响或是在市场误导下出现的。面对这样的问题,教师的指导工作就要从矫正家长的教育观念入手。

4.发现和挖掘家长的教育资源。教师特别要注意发现和挖掘家长的教育资源,如调动不同年龄段家长的育儿经验,发挥不同职业家长的专业优势等,以此调动家长的参与意识。可以通过组织化的方式,如家长互助小组和家长俱乐部活动,提供交流平台,实现教师与家长、家长与家长之间育儿经验的交流和共享。

（二）早教基地教师要向全职教师、教育的社会工作者的方向努力

早教基地教师具有独特的职业特点,要求幼儿园教师能够适应早教基地教师的角色要求,注意学习提高与家长交往沟通的能力,并与家庭建立支持性关系的能力,进而增强自身为社区服务的意识,注意在日常实践中研究亲子教育问题。

1.调整角色。幼儿教师是全职教师。面向先学前儿童的教育更需要养中带教,突出生活中的教育、养育,对孩子的发展给予全方位的关注;教师指导的对象不仅仅是婴幼儿,更重要的是家长。教师不仅是教养者、培训者,也是家长的朋友、教育的合作伙伴。同时,教师在面向社区服务和进行社区学前教育的实践中,作为全职教师和教育的社会工作者角色,要有向社会宣传早期教育的责任意识和具有做社会工作、与人交往和组织协调的能力,这就要求教师树立开放的教育观念,适当调整或转换角色,能够发现和发掘各方面教育资源,成为担当多种角色的社区学前教育工作者。

2.具备较强的做家长工作、与家庭建立支持性关系的能力。教师要具体了解家庭教养情况,注意与婴幼儿的家长沟通和交流,要具备和婴幼儿及其家庭建立支持性关系的能力。要善于挖掘家长的教育资源,提供时间和空间让婴幼儿家长之间相互沟通、相互影响。教师应该有一定的育儿经验,能和家长产生共鸣,同时又具备专业的教育知识以更好地指导家长。

3.增强为社区服务的意识,在实践中研究亲子教育问题。教师要做学前教育的社会工作者,就需要增强为社区服务的意识,明了教育对象不仅包括进入早教基地的孩子及其家长,还包括社区散居儿童、家长及社区公众,要根据本社区的实际状况形成具有特色的亲子教育指导模式。

4.教师要注重在实践中发现问题，有进行亲子教育研究的意识，以便真正掌握婴幼儿的年龄特点，使教育内容和组织形式符合儿童的身心发展特点和教育规律。同时要注意结合实践，学习和研究家庭教育的特点和规律，积极探索与家长沟通的策略方法，掌握个别差异，因材施教，不断提高早教基地活动的质量和效益。

（三）注重教研活动，进行园本培训

教师在担当早教基地工作之前要进行职前培训，做好一定的知识技能的准备来履行职责。比如，初步掌握有关0～3岁婴幼儿发展特点和实施保育教育的基本要求、家庭教育的一般特点，并对开展社区早期教育的意义及其他相关情况有所了解。

立足岗位的教研即所谓的园本培训，对于切实提高早教基地活动质量及教师的实际教育能力，具有更加重要的意义。早教基地在面向对象、教育活动方案、活动组织形式等方面都有着与幼儿园不同的特点，需要在实践中不断探索。作为一线教师，他们在和家长接触、了解家庭的教育需求以及组织教育活动的过程中会出现一些问题或困惑，这些都是职前培训不可能涉及的。这就要求早教基地定期开展教研活动，进行园本培训，帮助教师反思自己的实践和行动，反思教育内容及组织形式，反思教育活动设计与孩子的适宜程度和对儿童整体经验的影响作用，以及对家长的启迪作用等。通过反思，了解亲子教育活动的实施现状和质量水平，发现需要改进的问题，明确下一步的目标，提出改进措施。比如，有的早教基地教研的时间为每周一中午，研讨内容每次都包括对上次活动的总结（包括教师说课、评课活动）、对下次活动的设计、对近期开展工作的梳理、教师理论知识的学习等。

可见，开展教研活动不仅可增强教师的实际教育技能，还有助于提升教师的教育理念，增强教师服务社区的责任意识。

四、跨部门管理机制：相关力量的整合与社会外部支持系统的建立

研究表明，幼儿园附设早教基地，可以使园所集中的教育资源为社区共有、共享，同时可发挥专业教育机构及其人员的辐射作用，使早期教育的覆盖范围扩大到社区内所有家庭，包括有特殊需要的家庭及婴幼儿。通过开展早教基地活动，也有益于使专业的幼教机构增强与社区的认同和增强服务意识，面向社区，开放办园，逐渐成为具有地域特色的社区早期教育基地。

幼儿园附设早教基地突破了正规幼儿园教育的形式，具有较强的社会性，早教基地要真正发挥社区早期教育基地的辐射作用，需要其所处社区及相关职能部门（如教育、卫生、民政等部门）的支持。

目前，社区学前教育的开展和管理多限于教育系统内部。鉴于计划经济的行政体制存在条块分割现象，各部门不明确自身的工作职责，部门之间、部门内部之间缺乏必要和有效的协调与沟通，缺少明确的工作计划。而非正规教育关系到社会的方方面面，仅仅由教育职能部门承担的垂直型管理难以胜任，因此迫切需要建立一种跨部门的管理机制，加强管理的横向联系，探索街道社区的管理职能。社区学前教育的开展对现有的管理体制提出了挑战，政府各相关职能部门必须改变各自为政、扯皮推诿的状况，政府应作为一个整体发挥作用，整合行政资源，提供有效的外部支持。

（一）强化社区管理功能

街道办事处是我国现行城市管理体制中的终端管理机构，具有作为区人民政府派出机构的法律地位，是城市社区中最基层的行政组织。社区通过其下层群众组织——居委会，能够充分了解居民的需求。从这个意义上，街道办事处可以说是联系上一级政府和老百姓的桥梁与纽带。随着经济体制改革和幼儿教育社会化，社区对幼教的管理功能应当得到强化。

目前迫切需要树立大教育观，破除"搞学前教育是幼儿园的事"的错误观念，社区要将学前教育作为社区建设的一部分和作为自己的职责范围，将面向散居儿童的各种形式的社区学前教育纳入社区服务体系，把社区教育发展列入自己的工作计划和议事日程中。

社区早期教育的综合性和途径的多样性决定了其组织管理的特殊性。比如，了解社区内3岁以下儿童的基本状况和家庭育儿需求，使家长了解早期教育的多种服务形式以供选择，利用社区教育资源开展科学育儿的咨询等活动，以及提供部分经费和人员的保障等。这些问题不是教育部门单方面所能解决的，需要在社区的协调下，得到卫生部门、妇联、各驻地单位等的大力支持。社区要注重提供信息服务，在早期教育的供需之间建立联系，促进正规教育和非正规教育之间的互动和影响。街道办事处作为社区早期教育的责任主体，要发挥统筹协调作用，寓管理于服务之中。

1.把社区学前教育纳入社区服务体系。在对本社区学前教育需求和现状全面了解的基础上，结合社区建设制订本社区学前教育发展计划，创造有利于学前教育发展的社区环境。

2.密切基层各部门（如妇联、妇幼保健、民政、计生等部门）以及驻社区各单位的联系，就社区教育定期沟通情况，协同配合，研究和解决问题。

3.整合各类资源并综合利用。社区里蕴涵着丰富的教育资源，要通过社区的统筹协调，将分属于不同部门的资源加以整合，发挥整体效益。

4.建设社区学前教育队伍，开展社会动员和家庭教育宣传，组织志愿者提供义务服务。社区教育队伍的构成要"专兼职结合，兼职为主"，志愿者在社区教育中是一股很重要的力量。社区教育的开展要注意采取多种形式，吸引整个社区参与，特别是要激发家庭与社区公众参与教育的积极性，进而发动并形成社区志愿者行动，将自发、分散的行为组织起来，充实并壮大社区教育工作者队伍。

5.探索社区学前教育的有效措施，在扶助弱势群体家庭子女接受学前教育、提供平等的受教育机会以及社区早教中心收费等方面，积累经验，为相关政策的制定和完善提供依据。

（二）教育行政部门的督导服务

学前教育逐步实现社会化是我国幼教发展的方向。这就需要教育行政部门转换职能，走出对学前教育的垂直管理体系，走出单纯就教育系统自身的角度进行行业化管理的形式，将专业化管理与社会化管理相结合，加强与相关部门的协调，发挥综合管理职能，使学前教育更好地适应和服务于社会经济发展，获得广泛而深远的社会效益。

教育行政部门一方面要在政府领导下，依据学前教育事业发展方针和地方实际，拟定本地区0～3岁早期教育的发展规划和政策，另一方面对于早教基地这个新事物，需要研究制定相应的督导与管理办法。一是加强调研，制定相应的管理措施和政策，对早教基地这类非正规教育所应具备的环境条件、设施水准、开办者及保教人员的知识和素质要求适当规范，促使其健康发展。需要强调的是，教育行政部门在制定督导标准时，在保证基本的安全卫生、环境条件、人员资格的条件下，条件要尽量宽松，允许各早教基地有不同的探索，而不宜简单划一。二是教育行政部门要注重与有关部门协调配合，对0～3岁亲子教育指导者进行专业或准专业资格认定，使之既具有广泛社会知识，又掌握0～3岁早期教育及家庭教育的特点，要探索有效的早教基地师资培训工作机制。

教育行政部门要与社区协调配合，与社区各相关部门定期沟通，加强对各类早期教育机构的管理和指导。教育部门要发挥专业优势，对各类早教基地提供一定的业务支持，建立0～3岁教养的教研管理网络，促进早期教育质量不断提高。

（三）探索跨部门的合作机制

学前教育的综合性决定了政府各职能部门之间合作协调的必要性。2003年3月，国务院转发教育部等十部委联合印发的《关于幼儿教育改革与发展的指导意见》，提出要进一步完善幼儿教育管理体制和机制，加强有关部门的协调配合。

从我国的现实出发，发展社区早期教育，必须突破计划经济条件下对幼教管理和责任归属仅为教育部门的管理状况，相关各部门要协调配合，建立跨部门合作机制，如此才能优化教育资源配置，提高教育投入的综合效益，发挥学前教育的整体功能。

建立跨部门管理机制，各职能部门必须明确在发展社区学前教育中各自应履行的职责，配合协作，从而形成一个有机的综合管理体系，创设支持性外部环境，推动社区早期教育的发展。

1.教育部门要与社区文教、街道妇联协作，组织指导0～3岁婴幼儿的看护人，开展培训、讲座、咨询服务等活动，并协助组织社区学前教育志愿者，充实社区早期教育指导人员队伍。

2.卫生部门和社区医疗站要做好婴幼儿保健指导，组织医务工作者为0～3岁婴幼儿卫生保健、科学喂养等方面提供服务。

3.物价部门要加强早教基地收费的监督和管理，指导成本核算，使早教基地能有效经营运转和确保家长作为消费者的权益。

4.计生部门要结合计划生育工作，对孕妇（即准妈妈）和0～3岁婴幼儿及其家长进行有关优生优育、科学育儿、健康喂养指导。

5.民政部门负责对社区残障儿童及其家庭、低收入家庭接受学前教育提供康复和育儿援助服务，并研究制定相关的扶助政策。

各部门的配合合作应建立在共同目标和共有责任的基础之上。建立合作机制要有必要的组织活动形式和相应的制度保障，比如，建立健全定期沟通制度、社区学前教育联席会制度、社区例会制度等。同时，还要注重广泛宣传，向社会公众传播有关科学的早期养护和教育的观念和方法，营造起全社会共同关心、共同支持社区早期教育的氛围。

社区早期教育无论是在教育资源、途径方法方面，还是在目的、效果上，均有不同于以往正规机构教育的深远意义。开展社区学前教育需要联合各部门，充分发掘社区资源兴办学前教育，同时更好地发挥正规学前教育机构服务、辐射、影响社会的功能。

学前教育实施"地方负责，分级管理，有关部门分工负责"，在现有的管理体制框架下，开展社区早期教育，建立跨部门合作的综合管理方式，可以考虑如下思路和工作方式：地方即区县政府作为责任主体，在地方即区县一级建立跨部门领导工作小组，由政府的主管区长或县长任组长，各职能部门相关负责人为组员，进行有关社区教育的规划决策，促进各职能部门协调合作并整合行政资源，研究开发相关的政策，创设支持性外部环境；街道办事处作为主要执行者或直接管理者，在街道办事处一级设立由主任、职能科室和驻街单位组成的联席会制度，负责社区教育的统筹协调和资源整合；教育行政部门设视导员派驻街道或定期联系；幼儿园则作为专业幼教机构发挥社区教育中心等作用，建立早期教育共同体，形成社区教育服务网络，使社区早期教育能够覆盖社区内每一个家庭和儿童。

早教基地作为社区非正规早期教育模式，其发展离不开社区相关部门的综合协调。但是，如何实现幼儿园与社区双向互动、相互促进，如何发挥社区在早期教育中的职责和功能，如何动员、调动积极因素，协调整合多种教育力量和资源，提供外部支持，以及政府如何创设适宜的社会支持系统和建立完善相关政策等，仍有待于进一步深入研究探索。

附

北京市东城区0~3岁社区婴幼儿
早期教育管理与指导初探

北京市于2002年正式启动了社区儿童早期教育基地项目，开始全面推进面向社区、家庭开展0~3岁婴幼儿早期教育工作。7年来，北京市东城区积极贯彻落实国家、北京市的精神，结合区域实际，明确提出了"全覆盖、零拒绝"的早教工作思路，建立有效的管理与指导机制，以推动早教工作持续发展，满足社会和家长的多元需求，让更多的儿童享有接受优质早期教育的机会和条件。

一、构建覆盖全区、多层次的优生早教公共管理机制与服务平台

东城区是首都中心城区，文化底蕴深厚，根据其老园多、名园多的特点及人文生态环境现状，东城区充分发挥政府部门在社区早期教育中的主导作用，加强宏观统筹规划，本着合理布局、资源整合、发挥效能的原则，以10个行政街道为基本单位，以每个街道的示范园和双一园为龙头，自2002年至2008年，建立了14所北京市社区儿童早期教育示范基地及1所区级社区儿童早期教育活动中心。此外，由区计生委牵头，以东华门幼儿园、新中街幼儿园、林业局幼儿园为试点，建立准父母培训站，制订了东城区优生早教大课堂行动方案和培训课程。通过以上方式，基本形成了覆盖全区的多元、多层次的优生早教服务与指导管理网络，最大限度地为辖区内广大婴幼儿家庭和准父母们提供了全方位的教育、保健、营养等方面的指导。

在此基础上，东城区强化对早教工作的三级管理，根据地域、资源分布情况，把全区中小学和幼儿园划分为五大学区，充分发挥学前教育在终身教育体系中的基础性作用，体现学前教育机构独特的优势，为早教工作的深入推进提供更广阔的发展空间和条件。在调查、了解五大学区内散居儿童的数量和分布情况的基础上，把五个学区再划分为几个小片区，实行片区合作化管理。教委明确了各

早教基地的职责、目标和要求，细化片区管理细则，采取由市、区级社区早期教育基地牵头组织、集体合作、分工负责的方式，共同承担本学区内所有0～3岁散居儿童早期教育的任务，逐步形成以学区为平台和以社区为依托的区、片、园三级管理机制。

为了给广大家庭提供更加便捷的服务、多元的选择，东城区在全市首推了《社区婴幼儿家长服务指南》及五大学区《早教月报》，全面介绍东城区各早教基地的分布、地址、活动时间、活动内容，集中反映各基地的工作特色和成功经验，让科学的早期教育真正走向每个社区、走进每个家庭，使每一个儿童都能享有平等接受优质早期教育的机会和条件，受到社区和家庭的普遍欢迎。几年来，全区婴幼儿受教率和家长科学育儿水平得到了较大提高。

二、注重宏观指导与日常质量监控，促进早教工作规范化

为了使早教工作获得持续健康发展，东城区教委注重对基地园常态化工作的指导与质量监控，先后开展了两轮早教管理档案资料展评交流活动，通过对案例进行深入的剖析研讨，进一步规范、完善早教工作的有关制度及业务档案，做到在规范的前提下，不断创新，形成各自特色。我区在各早教基地园修改完善管理资料的基础上，区早教研究小组又进行了深度交流，初步确定了必备的10项早教制度、11项早教管理资料及4类相关人员职责，使早教制度做到具体明确，可检可测，早教资料能够体现规范性、高质量的工作过程。

此外，我区坚持例会研讨交流日（每学期早教大组、小组各活动两次），由学前科牵头，各组组长负责确定活动主题和内容，做到"我的活动我做主"，以激发教师们在日常工作中自主研究的动力和习惯。通过学习研讨、实践点评、观摩互动等形式，促进教师更新教育理念，交流分享教育策略，提高常态化工作的质量。如教师们针对早教活动的组织与活动设计等有关热点、难点问题展开研讨，共同归纳整理0～3岁亲子游戏活动设计300多例，准备编辑出版《东城区亲子活动教材集锦》。

三、开展不同层面的早教研究，探索科学方法和有效策略

通过几年来的探索与实践，我区主要采取了以下教研方式。一是专家专业引领，提升早教水平。以北京市名师工作室为依托，借助专家资源，开展早教模式、家庭育儿困惑解答及指导家长策略等相关专题研究，积累成功的经验及案例。二是跨园联合教研，凝聚团队智慧。我们引导干部教师树立区域发展的整体观、合作共享的资源观，集结园所教育资源优势，形成团队协作的合力。比如，在东华门学区成立了"教育组"和"保健组"。"教育组"由学区内4所基地园教师组成，以提高教师面向婴幼儿家长开展服务与指导的实践能力为重点；同时，针对0～3岁婴幼儿家庭教育中存在的共性问题进行研究，提出具体的指导策略和教育方法。"保健组"由学区内4所基地园保健医组成，主要职责是为家长提供科学养护孩子的参考指标和具体方法。每学期，"教育组""保健组"共同制订学期教育计划及活动日程安排，定期研究活动内容方法和手段，由东华门幼儿园负责与东华门社区街道办事处文教科联系，将活动安排下发到社区居民手中。又如，安定门学区成立了"蒲公英互助小组"，根据不同园所的硬件条件及教育特色，开展各具特色的早教活动，学区内所有散居儿童家庭可根据需要，自愿参与不同的早教活动，使优势得到了互补、互通、共享。总之，跨园联合教研的方式，发挥了各园人力资源的最大效益，形成了早教基地活动各异、互为补充的整体格局。

随着北京市0～3岁早教工作的快速推进，我区将结合区域特点和实际，进一步完善管理机制，充分依托学区化管理平台，深化研究，不断实践，创新方式，打破园际间、部门间的壁垒，促进多部门合作、多资源整合融通，最大限度地发挥资源效益，形成更具活力的持久的促进婴幼儿健康成长的人文生态环境，为构建终身教育体系、为人的一生发展奠定基础，为让更多的家庭和婴幼儿能享有优质的早教指导与服务而努力。

（北京市东城区教育委员会学前教育科　吴瑞华）

透视《0～3岁婴幼儿家庭教养状况》, 提高海淀区社区家庭早期教育 指导水平的策略研究

一、背景分析

婴幼儿的成长是在与周围环境的相互作用中进行的。家庭是婴幼儿最早接触的社会环境，父母则是婴幼儿的第一任启蒙老师，父母的教养观念、教养行为和教养水平直接影响着孩子的发展。自2001年北京市颁布《北京市学前教育条例》并提出"倡导和支持开展3周岁以下婴幼儿园的早期教育"以来，海淀区认真贯彻国家、市、区相关文件精神，积极探索适宜婴幼儿成长的早期教育发展之路。尤其在探索转变家庭早教观念、提升家庭早教育儿水平方面，我区尝试开展了大量的实践探索，如开展家庭教育宣传工作，让科学的早期教育走进千家万户；开展有针对性的家庭教育指导，如入户指导、个案跟踪咨询等，加强对个别婴幼儿及看护人的指导；成立区"0～3岁儿童社区早期教育研究"课题小组，开展0～3岁儿童早期教育模式及指导策略的研究；成立"早期教育工作室"，培养一批专、兼职的早教名师队伍等，初步形成了全区普及化的早教网络，营造了良好的社会氛围，获得了较高的社会效益。

二、调研目标

本次调研旨在调查分析海淀区部分婴幼儿家庭教养现状的基础上，了解家长对婴幼儿早期教育的认识程度、家长的育儿观念和育儿行为，以及海淀区早期教育发展的整体状况和发展水平，进一步提出海淀区区域推进0～3岁早期教育工作发展的建议，提高家庭科学育儿水平，促进0～3岁婴幼儿身心和谐、健康快乐地成长，推进海淀区婴幼儿早期教育工作的可持续发展。

三、调研对象及内容

此次调研共选择了海淀区中心城区和城乡结合部及乡镇的20个市、区级早期教育示范基地（包括部队办园、机关和科研院所办园、农村乡镇中心园、民办幼儿园等各种类型）所覆盖的20个社区的200个0～3岁婴幼儿家庭，共发放调查问卷200份，回收问卷199份。其中，3岁以下婴幼儿家庭179个，3岁以上家庭20个。

调查内容依据2006年的调研内容及海淀区前期开展早期教育的研究成果，在对比分析的基础上，确定了问卷所涵盖的4个方面的内容：婴幼儿家庭基本情况及家庭教养方式，幼儿园提供早期教育服务的基本情况，家长的教育观念及对0～3岁早期教育的理解与需求，家庭教育中存在的问题及教育的需求。

从调查分布地区和参与调查的人群分析，此次调研能够充分代表海淀区早期教育的整体状况及家长的育儿观念和教育水平。

四、研究结论

（一）区域内0～3岁婴幼儿家庭教养状况出现了可喜的变化

1.婴幼儿家庭早期教育的主体发生了根本性的转变，由过去的祖辈教养转变为以母亲教养为主，父亲逐渐成为婴幼儿家庭教养的主体之一。

在被调查的0～3岁婴幼儿家庭中，父母学历普遍较高，父亲、母亲是大专以上学历的家庭占调查总数的94%。家长充分认识到父母在婴幼儿身心健康发展中的重要作用，并成为婴幼儿教养的主体。其中，近80%的家长认同早期教育主要应由孩子的父母承担，仅有15%的家长认为早期教育应由专门的教养人员承担，6%的家庭认为应由祖父母承担。由于有了对早期教育重要性的认识，家庭教养的主体也随之发生变化，65%的家庭中母亲成为婴幼儿的重要教养人，有32%的家庭父亲是主要教养人，只有少量的家庭婴幼儿由祖辈和保姆带养。父母亲更加重视亲子关系的培养，家长每天能把自己的时间毫不吝惜地给孩子。调查中，家长与孩子在一起的时间平均每天达到4小时以上的家庭占总数的79%以上，达到1～2个小时的家庭占21%，这也充分说明了家长对婴幼儿早期教育的关注程度。

2.家庭中父母的教养观念发生了可喜的变化。

家长已开始认识到孩子的教育应当从有生命的时候开始，越是早期的教育，对一个人的影响就越大。比如，23%的家长认可教育应从0岁开始，仅有0.5%的家长选择早期的教育从3岁开始，0～3岁婴幼儿不需要接受正规教育。

在教育过程中，家长们改变了以往把早期教育等同于智力开发、凭认知来衡量孩子发育水平的传统观念，重视的比率在逐步升高，更加注重婴幼儿非智力因素的培养。如在对孩子3岁前应具备的能力进行排序时，家长将语言表达能力、与人交往能力、良好的行为习惯作为3岁前婴幼儿早期教育的重点内容，但仍有部分家长忽视婴幼儿自我保护能力以及情绪情感的培养。

家长逐步认识到自身在婴幼儿早期教育中的重要地位，其角色也由过去以教育子女为主，转向以父母自我教育为主。有73%的家长认识到父母的教育观在孩子一生健康发展中具有重要意义，而环境因素和遗传因素对孩子发展的影响只是其次；69%的家长认为接受早期教育服务的目的，更多的是提高自身科学育儿的知识和能力。

3.父母的教养方式和教养行为发生了转变。

随着区域内早期教育工作的普及，大多数家长已改变了过去高压式、放任式的传统教育方式，其教育方式和教育行为发生了根本的转变。家长们能从孩子角度去分析和考虑问题，做到尊重孩子、关爱孩子，采取有效的方式教育和引导孩子，和孩子平等相处。被调查家庭中，在对孩子进行早期家庭教育的过程中，70%的家长能采取赏识教育，但仍有20%的家长采取顺其自然的教育方法，仅有5%的家长采取强制性教育方式。当孩子遇到困难时，77%的家长采取适当引导，与孩子共同解决问题，20%的家长采取让孩子自己尝试解决问题的方式，4%的家长采取代替解决的方式。

（二）农村乡镇地区家长充分认识到早期教育的重要作用，教育观念、行为与城镇地区差异不明显

近几年来，随着教育体制改革的不断深入，海淀区早期教育逐步从城镇向农村地区辐射，农村地区的早期教育也得到了一定的发展。本次调查中，我们选取了苏家坨镇和西北旺镇部分参与早期教育亲子活动的家庭，从调查结果分析来

看，农村地区家长的育儿观念、育儿水平与城镇地区差异不明显。比如，"增加与同龄婴幼儿的接触机会，提高自身科学育儿的知识与技能"，成为农村乡镇家长参加早教服务的主要目的。重视早教过程中父母的教育作用，父母成为孩子的主要教养人，比如，52%的家庭母亲是孩子的主要教养人，26%的家庭父亲是孩子的主要教养人。教育观念与教育行为也更多地采取赏识教育，注意适当引导，与孩子共同解决问题。

（三）家长对学前教育机构寄予了极大的信赖与期望

在对家长进行"您认为婴幼儿早期教育需要哪些部门的指导"的调查中，我们发现，家长普遍将教育部门、幼儿园作为早期教育的主要机构，并寄予了极大的信赖与期望。比如，在"您为孩子选择早期教育机构时，会考虑哪些因素"时，68%的家长选择了师资水平，34%的家长考虑园所品牌，26%的家长考虑环境安全；在"幼儿园亲子教育哪些方面让您满意"时，50%以上的家庭都对教师队伍素质、服务态度、教育质量、习惯的养成培养比较满意，但对婴幼儿的生活护理、对家长科学育儿的指导等方面满意率较低。家长对幼教机构的评价，也使我们能更加有的放矢地实施0～3岁婴幼儿的早期教育，为如何给0～3岁的婴幼儿家庭以科学、有效的指导提供了可资借鉴的依据。

（四）家长对科学育儿指导的需求仍很迫切

作为年轻的父母，大多要经历先做父母、后学习教育孩子或者边做边学的过程，这就需要对家长进行系统培训。但从调查中我们发现，家长获取早教育儿知识的渠道较为单一，如，57%的家长育儿知识与经验主要来源于书刊杂志，其次来源于幼儿园的亲子教育与电视广播等，75%以上的家长对专家讲座、家教咨询、妈咪俱乐部等满足学习和交流需要的形式需求较大。另外，家长也缺乏对科学育儿知识的系统学习，虽然区域内早期教育的普及工作带来了家长教育观念的变化，但家长仍缺乏必要的教养知识和正确的教育方法，无法完全及时地将早期教育的观念转化为科学、适宜的家庭教养方式，教育中的矛盾与困惑仍困扰着一些家庭，家长对科学育儿的指导需求仍很迫切。比如，部分家长仍存在对婴幼儿"自然成长"认识的误区，对孩子的早期发展抱着"树大自然直"的态度，让孩子"放任自流"；家庭成员中几代人在教育问题上存在着分歧，对孩子成长过程中如何给予恰到好处的指导方面还存在很多疑惑和不解等。

（五）亲子教师指导家长科学育儿的能力有待进一步提高

在调查中，家长对亲子班教师能力的普遍评价为：教师具有较强的教育活动组织能力、与家长沟通的能力和运用教育策略的能力，但指导家长科学育儿的能力、随机教育引导能力和观察发现问题的能力还需要增强，缺乏婴幼儿个性问题的指导能力等。

五、建议和措施

（一）拓宽宣传渠道，加大宣传力度，使全社会都来关心0～3岁早期教育，并通过多种途径系统地向家长传播科学育儿方法，使之树立现代育儿理念

1.区域内政府及早教机构应充分挖掘各种资料，拓展渠道，开展早期教育的宣传、指导与培训。

开展早期教育宣传。一方面需充分利用电视、广播、网络信息等媒体，对婴幼儿早期家庭教育的重要性及育儿理念和方法进行宣教；另一方面要以社区为依托，利用社区有利资源，设置亲子教育宣传栏、咨询热线、运动中心等开展早教宣传工作，拓宽家庭接受早教知识的渠道，帮助初为父母的家长及时掌握现代育儿的新理念、新方法。

开展多种形式的教育指导。开放社会教育机构，如影剧院、图书馆等场所，发挥娱乐和教育的双重功能；开办家长学校，并将早期教育内容纳入家长学校课程，为家长提供早期教育知识，帮助家长树立正确的教育思想，掌握一定的教育技能。

2.建立专家资源库和早教信息资源库，并通过有效的机制，组织专家、学者、亲子教师等，通过教育讲座、咨询、专题讨论、现场辨析和指导等方法，让家长通过知识的学习和亲身实践掌握育儿的知识和方法，并在咨询活动中解决育儿中的困惑和难题。

3.加强对社区早期教育服务人员能力的培训，不断提高服务质量。探索提供满足不同人员（0～3岁孩子的看护者、教育志愿者、社区管理人员等），针对不同知识结构的、不同文化水平的参与婴幼儿教育的多种人员进行培训和指导。

（二）加强对早教师资的培训，建立一支早教专业队伍，提高家庭教育指导能力

1.加强早教师资的培训。

除开展岗前培训外，要重点加强早教师资的岗中培训。扩大培训的内容，开展包括儿童生理与心理、营养卫生保健、家庭教养策略等相关知识的培训。完善培训的形式，将系统培训与应需培训、专业培训与在岗轮训、专家引领与自身实践相结合，促进教师实现教育理论与实践的融合，提高育儿水平和家庭教育指导能力。

2.提高教师教育研究的能力。

通过开展有效的园本教研和区域内专题性的教育研究等，帮助教师将理论与实践有机地结合，把握婴幼儿生理与心理的发展规律，明确婴幼儿早期教育的目标、内容和方法，学习对婴幼儿家长科学育儿指导的策略，丰富开展社区工作的经验，确保婴幼儿早期教育的科学性，促进婴幼儿健康、快乐地发展。

3.加强专业交流和资源共享。

进一步完善区域内各示范基地之间、教师之间、社区之间以及各社区卫生服务中心之间互动交流的联系网络，定期开展多层面、多形式、有主题的互动活动，实现早期教育工作的区域联动，构建问题共同研讨、经验相互分享的和谐发展氛围。

（三）开展有关家庭教育指导方面的实践研究

1.开展社区早期教育服务模式实践研究。

在了解社区对早期教育需求的基础上，充分利用各种社会资源，开展多元化、多渠道的社区早期教育服务模式实践研究，探讨社区早期教育的策略和途径，提高0～3岁散居婴幼儿的受教育率，达到资源共享的目的。

2.开展婴幼儿成长个案及婴幼儿及看护人个性化指导的实践研究。

利用区域内"海淀区早期教育工作室"这一研究机制，研究制定0～3岁不同年龄阶段婴幼儿成长阶段的观察工具和指标，并针对家庭中婴幼儿成长中的问题，进行有针对性的个案研究。

3. 开展区域内的政策法规研究。

包括促进区域内0～3岁婴幼儿早期教育发展的管理体制、0～3岁婴幼儿的机构与家庭、所在社区合作互动的模式、教养机构和社区服务网络联动机制、专业教师培养和培训机制等，为制定相应政策、法规提供调研报告和实践依据。

（四）建立海淀区早期教育家庭指导工作的评估督导制度

通过制定《海淀区0～3岁早期教育家庭指导工作质量评价标准》，针对海淀区早期教育工作推进状况，编制家长受教育率、早教指导覆盖率、婴幼儿入托率、指导者培训率、家长满意度、家庭教育指导的实效性等评价指标。通过"评估—指导—发展—评估"机制的建立，有效地提高早教机构对家长科学育儿水平的指导能力，推进区域内早教服务向科学化、规范化和专业化方向发展。

（五）发展多种形式的早期教育模式，提高早教服务质量

发展多种形式的早期教育，形成多样化、专业化、网络化、低成本的早期教养服务网络。一方面充分发挥区域内现有幼教机构和亲子教师的作用，拓展社区服务功能；另一方面加强区域内各职能部门的协同合作，充分利用社区的公共文化设施、家长和社区志愿者资源，形成由正规的幼教机构、非正规的教育（如家庭游戏小组、巡回教育点、社区儿童活动中心、玩具图书分享中心、家长俱乐部等）以及社区内的教育、心理、健康保健等专业人员参与的，有多种内容和功能的幼儿教育服务网络，为生活在社区里的每个家庭和婴幼儿提供不同需要的、具有专业化水平的早期养育和教育服务。

（北京市海淀区教育委员会学前教育科　张凤华　杨宝玲　巨光玲）

密云县农村地区婴幼儿早期教育工作的实践与探索

密云县地处北京远郊，80%以上为山区，0～3岁婴幼儿6000多名，分布在18个乡镇、324个行政村。经过多方信息采集，走访家庭，我们了解到每个乡镇有一部分自然村虽然仅有0～3岁婴幼儿几名到十几名，但却分布在沟沟岔岔，辐射面积相当大，到距离村子最近的幼儿园也要20多公里，监护人、看护人教育孩子的观念及方法不容乐观。因此，根据密云县地区的现状，探索适宜的早教活动方式及方法势在必行。

一、根据现状探索适宜的早教活动方式

2006年12月，我县早教指导中心改装了车辆，整合了优质的教育资源，从城镇幼儿园选派出具有丰富经验的早教指导教师、保健医，在全县18个乡镇推出了"早教大篷车"送教下乡活动。一时间，村子里的场院、大队部、村民家中的热炕头都成为了我们活动的场地。

（一）唠嗑

我们来到了密云县最北部山区不老屯镇，看到了带养婴幼儿的看护人几乎都是隔辈人。由于交通不便，这些老人一年到头很少进城，一个月很少出山，再加上有的沟岔收看电视、收听广播都很困难，家长育儿观念陈旧，育儿知识极其困乏。

比如，张大妈家有一个2岁多的孙女，孩子一出满月，父母就外出打工，很少看见大妈带着孙女出来。于是我们"早教大篷车"一行人员带着玩具、画册来到了张大妈家，孩子见到我们便一头扎在奶奶的怀里，眼睛也不抬一下。大妈对我们说："这孩子跟我在家什么都说，越是有人越不给你争气，都成哑巴了，出去就更别提了，真是气死人了！"我们坐在大妈的炕上，唠起嗑来。大妈讲起了她的育儿观：孩子的父母不在身边，我把孩子看好不出事，吃得胖胖的，儿子、

儿媳回来肯定高兴，带出去万一有点什么事，我的罪过可就大了。张大妈孙女出现这种状况的原因找到了，我们和孩子一起玩了起来，摆弄玩具，讲图画书，孩子由开始搂着奶奶的脖子，到后来坐到了我们的怀里，由开始不抬眼，到后来和我们一起看画报，高兴之余还拍起了小手。虽然到我们离去，孩子也没有说话，但张大妈笑了，从孩子的眼神、表情也可以看出，孩子慢慢地已经接受我们了。

张大妈的育儿观，反映出农村的普遍现象，我们及时将这种育儿观导致孩子出现的状况罗列出来，并分析长此以往会出现怎样的后果整理成册，由妇联干部发放给有需要的家庭，慢慢地来转变家长的观念。

（二）自选玩具

我们的"早教大篷车"上装满了适合0～3岁各个年龄段婴幼儿操作的玩具、阅读的图画书、布书、塑料书，每到一处你都会看到家长、孩子兴奋地围在车旁挑选。

70岁的老人带着3岁的孙子手里摆弄着叫不出名字的雪花、螺旋、磁力等积塑，嘴里不断地唠叨着："城里的孩子就是幸福，这些咱们可都没见过。"年轻的妈妈和自己的宝宝在随意翻阅着丰富多样的图画书，也在不停地自言自语："我们不是舍不得买，关键是买回来孩子也不愿意看。"听着这些朴实的话语，我们开始了面对面、一对一的交流：我们和老人、孩子边一起玩边告诉他们，玩这些是发展孩子哪方面的技能，最重要的是利用我们农村哪些现有的材料也能达到这些目的；对那些抱怨孩子不愿看书的妈妈，我们给她讲清什么样的图书最适合这个年龄段的宝宝，讲书时速度、语气、表情应该怎样才能吸引宝宝。每次活动结束后，都会有孩子抱着我们的腿，不愿意让我们走，家长们也会用期盼的语气问我们什么时候还来。

（三）亲子游戏

农村家长因为地里农活忙或缺乏育儿意识等原因，很少抽出时间同孩子一起游戏，因此组织亲子游戏也是我们"早教大篷车"送教下乡的一个重要环节。

届时，有条件的家长会开着手扶拖拉机、骑着自行车赶往我们活动的地点。我们的早教指导教师会根据不同年龄段婴幼儿的特点、发展指标开展一系列的活动，如锻炼宝宝小手灵活性的撕纸、穿珠、粘贴等游戏，锻炼宝宝身体协调性的小背篓、小袋鼠等游戏，每到最后进行的彩虹伞游戏，都会把我们的活动推向高潮，教师、家长举起彩虹伞高高低低、转来转去，孩子在伞下、伞外来回穿梭，躺在伞上尽情地滚来滚去，既锻炼了勇敢的精神，又提高了躲闪的技能，还增进了和家长之间的感情，难怪家长们会乐此不疲地说："我们的娃娃也玩上了城里孩子玩的东西。"

（四）现场讲座

我们的"早教大篷车"送教下乡还有一个内容就是讲座。以前我们会事先准备好讲稿，凡是我们认为有用的就讲给家长听，尽管讲座时间不长，但效果很差，原因是我们所讲的这些理论家长不懂，也不感兴趣。经过反思，我们会根据当天活动发现的问题及时调整讲座内容。如在讲座的过程中，我们发现有的家长怀里抱着的宝宝要撒尿，家长通常会让孩子就地解决；讲座时当我们走进会场，大声地和家长、小朋友打招呼时，出现的情景却是没有人应和我们。于是我们结合现实情况，及时进行孩子养成教育要从小做起、从点点滴滴做起的讲座。家长在哈哈一笑中认可了我们这种讲座方式，觉得非常解渴。

（五）现场释疑

农村家长不论是年轻的父母还是隔辈的老人，最关心的就是自己的宝宝、孙子、孙女的发育问题。我们有经验的保健医，会提前制定一份测评表，对每个孩子进行身高、体重的测查，然后对照正常值对该孩子进行分析，最后给出合理建议。一位家长抱着她1岁的宝宝说："孩子晚上睡觉总是蹭枕头，已经很长时间了，听别人说可能是缺钙，吃了很多钙片和补钙的食物，可最近越来越严重。"我们的保健医及时与县保健院联系，让家长抓紧时间去北京儿童医院检查，因为保健院医生说这种现象有可能是癫痫病的前兆，家长听取了我们的建议，回来后打来了感谢电话："多亏你们的保健医，不然的话真有可能耽误了孩子。"

二、根据现状探索适宜的早教活动内容

在"早教大篷车"巡回组织家长活动的过程中，我们发现，农村地区由于受经济条件和传统育儿方式制约，孩子们大多没有什么玩具。于是，县早教指导中心的老师们和乡镇早教指导教师一起反复研讨，开展了充分利用农村自然资源引

导家长开展早教活动，帮助家长转变早教观念和提高科学育儿水平的研究。

（一）利用农村活动场所，使早教活动清新、自然

农村地区家家都有自留地，广阔的田野野菜颇多，苦麻、落落菜、甜麻、河芹菜等到处都是，每到春天，家家经常外出挖野菜吃。早教指导教师在研讨时不约而同地回忆起自己小时候经常挖野菜，可现在的孩子因家长保护过度，反而减少了与大自然的接触、到大自然中探索的机会，什么都不认识，即使生活在农村也未必挖过野菜、认识野菜，家长普遍认为学校才是学知识的地方，而彻底忽略了自然这个大课堂。于是，我们引导家长带领孩子去亲近大自然，通过孩子的亲身接触来认识我们身边的环境。

高岭镇的早教教师组织家长带着孩子手拿小铲、食品袋或小篮子开展了"挖野菜"活动。为增加孩子活动的兴趣，教师为孩子和家长自编了儿歌："小铲子，尖又尖，蹲下身子挖呀挖，站起来，蹲下去，小铲子翻呀翻，嘴里喊着一二三。"孩子们边挖边说着儿歌，沉浸在无比的欢乐之中。这项活动不仅锻炼了孩子站起、下蹲的动作，还锻炼了他们手腕的力量，同时也培养了他们爱劳动的思想品质。活动后家长反映：我们一直认为教孩子背古诗、学儿歌，才是教育孩子，没想到挖野菜也有这么多目的，可以锻炼孩子这么多的能力，看来以后要多带孩子出来看看。

（二）农村特有的天然玩具，使早教活动新奇、有趣

研究表明，孩子像科学家一样对事物有着强烈的好奇心和求知欲。石头在农村可以说遍地都是，各式各样的石头也能够引起孩子们浓厚的兴趣。因此大城子早教指导教师带领孩子们收集各种石头，回来后进行清洗——消毒——晾晒——涂色。在涂色中家长带领孩子不仅给石头涂上颜色，还画上了漂亮的图案，五颜六色的彩石头便成了孩子们的玩具。孩子们用它下棋、拼摆图形、做游戏，如多和少的游戏、公鸡头母鸡头、小制作、走一走跳一跳等。孩子们活动兴趣高涨，积极参与活动，敢于大胆表现自己。活动后家长说：真没想到我们天天看见的石头竟然有这么多的玩法，老师真是为我们孩子动了很多脑筋呀。通过组织这样的游戏活动，家长认识到：我们身边就有很多教育资源，不一定只有买来的东西才对教育宝宝有价值。

在活动过程中，教师不断启发家长，想一想我们小时候都玩过哪些玩具，做过哪些游戏，家长们茅塞顿开："泥巴。""对，我们农村的泥巴一点儿也不次于城里孩子用的橡皮泥，而且不用花费一分钱。"于是，我们的早教教师便带领孩子们来到小河边玩泥巴。孩子们利用各种器具操作得可高兴了，不一会儿，他们的面前就摆满了各式各样的小玩具。一个孩子在家长的帮助下用泥土捏了一个小山包，上面插了一根枣树上的刺，再把席篾两头插上圆圆的小泥球，骄傲地告诉别的小朋友："等到泥巴干了，就可以让小球在上边转了。"其实这就是我们小时候玩过的游戏。我们又带领孩子将制作的玩具晾干后，涂上颜色。在和家长互动的过程中，家长又开发出了许多新的玩法。

如今，家长在教师的引导下能够利用身边的自然资源和宝宝一起动手制作玩具，如用棒莴制成的抛抛球、用草茎编成的小动物、用杏核磨成的小哨子……孩子们的玩具越来越多，家长的思路也越来越开阔。

三、特别的农事体验，使早教活动充实、独特

玉米成熟了，家家户户院子里都堆满了玉米，这不正是现成的锻炼婴幼儿手部力量、手眼协调能力、培养合作意识的机会吗？于是，北庄的早教指导教师组织家长、婴幼儿来到了农家院，共同参与"搓玉米"活动。孩子们表现出浓厚的兴趣，只见有的孩子拿着一根棒子左看看、右瞧瞧，用拇指和食指一粒一粒地往下抠，等到抠出一条缝后，才有模有样地搓了起来；有的孩子用手的侧面一排一排往下搓，无论哪种方法，当他们的动作由笨拙变得灵活时，自信的笑容出现在每个孩子的脸上。接着，教师给每个孩子一个空瓶子，让他们把搓好的玉米装进去，孩子们的方法也是五花八门：有的孩子用一只手往里装；有的孩子双手捧着往里装；有的孩子用勺子；一个孩子的方法最特别，他先用瓶子直接插入玉米堆中装，装到一半的时候再用手往里装，速度明显快于其他宝宝。这时我们便引导家长：孩子虽然小，但他们也会从生活中总结经验，探索出自己的办法，因此我们家长要利用生活中的一切事物为他们提供机会，让他们在各种事情中培养各种能力。

花生丰收了，巨各庄镇的早教教师通过研讨又挖掘出了利用花生皮开展的

一系列活动："剥花生"锻炼了婴幼儿手眼协调能力，剥出来的花生放在小碗中，让婴幼儿感知多与少，从而达到了认知的目的；剥下的花生米放在密封的小罐中，既可以让孩子作为表演的道具，又可以进行辨别声音的练习，达到了一物多玩的目的。教师又带领家长将剥下的花生皮让孩子用不同的方法弄碎，在家长的帮助下做成沙包，进行向前扔、跑的动作的练习，锻炼了孩子身体各部位的协调性。

其他有特色的活动还有给小鹅采菜、做菜、做饭等发展婴幼儿手眼的协调性，使手指动作更灵活；通过让婴幼儿观察小鹅、喂小鹅，培养他们喜爱小动物的情感，并从中体验到生活的乐趣；通过"我和小白兔做朋友"活动，初步培养婴幼儿爱护小动物和关心他人的情感；等等。通过这些活动，启迪家长善于利用孩子身边喜闻乐见的生活本源作为教育资源，来促进孩子的发展。

总之，真实的生活中往往孕育着最好的教育契机，只要我们充分利用自己的智慧去挖掘身边的教育资源，为婴幼儿提供丰富多彩的探究活动和创作活动，让他们的眼、耳、手、脚、脑都积极地投入活动，他们就会无比的兴奋和欢乐。只要家长们愿意多动脑，我们生活的环境便会成为孩子的欢乐之源、智慧之源。

两年的实践与探索，我们感受到农村家长的早教认识水平、教养观念、教育行为有了很大转变，我们已将这些经验编辑成一系列的乡土教材，在18个乡镇推广使用，还将进一步探索适合农村特别是山区的早教模式，不断挖掘新的教育素材，让大山里的孩子体会到早期教育的快乐。

（北京市密云县学前教育中心　万宝红）

探索适宜农村地区0～3岁科学早期教育的最佳途径

尹家府中心幼儿园坐落在北京市顺义区东南边陲的大孙各庄镇，属于边远农村。随着农村社区的快速发展，家长对早期教育的需求和期盼与日俱增，家长素质、科学育儿能力的提高尤为迫切。我们抓住农村家长需求，结合农村地区特点，创新活动形式，尝试开展了农村地区0～3岁科学早期教育的探索与实践。

一、建立适合农村地区的早期教育宣传网络

工作之初，我镇家长对0～3岁早期教育持怀疑和观望态度的占多数，不能一呼百应。为此，我们争取地区和各级部门的支持和帮助，搭建适合我地区的早期教育宣传网络，最终辐射到各村家长，达到宣传目的。

（一）网络人员构成

地区政府、主管镇长、妇联计生部门、村妇联主任、家长、教师。

（二）网络宣传方式

首先向地区政府争取支持，进行主管镇领导层面的宣传；借助镇领导的协调向各村书记、妇联主任宣传；利用镇中心广播站、各村的大喇叭和村板报向全镇家长宣传；利用农村每周开放一次的集市向家长面对面宣传，在幼儿园附近的集市大力开展宣传工作；教师走进田间地头向家长进行送知识宣传；聘请知名专家为全镇家长进行早教讲座，给家长以头脑冲击的宣传；利用六一儿童节等机会把各村的书记和主任邀请到园里，借机继续宣传，达到从上至下共同关注早期教育的目的；让及时关注变成一种宣传，每学期初从镇妇联调集本年度出生的婴儿名册，为婴儿的家长发一份幼儿园早期教育基地的简介和邀请函，请家长带宝宝来参观幼儿园和参加活动。

二、开展了解农村家长真实需求的指导性调查与研究

为有针对性地做好本地区0～3岁早教服务工作,我们依据妇联计生部门提供的资料,针对社区内16个自然村儿童的出生情况和0～3岁儿童的分布及家庭情况,以及看护家长的基本情况,以行动研究法和观察法为主,以调查法、问卷法、文献研究法、谈话法、经验总结法为辅,通过看护者的年龄特点和文化水平、经济收入、家庭生活环境调查、家长对0～3岁亲子早教认识情况和"对参加亲子活动认识"的问卷调查,来了解看护者对亲子早教的认识和需求。

通过调查我们得知:0～3岁儿童看护者以祖辈为主,看护者的年龄结构较大;看护者的整体文化水平偏低,他们对0～3岁早期教育都比较认可,但对早期教育、亲子游戏感到茫然;一部分家长参与亲子园活动有困难(没时间,天气冷热,收费,路途远,孩子不配合等)。可以看出,农村地区看护者已经在转变对早期教育的认识,但很不均衡,这为我园探索适合本地区家长和幼儿的早教模式提供了重要依据,使农村早期教育的开展更具针对性。

三、在行动研究中不断寻求适合农村特色的早教模式

了解到农村0～3岁家长的真实需求后,我们以亲子园为中心,结合我地区特有的地形、农村农忙农闲的特点、看护人的年龄结构、0～3岁儿童的年龄特点等,创设了多种适宜农村的、免费的早期教育活动模式。

(一)创设适宜农村家长的特色亲子班

农村的0～3岁家庭,由于父辈的家长外出、打工,多数的看护人角色被留守的祖辈们所代替,爸爸妈妈只有在休息日才能和孩子在一起。基于这种情况,我们在幼儿园开设了祖辈亲子班、周末父母班。

1. 祖辈亲子班。

祖辈亲子班就是爷爷奶奶带孩子来参加亲子活动。结合祖辈家长年龄大、运动能力减退,但善于语言交流、愿意自己的孙辈更好地发展的特点,我们开展祖辈活动时采取以下原则:挑选适当的运动量小的亲子游戏,引导家长以语言为主指导孩子;活动中多表扬家长的优点,活动后组织家长交流好方法;针对家长生活中的问题,向祖辈家长宣传祖辈教育如何与父辈教育结合,形成家庭教育的统

一，同时帮助祖辈家长成为早期教育的村内义务宣传员。

2. 周末父母班。

对在工作日不能参加亲子活动的父辈家长，我们开设了周末父母班。结合年轻父母急于让孩子发展，但在生活中缺少对孩子的关注、缺少儿童阶段发展的科学知识的特点，周末父母班主要开展以下活动：在进行亲子游戏的同时给家长讲亲子互动的重要性；引导家长每周观察记录一天孩子的生活、游戏情况，从中引导家长认识0～3岁孩子的不同阶段发展；以分享交流的形式引导家长学习孩子的月龄发展指标；给家长发放"应该关注孩子什么"的系列教养知识，引领家长主动学习。

（二）以幼儿园为中心，开设村级辐射教育基地

为了给因路远而不便来幼儿园参加活动的宝宝和家长提供接受早期教育及指导的机会，我们结合不同的季节不断调整活动时间。冬天一般上午9点到10点适宜；夏天一般上午8点到9点、下午4点到5点适宜。因为在这个时间段，宝宝的生活起居是最适宜的。针对镇内辖区南北较集中的特点，我们分别在幼儿园南、北两个相对位于中心的村建立了两个村级活动站，每月定期活动，让镇内所有适龄儿童都有受教育的机会。

（三）创建农家小院活动基地，开展"串门式"亲子互助活动

农家小院活动基地的创设，能针对宝宝生活的物质和精神环境进行直观的研究与指导，方便本村看护家长的沟通与交流。农家小院活动基地需要在自然村内寻找一个或者两个教育环境较好、场地充足、家中有0～3岁儿童、家长乐于接受并承担志愿者的家庭作为基地，由幼儿园为家庭基地提供部分玩具、图书和活动计划，另一部分由志愿家庭自己提供。

我们针对宝宝第一生长环境、家里的玩具和图书、看护人的教育方法等进行直观的指导和研究，并结合家庭的现有条件和教育资源为家长出招，创设出适宜宝宝发展的环境；开展"串门式"的亲子互助活动，充分发挥每个家长和家庭的教育资源；为家长创造了很好的相互学习、相互交流的机会，使家庭教育资源达成共享。

亲子教师定期到家庭基地进行教研和活动指导，家长志愿者可以灵活组织和

接待其他的宝宝和家长。为给家长和宝宝创造更多的交流机会，我们的家庭基地由起初的两三家发展为几十家，并正向不同层次的适龄家庭扩展，着手帮助改变不同家庭的家庭教养环境，力争把亲子教育研究做到每个适龄的家庭中。

四、创建农村亲子教师的培养机制

我园将0～3岁早教工作纳入发展重要日程，建立了亲子教师上岗制度、培训制度、教研制度、奖励制度；分派教师几十人次外出培训，为教师和家长购进几百册早期教育的图书，使教师的工作实践与理论相结合，以更好地指导家长和宝宝；针对实践工作中的问题定期组织教研，通过理论学习、实践反思、网上互动、交流互助解决工作中存在的问题，支持教师根据园所和地区实际创新活动形式和内容；以教科研为抓手，全面开展农村早期教育适宜模式的研究。

五、挖掘农村本土资源，完善0～3岁亲子活动课程

我园依据"十五"和"十一五"期间的课题研究，不断践行充分利用和挖掘地区教育资源、建构多样化的农村教育实践活动、走适合我园特色的发展之路。

1.通过自主研发亲子园活动和"农家小院"部分活动内容，为教师创设研究、实践新课程的环境，发掘乡土课程资源，形成具有地方特色、符合本地家长和婴幼儿发展的活动方案。比如，在农家小院活动中设计"剥玉米、搓玉米"（适当降低动作难度）活动，指导家长和孩子共同参与。

2.结合农村地区四季分明、农作物春种秋收等特点，春季开展适龄家庭种植、踏青、观察等活动，秋季开展采摘、收获体验活动，走进自家的葡萄园、养殖场、蔬菜大棚。

3.开展幼儿园0～6岁家长自制玩具培训和比赛，利用农村自然材料制作玩具（如葫芦小人、蔬菜娃娃、玉米老鼠、棒骨玩具等），提高家长对身边资源和玩具的教育功能的认识。

4.根据农村农闲和农忙的特点，在春秋农忙季节送教下乡。

六、组建早教志愿者队伍，推动早期教育服务

经过不懈努力，现在我镇已经形成了一支稳定的外围保障队伍。借助于当地政府多年来的支持，依托计生、妇联职能部门自身任务要求和工作角度的优势，我们互相联手积极组建早教志愿者队伍，包括送教到社区教师队伍和社区志愿者队伍（镇领导、妇联主任、社区医生、不同类型家长、当地农民），志愿者队伍在我镇早期教育工作的顺利开展、推动早期教育多种服务的过程中发挥了重要的作用。

作为农村园所，我们还将继续结合农村地区特点，进一步探索、实施适宜京郊农村0～3岁家庭的早教指导模式，不断总结、改进，给予农村适龄家长和家庭切实的指导与帮助，继续践行适合我园特色发展的农村0～6岁托幼一体化工作思路，诠释我们对于0～3岁早期教育工作的一片热忱！

（北京市顺义区尹家府中心幼儿园　张秋燕）

北京市东华门幼儿园
早教基地各项规章制度

一、教育管理制度

1. 教师每月定期集中备课，根据来园婴幼儿的实际水平制订出符合婴幼儿年龄特点的教学计划，并认真执行。

2. 加强对来园婴幼儿的观察，每次活动结束应追记观察记录。

3. 教师应加强对家长科学育儿能力的指导，鼓励家长积极地与婴幼儿共同参加游戏活动，从而体现亲子园教育工作的特点。

4. 每次活动前，教师必须对活动中所需的教具、学具进行认真准备。

5. 亲子活动形式和内容应活泼、生动、有趣和充实，以激发婴幼儿参加活动的兴趣，并通过参加活动得到能力的提高。

二、教师工作制度

1. 热爱孩子，尊敬家长，迎送热情。

2. 认真备课，针对儿童年龄特点明确活动目标。

3. 耐心指导家长采用正确的方法对儿童进行教育，注意控制好活动时间和活动量。

4. 针对不同儿童的性格，采用不同的教育方法，工作态度一视同仁。

5. 认真填写婴幼儿个人成长档案，并定期进行评价分析。

6. 正确处理与家长的纠纷，不与家长发生矛盾冲突。

7. 遵守工作时间，不迟到，不早退，不随意请假。

8. 注意玩具的消毒，防止交叉感染。

9. 活动结束后，负责整理活动室，保持活动室的清洁卫生。

10. 教师之间互相合作，创设愉快的工作环境。

11. 出现问题及时与领导沟通，定期汇报工作。

三、教师教研制度

1.成立早教研究小组，制订科研计划，按照计划定期开展教学研究活动。

2.每两周开展一次早教教研活动（周四下午2: 00）。

3.教研活动围绕教研计划内容学习相关领域理论文章、经验文章，针对问题进行深入研究，并做教研记录。

4.每周早教负责人深入班级一次，针对问题进行剖析指导。

5.积极参加区级、市级及各部门组织的早教教研活动。

四、教师奖惩制度

1.担任早教培训学校工作的教师，享受专门的工作待遇。

2.工作表现突出的教师，期末按学校规定给予奖励。

3.教师在工作中如有教态问题或由于责任心不强，不能胜任早教培训学校工作的，除扣发奖金、津贴外，严重者停职反省，离开早教培训学校的工作岗位。

五、亲子园工作作息制度

1.周末小时班婴幼儿活动时间为每周六上午8: 30～11: 30，半日亲子班婴幼儿活动时间为周一至周六上午9: 00～12: 00；教职工周末上班时间为8: 30～12: 00，上班时不得带家属入园，以免影响工作。

2.每次家长带宝宝来园参加活动时可提前15分钟进班。

3.周末小时班每次每班正常教学时间为1小时，其中包括集体与分散、动与静各类游戏的教学内容和形式；另外安排了1小时自由活动时间，家长可带着婴幼儿使用校内的各类游戏车及大型玩具器械。半日亲子班每次正常活动时间为3小时，其中包括集体与分散、动与静各类游戏的教学内容和形式，按时提供加餐和正餐。

小时亲子班各班每次活动时间安排

走走班（1～2岁）	10:00～11:00
跑跑班（2～2.5岁）	8:30～9:30
跳跳班（2.5～3岁）	10:00～11:00

半日亲子班活动时间安排

时　间	主要活动
9:00～9:05	你好时间：接待家长与宝宝来园
9:05～9:20	玩具时间：宝宝自选玩具，自由活动
9:20～9:30	跳跳时间：宝宝音乐律动
9:30～9:40	亲子时间：亲子游戏
9:40～9:50	加餐时间：宝宝加餐和自由活动
9:50～10:10	学习时间：宝宝语言、认知、小肌肉训练
10:10～10:50	运动时间：宝宝户外活动
10:50～11:10	阅读时间或聊天时间
11:10～11:40	午餐时间：宝宝进餐
11:40～12:00	再见时间：家长与宝宝离园

4.厨房老师每周六为半日亲子班婴幼儿和老师准备午餐，8:30到园独立完成准备、制作工作，待幼儿11:30用餐完毕，将厨房一切物品清洗整理后方可离开；在工作中严格执行幼儿厨房管理要求。

六、亲子园家长公约

1.引导、教育孩子爱护亲子园的设施和玩具，从小培养孩子爱护公物的好品质。

2.带领孩子将玩完的玩具"送回家"，从小培养孩子规则意识和养成整理物品的好习惯。

3.引导孩子与小朋友友好相处，从小培养孩子学会与人交往的能力。

4.用实际行动带动孩子的行为，因为模仿是孩子的天性。

七、安全保卫制度

1. 每次活动前检查玩具及设备的安全性能，及时消除安全隐患。

2. 活动结束必须关好门窗，切断电源，认真检查后再离开。

3. 活动中随时注意孩子的情绪状态，同时指导家长在孩子活动时应采取保护措施，以防失手酿成事故。

4. 提高警惕，防止闲杂人员混入活动区域，以避免出现意外。

5. 活动前请家长帮助清理孩子衣袋中的异物。

6. 教师应提醒来校活动的家长照顾好自己的孩子，不得让孩子离开家长的视线。

7. 活动中家长不要随意给孩子吃东西。

八、财务管理制度

1. 东华门幼儿园早教培训学校的收费标准严格按照北京市教委制定的标准办理。

2. 早教培训学校所得经费独立建账，除给予组织活动人员一定的劳务补偿之外，全部用于学校的各项建设工作，不允许以任何理由挪作他用。

3. 北京市和上级机关下拨的有关专项款全部用于学校的建设。

4. 早教培训学校的账目设专人负责，定期检查，发现问题及时纠正。

九、卫生保健制度

1. 入园体检：来园婴幼儿及监护人到指定妇幼保健机构体检，体检合格后方可入园。

2. 所有玩具、设备定期消毒。

3. 来园婴幼儿及看护人需先洗手后再开始活动。

4. 进入活动室前必须先穿上适合在我园活动的鞋。

5. 半日班进餐管理参照幼儿园的膳食管理条例。

6. 保健人员定期对家长开展健康教育与养育宝宝健康咨询。

十、卫生消毒制度

为了保证1～3岁散居婴幼儿在幼儿园内参加亲子活动的顺利进行，必须做好消毒工作，预防传染病的发生和传播。

1.范围。

幼儿园内亲子教室，亲子班教职工。

2.工作内容。

婴幼儿早上来园后用淡盐水漱口，午餐用清水漱口。

婴幼儿每人一巾一杯。毛巾每日消毒一次(0.3%洗消净浸泡5分钟，清水漂洗干净)，水杯洗净后放入远红外线消毒柜消毒，婴幼儿离园后由亲子班教师完成。

婴幼儿及看护人饭前便后用肥皂和流动水洗手。

桌面餐前10分钟用0.3%～0.5%的洗消净消毒，5分钟后用清水擦拭干净，餐后桌面应擦拭干净。

瓜果用盐水洗净，削皮后再吃。

每日用0.3%洗消净消毒桌椅、玩具、地面、卫生间、地垫。

每周五，将婴幼儿所看图书进行晾晒。

手绢个人专用，每日换洗，有污染后随时清洗。

亲子园教师要保持仪表整洁，不染指甲，不留长指甲，不披散长头发。

十一、亲子班晨检制度

1.保健医要与早教工作人员相互配合，认真做好晨间健康检查，对婴幼儿做到：

一摸：有无发烧；

二看：咽部、皮肤和精神状态；

三问：饮食、睡眠及大小便情况；

四查：有无携带不安全物品。

发现问题及时处理并填好晨检记录，体温在37.5度以上不能参加亲子活动。

2.每次参加半日班亲子活动时，要求陪伴人员做健康申报，若有发热、呼吸道感染、腹泻或其他传染病及时报给老师或保健人员，出现问题及时处理并登记。体温在37.5度以上不能带孩子参加亲子活动。

十二、专用教室制度

1. 婴幼儿需在家长带领下根据教师的要求有组织地进入专用教室活动。

2. 活动期间教师要引导家长教育孩子爱护专用教室中的一切玩具设施。

3. 在活动中教师要观察和发现有无破损玩具及设施，如发现及时上报，进行维修或替换。

4. 配班教师在活动后要及时消毒、整理。

5. 整理完毕后配班教师要断电、锁门。

（北京市东城区东华门幼儿园）

| 第五章 |

0~3岁儿童早期教养环境

环境在教养机构中被纳入教育的元素之中。集体教养机构的环境创设与利用，区别于托班等幼儿园教育环境的最大特点在于：环境不仅为婴幼儿发展而创设，为婴幼儿所用，还促进了教养人育儿理念的进步和方法的优化，为教养人所用。因此，早期教养环境的创设既要考虑婴幼儿的需求，还要考虑教养人的需求；既要创设和谐、宽松、平等的精神环境，又要创设便捷、实用、有效的物质环境。

【 第一节 】

早期教养机构中精神环境的创设

一、为婴幼儿创设的精神环境

（一）创设原则

充满关爱、呵护的人际关系是婴幼儿成长所必需的，因此，早期教养机构应注重创设能够满足婴幼儿交往和被爱需求的精神环境，为婴幼儿提供宽松、愉悦、平等、自主的活动空间。在适宜的精神环境中，婴幼儿可以轻松、自由、自主地参与各项活动。在创设精神环境时应遵循以下几个原则。

1.安全性。

婴幼儿因为年龄小，对环境的要求更高，特别是精神环境的创设，会影响到婴幼儿参与活动的质量。因此，教养机构要尽量满足他们的需求，使婴幼儿能够在身心放松、可信任的环境中活动。

2.愉悦性。

成人的态度会影响婴幼儿的情绪，教养人与婴幼儿之间要保持良好的关系，用亲情和爱意使婴幼儿情绪得到满足，感到愉悦。

3.自主性。

在安全的前提下，为婴幼儿提供自主活动的空间和条件，较少设定和避免不必要的限制；引导婴幼儿关注周围世界，获得成长经验。

（二）创设要点

精神环境主要指教养机构中的人际关系及心理氛围等，它虽然是无形的，却直接影响着婴幼儿的情感、交往行为和个性的发展。精神环境的创设具体体现在教师与婴幼儿、婴幼儿与婴幼儿、教师与教养人之间的相互作用和交往方式等方面。

1.教师为婴幼儿提供的精神环境。

教师是婴幼儿社会性行为的指导者，除了教给婴幼儿正确、适宜的行为方式与规则以外，教师自身对待婴幼儿的情感态度及其榜样作用也是巨大的。教师应为婴幼儿创设这样的精神环境：

（1）宽松与平等。宽松与平等的心理氛围会让婴幼儿感到安全，因此，教师应尽量减少和避免对婴幼儿的约束与要求，给他们更多自主选择和自主活动的空间。

（2）关爱与理解。在生活上给予婴幼儿更多的呵护和关爱，有益于促进婴幼儿积极情感的发展。可以用身体接触、表情、动作等多种适宜的方式，来表示对婴幼儿的关心、接纳、爱抚、鼓励等。特别是要能从婴幼儿的身心特点出发，理解婴幼儿的情绪和各种行为表现，接纳婴幼儿，尊重婴幼儿发展中表现出的年龄特点，理解婴幼儿的行为。

（3）交流与等待。交流是连接教师和婴幼儿情感的纽带，教师应关注婴幼儿个体不同的表现，随时和婴幼儿交流，让他们感到教师对自己的喜爱，产生积极情感，有了情感的信任，婴幼儿也会逐渐愿意表达自己的想法。教师可以依据婴幼儿不同的特点，采取针对性的教育。同时，教师要尊重婴幼儿发展中的差异，当他们的表现达不到自己的要求时，要能够等待，顺应他们的发展水平。

（4）鼓励与期待。好孩子是夸出来的，教师的鼓励和积极的期待，会引导婴幼儿认为"我能行"，从而对他们产生积极影响。

2.教养人为婴幼儿提供的精神环境。

首先，教养人要成为婴幼儿的玩伴，肯花时间、精力和孩子一起玩；应是婴幼儿游戏的观察者、参与者和促进者，在游戏中培养婴幼儿独立的习惯和多种能力，丰富他们的认知经验。

其次，教养人要给予婴幼儿与同伴交流玩耍的机会，使他们在与同伴交往的过程中，能够体验共同游戏的快乐，逐渐愿意遵守集体的规则，提高集体生活的适应性。

在游戏过程中，教养人要尊重婴幼儿意愿，减少包办和干预行为，更不要代替他们解决问题。当他们确实需要帮助时，可以用提问、建议、商量和扮演角色的方式给予恰当的指导。当婴幼儿间出现问题和矛盾时，教养人要积极回应，既不偏袒迁就自己的孩子，也不排斥其他的孩子，要站在公正的角度，引导婴幼儿学习解决问题的方法。

教师与婴幼儿、婴幼儿与婴幼儿、教师与教养人之间的多边互动，形成了教养机构中良好的精神氛围，其中，教师起着主导的作用。

二、为教养人创设的精神环境

（一）创设原则

集体教养机构为教养人提供掌握科学育儿理念和方法的学习空间、交流育儿经验的沟通空间；在发挥教师主导作用的同时，应充分尊重婴幼儿和教养人的主体地位，使婴幼儿和教养人获得相应发展。在为教养人创设精神环境时应遵循以下几个原则。

1.平等性。

集体教养机构的教师或辅助人员，应与婴幼儿教养人互相尊重、互相理解，为促进婴幼儿全面和谐发展的共同目标而努力。

2.引导性。

集体教养机构要为不同年龄阶段婴幼儿的教养人提供早期教育指导与服务，

在尊重教养人的前提下给予科学合理的育儿指导；同时，要用自己的言行和榜样作用，为家长提供科学育儿的方法。

3.互动性

集体教养机构与婴幼儿教养人要多沟通多交流，通过有效的互动，发挥各种教养资源的优势，取长补短，形成教育的合力。

（二）创设要点

集体教养机构中的教师应成为婴幼儿教养人教育理念和教育行为的榜样，在与婴幼儿及其教养人互动的过程中，注意自己的言行对他们的影响。

教师对教养人的态度应是平等与尊重的，用自己的行为影响他们，而不是高高在上，对他们指手画脚。要用平等的态度与教养人交流，真诚地帮助他们获得科学正确的育儿方法和解决问题的有效途径。

教师对婴幼儿的态度和行为，决定着教养人对教师和教养机构的态度。教师要通过自己的言行让教养人信任，因为教养人从内心把教师当做教育孩子的专家，当教师能够满足他们教育孩子的各种需求时，他们会更加配合教师，步调一致地引导孩子的发展。反之，教师得不到教养人的信任与尊重，这也会对教养机构产生不良的影响。

同时，教师与教养人之间的人际交往对婴幼儿的社会性培养具有多重的影响。教师与教养人之间关系和谐，会激发出婴幼儿积极的社会性行为，他们耳濡目染，不仅可学会体察别人的情绪情感，也能学会正确、适宜的行为方式。

除了人际环境以外，教养机构的日常规则、行为标准也是精神环境创设的重要部分。在有序的环境中，婴幼儿可以养成良好的行为习惯。

【第二节】

早期教养机构中物质环境的创设

一、为婴幼儿创设的物质环境

婴幼儿需要能够满足吃、喝、拉、撒、睡等生理需求的生活环境，需要能够满足好奇和探究需求的游戏环境。在与环境的互动过程中，婴幼儿潜移默化地养成习惯，增长智慧，提高能力，学习交往。

适宜的生活环境应让婴幼儿感到熟悉、舒适和有序。婴幼儿的生活内容就是他们的学习内容，在创设生活环境时应与婴幼儿养育相结合，顺应婴幼儿的发展规律，有助于婴幼儿习得自理生活的技能，养成良好的生活习惯。

适宜的游戏环境应为婴幼儿提供操作、探索、学习和发明的机会，创设刺激丰富、支持其发展的玩耍环境，应婴幼儿的需求而设计、投放玩具材料。总之，这里应是婴幼儿喜欢逗留的地方，是让他们获得快乐和发展的地方。

（一）创设原则

1.安全、卫生和健康。

婴幼儿缺乏自我保护的能力，因此在提供设备、玩具材料和食品时，要把安全、卫生和健康放在首位。

2.顺应天性。

应依据婴幼儿身心发展的特点和水平，顺应他们的表现，积极给予回应和支持。

3.丰富多彩。

婴幼儿认识世界、获得经验是通过与环境材料的相互作用完成的，因此提供多种感官刺激的环境材料，更能激发婴幼儿参与活动、进行探究的兴趣。

4.自然渗透。

体现多种教育功能，结合婴幼儿的生活将教育目标与要求渗透在环境创设的过程中，在生活中引导婴幼儿快乐自主地发展。

（二）生活环境的创设

1.显性环境——突出安全、便利。

创设生活环境要与养育相结合，引导婴幼儿习得自理能力，养成良好生活习惯，促进身心发展。生活环境首先应突出安全、便利，大到所有设施配备，小到玩具材料的选择，应保证无棱角、无安全隐患。空间应方便婴幼儿活动，还应考虑有特殊需要的婴幼儿，方便他们的行动。

亲子园生活环境主要以入厕环境、盥洗环境为主。入厕环境要安全、卫生、舒适、方便，男孩便池高度要适宜，蹲式便池旁要有手柄，使婴幼儿有安全感，厕所备有卫生纸，方便婴幼儿使用，墙面上提供整理衣裤的示意图；盥洗环境要方便、有趣，洗手池高度应合适，避免水打湿衣服，提供色彩鲜艳、造型新颖的肥皂或洗手液，吸引婴幼儿洗手。

2.隐性环境——突出科学的作息制度。

2岁左右是婴幼儿秩序发展的敏感期，因此，科学合理的作息制度（对婴幼儿活动、休息的内容和时间的规定）是婴幼儿身心健康发展的保证，它可以帮助婴幼儿建立稳定的生活规则和秩序意识，有利于帮助婴幼儿尽快摆脱自我中心，逐渐形成和发展社会性。作息安排应注意动静交替、室内活动和室外活动交替、智力活动和体力活动交替、有组织的活动和自由活动交替，力求做到各环节转换自然、形式多样、内容丰富、灵活应用。

（三）游戏环境的创设

婴幼儿的主要活动就是游戏，游戏是婴幼儿生理成长和精神发育的需要，因此创设丰富、支持性的游戏环境对婴幼儿的发展具有重要影响。

1.创设婴幼儿游戏环境的原则。

（1）生活化。生活中有婴幼儿学不完的最基础、最必要、最感兴趣的内容，因此游戏内容要与婴幼儿生活紧密结合，体现一日生活皆教育的理念，在游戏过程中提高婴幼儿的生活自理能力，促使他们养成良好的习惯。

（2）自然化。"教在有心，学在无意"，游戏是婴幼儿学习的最好方式，由于婴幼儿注意时间短，且无意注意占优势，因此在平实、自然的状态下更容易习得许多易于成长的经验。

（3）随时化。创设的游戏环境应满足婴幼儿随时随地都可玩耍的需求，不拘于形式，使婴幼儿在快乐中增长经验、获得发展。

2.创设不同区域的游戏环境。

在创设游戏区域时要考虑布局、材料的提供、物品的摆放及保教人员的分工，以保证婴幼儿的活动质量。

（1）运动区域。运动区域可以促进婴幼儿自我意识、健康心理、感知运动能力和社会性的发展，分为室内运动区和室外运动区。

室内运动区包括用来爬、钻、跳、拉、绕障碍走等的活动空间和相关的设备材料，如小型滑梯、小攀登架、小汽车、各种垫子、可钻爬的箱子、各种拖拉玩具等。

室外运动区包括塑胶场地、玩沙玩水的设施、私密空间（小帐篷、小房子）、休息区域等。材料包括滑梯、攀登架、平衡木、跷跷板、摇马、玩沙玩水的玩具、各种球类玩具以及推、拉和骑的小车等。室外运动区的大小可根据园内户外场地的大小具体设定。

（2）认知区域。认知区域可以促进婴幼儿小肌肉发育，提高感知能力、操作探索能力，丰富多种经验。提供的材料包括串珠、拼图、套桶、敲打玩具、分类玩具、图形玩具、小型建构玩具、系扣子、打结绳、拆装玩具、容器、大小不同的盒子和瓶子等。

（3）艺术区域。艺术区域可以促进婴幼儿感知觉的发展和艺术潜质的挖掘。艺术区域需要提供艺术活动所需的材料设施，如开展美术活动的画册、涂鸦工具、玩色材料、撕贴材料、工作服、大毛笔棒、半成品材料等；开展音乐活动的打击乐器、头饰、表演舞台、音乐等；还可以配有电视机、DVD、录音机等。

（4）阅读区域。阅读区域可以促进婴幼儿认知能力、语言表达能力、表演能力和社会性情感的发展。阅读区需设在光线充足、相对安静的地方；提供各种不同类型的书，包括布书、塑料书、可以拼插的书、声音书、立体书等；同时可以配备录音机、无线听筒、毛绒玩具、表演头饰、玩偶；还可以利用软靠垫、家庭式沙发、小地毯等使阅读区更加舒适、温馨。

（5）想象装扮区域。该区域可以促进婴幼儿社会性情感、交往能力、想象力、创造力的发展。环境创设要像家庭一样温馨、温暖，基本材料包括可以模拟表现生活经验的物品，如家具、娃娃、餐具、仿真食品等，还可以提供一些其他材料，如厨具玩具、简单的医疗用品玩具、镜子、可以用来装扮的帽子、小书包、眼镜、服装、配饰、扇子、彩带等。

二、为教养人创设的物质环境

（一）创设原则

1.舒适性。满足不同教养人的需求，结合父母、保姆、隔代祖辈的不同特点，因人而异地创设物质环境，使教养人感到整洁、温馨，树立良好的亲子园形象。

2.适宜性。提供的物质环境和材料要符合教养人的需要和能力，如提供的早教期刊是他们能够接受和学习的，不要过于专业化。

3.操作性。物质环境的创设应具有指导的作用，便于教养人在家庭中模仿和操作。

（二）创设要点

1.教师所用物品要与婴幼儿物品分开摆放，放在婴幼儿够不到的地方。

2.教师所用教材、教具、辅助材料尽量分类摆放，方便拿取。

3.为看护人提供周到的服务，包括可休息的坐椅、存放物品的柜子、可饮用的水、可翻阅的早教期刊等。

（三）公共区域环境的创设

可以利用走廊等公共空间展示教养机构的文化。公共区域需要配有婴幼儿读物、科学育儿方面的图书、期刊、宣传栏、电视、电脑、沙发、桌椅、饮水机、空调等。公共区域可以发挥多种功能：

可以是家长的休息室，家长可以在这里聊天，交流育儿经验；

可以作为专家咨询室，定期安排专家解答家长育儿方面的问题，也可以在这里进行讲座、座谈等；

可以是图书借阅室，家长可以从这里借阅科学育儿方面的图书，家长间交流时，婴幼儿可以选择喜爱的书阅读；

可以是展示室，可以运用展版展示婴幼儿的年龄特点、发展目标、教育指导策略等，有针对性地向家长介绍科学育儿的方法；也可以展示婴幼儿活动的作品，让家长了解孩子的发展水平。

（四）亲子园室内物品配备清单（仅供参考，根据需要添置）

亲子园室内物品配备清单

接待室	饮水机、休息座椅、钟表、衣物柜、整理箱、鞋柜、鞋套、镜子、签到台、喂奶区屏风和小床、书报架、展览柜、报名登记表、宣传材料、布告栏
办公室	办公桌椅、书报架、储物柜、档案柜、电话、电脑、打印机、日历、招生宣传材料、收费报名材料、班级安排表、各种办公用品
活动室	空调、电风扇、桌椅、柜子、教具、陈列柜、储物柜、图书、保洁桶、录音机、音箱系统、钢琴、电子琴、装饰画、急救箱、卫生保健用品
图书室	书架、图书、靠垫、小沙发、图书、视听器材
盥洗室	镜子、洗手池、肥皂、洗手液、小便池、清洁卫生器材
大肌肉动作器械	球类玩具：各种规格的大龙球、触摸球 木制器材：攀爬架、滑梯组合、小拉车 塑料器材：万象组合、大陀螺、平衡板 软器材：彩虹伞、软隧道
桌面操作玩具	视觉材料：不倒翁、打桩台、弹簧小人、七色花摸包、多棱镜、万花筒
婴幼儿自备玩具	动手材料：大螺丝、大纽扣、各种夹子、气锤、勺、套桶、套碗、布艺、各种蔬菜、水果、各款布书、各种蔬菜水果、拼图、骨牌、锤盒、触摸书、手掌板、脚掌板、时钟等 科学材料：磁铁游戏、光的游戏、静电游戏、弹力游戏、力的游戏、橡皮泥、弹力小球、沙包、拉响玩具
装扮玩具	饮水机、休息座椅、钟表、衣物柜、整理箱、鞋柜、鞋套、镜子、签到台、喂奶区屏风和小床、书报架、展览柜、报名登记表、宣传材料、布告栏
操作工具	各种规格的碗、勺、篮、托盘、花边剪刀、油画棒、水笔、彩色墨水、彩色卡纸、瓦楞纸、电光纸、胶棒、小印章、小贴画、各种绳子、吹泡泡玩具

【第三节】

早教基地的玩具、材料配备

玩具是婴幼儿的立体教科书。不同年龄段婴幼儿的发展水平、能力不同，对玩具的需求也是有区别的。不同年龄需要不同的刺激，因此在适当的阶段选择适当的玩具，可以帮助婴幼儿发展重要技能和认识周围环境。

一、婴幼儿玩具、材料的配备

（一）家庭中婴幼儿玩具的投放

婴幼儿的生活与成长离不开玩具、材料的陪伴，在玩中他们积累了经验，增长了智慧和本领。家长为婴幼儿提供玩具也要有选择，提供的玩具要体现生活性、变化性、娱乐性。

1.生活性。

"生活游戏化、游戏生活化"，将婴幼儿游戏材料与生活内容紧密结合，将衣食住行等"生活教育"因素融入游戏当中。

2.变化性。

家长可以随时随地和婴幼儿共同游戏，简单的玩具材料可以开发出许多不一样的玩法，孩子的想象力会在变化的游戏和材料中不断增长。

3.娱乐性。

玩具的功能不仅可以开发智力、增长能力，最主要的是能够使婴幼儿获得快乐的体验。家长可以和孩子共同游戏，做孩子的鼓励者、引导者、示范者、检验者，使孩子获得更多的愉悦体验。

（二）家庭中和婴幼儿共同游戏及提供玩具的要点

喜欢玩是婴幼儿的天性，婴幼儿每天醒来要做的第一件事和睡觉前认为还没有做完的事情都是游戏，仿佛永远玩不够，永远玩不完。游戏一直伴随着婴幼儿的成长。

1.婴幼儿为什么喜欢游戏？

婴幼儿从两三个月起就会在床上拳打脚踢，独自玩耍；五六个月时，看见东西就要抓，抓到了便会放进嘴里；七八个月时喜欢到处爬着找东西；一两岁时喜欢这里摸摸，那里动动，一会儿走、一会儿跑，一会儿这样、一会儿又那样，在大人看来简直要累坏了，婴幼儿却乐此不疲；三四岁的幼儿更喜欢用眼睛看、用耳朵听、用鼻子闻、用嘴巴尝和用手脚触摸等各种操作游戏；五六岁的幼儿则喜欢探究性的游戏，他们在玩游戏时总在观察和吸收自己觉得新奇的事情。

实际上，游戏是婴幼儿的学习和工作。在摆弄中活动筋骨，在操作中认识世界，在探索中获得经验，在与同伴共同游戏中学习交往。最重要的是，在玩的过程中，婴幼儿的心理可得到满足，获得愉悦的情绪和成功的体验。

2.婴幼儿喜欢玩什么？

（1）1岁前。

婴儿3个月就会玩拨浪鼓之类的玩具了，并且对自己能让拨浪鼓发出声音感到喜悦；3～6个月，婴儿喜欢玩用布做的各种动物和玩具，6个月会毫无目的地乱撕带颜色的纸片，喜欢照镜子；6～9个月，开始学爬，喜欢听声音爬着找玩具；9～12个月，喜欢重复动作，如把娃娃扔到地上捡起来，再扔，再捡……

婴儿出生后的第一年，可以提供色彩鲜艳的物品，如柔软的毛绒玩具、有声响的玩具（如风铃、音乐盒等）、大块积木、软球、推拉玩具、套叠玩具等。家长可以和婴儿玩过家家、藏猫猫等游戏，在与婴幼儿游戏的过程中要给予他温暖的玩耍体验；多和他说话、唱歌给他听、和他逗乐，鼓励他看、听、吸吮、抓握、抚弄，并能持续吸引他的兴趣；让婴幼儿偎依在大腿上，给他朗读故事，他会入迷地倾听，同时给予音乐、声音、颜色、摇摆等轻柔的刺激。这时，父母是婴幼儿最大的玩具，与婴幼儿的关系最重要。

（2）1～2岁。

婴幼儿1岁后喜欢模仿周围的人和事，看到其他婴幼儿的玩具自己也想要，会出现与小伙伴争抢玩具的现象。喜欢触摸东西，什么东西都想动动、摸摸，因此有潜在危险的物品成人要收好，要放在婴幼儿找不到的地方。这时的他喜欢敲敲打打的玩具、推拉的玩具、玩沙玩水的玩具、4～5块简单的拼图玩具、积木、娃娃等；还喜欢涂涂抹抹，可以提供一些美术用品，如油画棒、涂色书、画板等，供婴幼儿涂鸦。

书籍给人以精神滋养，婴幼儿整个生长发育阶段都离不开书籍，如果家长希望婴幼儿爱读书，就多给婴幼儿朗读书吧！

（3）2～3岁。

2岁以后，婴幼儿更加好奇、好动，对什么都感兴趣。他喜欢装扮成生活中熟悉的人物，模仿每种角色的行为。这时可以给婴幼儿准备一个"道具箱"，里面装有家务用具（小盘、小碗、塑料杯等）、娃娃、电话、服装、帽子、纱巾、包袋等，这样的角色模仿可以使婴幼儿了解周围的人和事。同时婴幼儿还喜欢拼插玩具、穿珠子、玩陀螺和汽车模型、吹泡泡玩具等，凡是可以操作摆弄的物品都可以成为婴幼儿的玩具。2～3岁是婴幼儿自我服务能力初步形成的阶段，家长可以多放手让婴幼儿做自己能做的事情，比如，起床时和他玩"比比谁的衣服穿得快"的游戏，吃饭时让他当小帮手发碗筷，妈妈干家务时也发给他一块抹布、一把小笤帚，边玩边学着做事情。婴幼儿会觉得自己受重视，因此会高兴地和爸爸妈妈一起做事情。虽然有些碍事，做得也不怎么好，但家长不要过于关注结果，不能因为婴幼儿自己做太费时间而插手干涉他的行动。能够发挥自己的力量或能力，对于婴幼儿来说是件高兴的事。父母可以在天气好时多带孩子到户外散步或到公园里玩，周末可以约好同事一起带上孩子出去玩，多为孩子创造与其他孩子一起游戏的机会。

3.怎样陪婴幼儿一起游戏？

（1）父母是婴幼儿的玩伴。

父母与婴幼儿一起玩耍，比任何玩具都重要，对于婴幼儿的情感发展起着重要的作用。和婴幼儿一起玩不仅可以促进亲子关系，同时父母的言行对婴幼儿有很大的影响。正所谓"身教重于言教"，妈妈的慈爱、做事有序对婴幼儿的习惯养成非常重要。父亲要多陪婴幼儿玩，父亲的宽容、幽默、责任会影响婴幼儿性格的形成。

①玩中学。

在家庭中营造使婴幼儿愉悦的气氛，关注婴幼儿的情绪，让他能任意地摆弄自己的玩具，拾起、推倒，或用玩具做其他事情，这些对婴幼儿非常有益。正是在这个过程中，婴幼儿可感知、研究、探索玩具的形状、色彩、大小、重量以及质感等，并印在脑子里。

②多与婴幼儿交流。

父母在与婴幼儿交流时，不要使用婴幼儿用语，如怕婴幼儿听不懂大人的话而使用叠词，应该用简单、正确的语法清楚地与婴幼儿交流。和婴幼儿边玩边说说是什么、什么颜色、有几个等，并随时丰富婴幼儿的词汇。如外出时看到树叶，家长可以随口说出树叶是大树的宝宝，启发孩子说说小花是谁的宝宝、星星和小雨滴是谁的宝宝等，并和孩子一起随口说儿歌：蝌蚪是青蛙的宝宝，小鸡是鸡妈妈的宝宝，瓜子是葵花的宝宝等，引导婴幼儿喜欢观察周围的事情并能用语言表达。

亲子共读也是一种与婴幼儿交流的非常好的形式，每天睡前父母可以轮流为孩子讲故事，请孩子猜一猜发生了什么事，学一学故事中好听的词和短句，编一编结尾等，这对婴幼儿语言发展很有益处。

③发挥婴幼儿的想象。

婴幼儿是天生的创造者，越小的婴幼儿想象力越丰富。家长在和孩子玩的过程中可启发他说说自己拼的像什么，可以玩变变变的游戏，变化游戏的玩法和玩具的使用方法等。

④多让婴幼儿自己动手尝试探索。

有时家长怕孩子毁坏物品而限制他的活动，不让动这，不让做那，实际上婴幼儿正是在操作的过程中获得经验的。比如，妈妈做饭时可以请孩子帮忙剥豆，吃西瓜时请孩子帮助把瓜发给家人等，孩子在尝试这些力所能及的事情的过程中增长了多方面的经验。

⑤培养婴幼儿关心、关爱周围的人。

过家家是婴幼儿喜欢的游戏，家长在和孩子一起玩时可以出一些难题，比如，妈妈生病了，宝宝该怎么办呢？妈妈怎样才不会生病？通过玩游戏，婴幼儿会假戏真做，知道关爱身边的人，对人有礼貌等。

⑥把收拾玩具当做游戏。

婴幼儿每天会玩许多物品，当结束游戏时，家长可以给他准备一个稍大的整理箱，和他玩藏玩具的游戏。刚开始家长可以和孩子一起收玩具，引导他知道游戏后要把玩具藏起来，明天继续玩。这样婴幼儿会高兴地学收自己的玩具，慢慢地就会养成习惯，主动把玩具收起来，这时家长要及时给予鼓励。

（2）积极评价婴幼儿的游戏。

婴幼儿对自己认识的重要来源是身边亲近的人所传递的信息。因为家长夸奖孩子有礼貌，孩子见到客人就会甜甜地问"阿姨好"；因为家长夸奖孩子不挑食，孩子就会慢慢接受自己不喜欢的食物；因为家长夸奖孩子真能干，孩子就会抢着干自己能做的事情……让婴幼儿拥有自信，成人的鼓励尤为重要。哪怕他们做事情做得很糟糕、完成的作品不像样，家长也要用赏识的眼光发现孩子细微的优点，放大进行表扬，相信他们会朝着家长期待的目标发展的。

4.家庭中为孩子怎么选择玩具？

家庭中的玩具并不是越多越好，越贵越好。家长可以结合婴幼儿的年龄特点，选择不同种类、不同质地、不同功能的玩具，包括可以提高大肌肉动作能力的推拉车、摇椅、飞盘、各种球类玩具等，提高小肌肉动作能力的穿珠、穿线玩具、拼图玩具、积木、绘画工具等。同时，家中的瓶瓶罐罐、各种盒子等都可以是婴幼儿的玩具，这些自然物因为可以变换多种玩法和功能，更是婴幼儿的所爱。比如，一个包装盒，一会儿是娃娃的小床，一会儿是藏宝盒，一会儿又变成大公共汽车。婴幼儿在玩中享受着无穷的乐趣。

游戏是儿童的生命，它可以给婴幼儿带来快乐、经验、学识、思想和健康，甚至更多……

（二）亲子活动室的玩具投放

1.玩具材料的提供要求。

（1）多种类：满足不同发展期婴幼儿的需要。

（2）多质地：引导婴幼儿感知不同材料、质地的物品。

（3）多色彩：吸引婴幼儿参与活动的兴趣。

（4）多功能：渗透多种目标，挖掘玩具的多种玩法，体现一物多玩多用。

2.玩具的投放与摆放方式。

（1）种类要少，同种玩具数量要多。

（2）逐渐增多：玩具的种类不易过多，逐渐增加。

（3）轮流更换：一段时间后可以将婴幼儿熟悉的玩具收起来，变换其他玩具，婴幼儿会感觉新颖而饶有兴趣。

（4）分类摆放：用标记帮助婴幼儿自己摆放玩具，培养秩序感。

（5）自己取放：培养婴幼儿的独立性和良好的行为习惯。

二、早教基地玩教具配备清单

选择玩具要考虑婴幼儿每个年龄段发展的需要，结合婴幼儿的发展现状选择适宜适量的玩具材料。

以下是0～3岁亲子活动室玩具配备的建议方案。

0～1岁婴儿玩具的类别

类别		作用
运动类玩具	体能玩具	学步婴儿可以玩掷球、抛球游戏，发展手臂力量，通过捡球刺激行走愿望。
	骑乘玩具	在婴儿学习走路之前，需经历练习使用双脚的阶段，坐在骑乘玩具上做练习可让他感受到丰富的感觉动作经验，使其脑神经获得滋养、骨骼肌肉获得成长。
角色类玩具	填充玩具	触感尖锐的玩具会使婴儿的神经趋于紧张，因而产生不愉快的感觉，反之，柔软的玩具会使孩子的精神松弛，进而产生舒适、安详的感觉。因此，当孩子情绪激动或无法入睡时，可让他拥抱柔软的填充玩具，使他原本兴奋的情绪逐渐松弛下来。
	娃娃	能够抱起的或者能够放入澡盆里的娃娃，可以满足婴儿模仿成人动作的愿望。

（续表）

益智类玩具	发声玩具	成人用咯咯作响的、能摇晃和敲打的玩具吸引婴儿注视、目光追逐，通过视听刺激感知声音，提高注意力；在敲打中感受不同的声音，发展动作的灵活性。
	悬吊玩具	把玩具悬吊或悬挂在婴儿视线内，让婴儿注视或移动目光，促进眼力集中，锻炼注意力集中，进而用手拍打玩具，练习手眼协调。
	认知玩具	成人为婴儿提供套叠、图形盒等简单玩具，可以发展婴儿的感知能力，培养观察力，促进小肌肉动作协调发展。
	水中玩具	把一些不同形状及颜色的玩具放入水中，让婴儿进行水中寻宝的游戏，可以帮助婴儿增进触觉的辨识能力。
建构类玩具	积木玩具	婴儿可通过反复的堆砌、排列组合、推倒积木的过程，获得感官和动作的满足，产生愉悦感。
艺术类玩具	音乐玩具	可促进听觉器官的发育成熟，获得对发声和动作的满足。
	美艺材料	可满足对涂鸦的兴趣，发展小肌肉动作，培养对美的感受力。
阅读材料	图书	在认读的过程中培养婴儿的注意力和倾听习惯。

0～1岁婴儿的玩具配备

玩具类型	玩具举例	作用
发声玩具	咯咯作响的玩具	成人用玩具吸引婴儿用目光注视、追逐，在视听刺激下感知声音，提高注意力；婴儿自己抓握、击打玩具使之发出声音，在视听刺激下感知声音，提高注意力。
	婴儿床玩具	注视和用目光追逐玩具，从无意的抓握到有意的抓握和击打，感觉全方位的刺激，促进小肌肉的发展。
	能摇晃的玩具	随意击打让玩具发出声音，感受声音的不同，刺激视觉、听觉、触觉协调发展。
	能敲打的玩具	使用简单工具使玩具发出声音，刺激视觉、触觉、听觉协调发展，促进小肌肉的发展。
悬吊（悬挂）玩具	风铃 悬挂发条玩具	把玩具悬吊在婴儿视线内，让婴儿注视或移动目光，促进眼力集中；用手拍打，练习手眼协调。
填充玩具	布类填充 棉花填充 异物填充	在坐、爬、站立过程中使用玩具，感知其质地，练习抓握，培养肢体的协调性。
气充玩具	气球 皮球 充气动物	用目光注视、追逐，练习抓握、扔、摆弄，在坐、爬、站立过程中，使用并感知玩具的质地，全方位感觉刺激，发展小肌肉，协调全方位感觉刺激。
积木玩具	彩色大型软体积木 本色大型软体积木	在简单的搭建过程中感知积木的颜色和质地；通过搬运、持物站立、摆弄等活动发展手臂的控制能力，促进大肌肉动作的发展。
骑乘玩具	动物骑乘 弹簧骑乘 电动骑乘	坐在玩具上，感受前后、上下、左右等不同方位的体姿变化，促进大脑平衡器官的发展，促进身体动作的协调。

角色玩具	毛绒玩具	抓握、搂抱玩具，获得情感的满足；了解玩具名称，愿意与之做模仿游戏。
	布娃娃	认识五官，模仿成人的动作，促进语言和情感发展。
	奶瓶	引发握持、吸吮动作，促进手的动作的发展；用奶瓶模仿喂奶的游戏，体验模仿游戏的快乐。
	镜子	引发照镜子的活动，观察自己的五官，促进自我认识的发展；引导在镜子面前表现自己，通过微笑等表情动作获得满意的心情。
	电视	通过短小的广告、动画片等节目刺激视觉和听觉；通过按电视功能键感知自己的能力，获得满足感。
音乐玩具	铃铛	能自己摆弄、摇晃铃铛，在音乐的伴奏下随意摆动。
	录音机磁带	愿意听磁带，能随音乐做出一些动作和表情的反应。
	八音盒	引导对音乐做出反应，建立动觉和音乐之间的联系，发展听觉和触觉。
体能玩具	塑料球	感知球的颜色、大小和弹性，满足扔球的愿望；刺激为捡球而行走。
	推拉（拽）玩具	能用手拽、脱、推、拉玩具，刺激视觉、触觉、听觉，发展肢体动作的协调性。
	圆滑的长棍	能用长棍触物、够物，练习四肢曲张的能力。
	简单的投掷玩具和器皿	能把手中的玩具投向指定的方向，发展上臂动作控制能力和手眼协调性。

水中玩具	塑料玩具	感知不同的形状和颜色；练习抓握、挤、压、扔、抛等，发展小肌肉动作；体验在水中游戏的快乐。
	发条玩具	认识不同的形状、颜色，愿意观察玩具的变化，锻炼注意力，发展小肌肉动作，体验水中游戏的快乐。
	橡胶玩具	认识不同的形状、颜色，能抓握、挤、压、扔、抛等，锻炼注意力，发展小肌肉动作，体验水中游戏的快乐。
	器皿玩具	感知不同的形状、颜色，通过搅和、倒、装等无意识动作发展小肌肉，体验水中游戏的快乐。
认知玩具	带盖的玩具	能扣盖玩具，练习对接，发展手部动作的准确性。
	指拨玩具	能用手指拨弄玩具，促进小肌肉动作的发展。
	出牙嚼圈	用牙齿咬啃玩具，发展触觉、味觉、视觉刺激。
图书	色彩鲜艳的图片	能指认图片内容，并进行配对，发展语言及听力。
	布艺类的立体图书	自由地探究和翻阅，促进视觉和触觉的发展。
美艺材料	笔和纸	撕废纸，获得动作的满足；抓握笔随意地涂抹，发展小肌肉动作，学习控制。
	艺术欣赏	观赏环境中布置的艺术品，培养对美的感受。

1～2岁幼儿玩具的类别

类别		作用
运动类玩具	体能玩具	通过玩接球、掷球的游戏，增强手臂肌肉的力量，并使其灵活协调；在球的传送过程中形成对空间、时间的判断能力，培养注意力及参与活动的持久性。
	骑乘玩具	坐在骑乘玩具上做练习，可明显感受到颠簸摇摆的刺激，使其脑神经获得滋养、骨骼肌肉获得成长。

角色类玩具	填充玩具	触感尖锐的玩具会使孩子的神经趋于紧张，因而产生不愉快的感觉，反之，柔软的玩具会使孩子的精神松弛，进而产生舒适、安详的感觉。因此，当孩子情绪激动或无法入睡时，可让他拥抱柔软的填充玩具，使他原本兴奋的情绪能逐渐松弛下来。
	娃娃	能够抱起的或者能够放入澡盆里的娃娃，可以满足孩子模仿成人动作的愿望。
	家具玩具	在娃娃家游戏中投放家具，可以把日常生活中所感、所见重新呈现出来；获得角色扮演和角色认同的机会。
益智类玩具	发声玩具	通过视听刺激感知动作和声音之间的联系，提高注意力；在敲打中感受不同的声音，发展动作的灵活性。
	认知玩具	通过套叠、图形盒、按颜色配对、智力拼图等发展认知的玩具，促进对形状、颜色、画面的感知，培养观察力，促进小肌肉协调发展。
	水中玩具	把一些不同形状的玩具放入水中，让孩子摸索并配对，可以增进对物体形状的辨识能力；把实心和空心玩具放入水中，可以感知沉浮。
建构类玩具	积木玩具	透过观察与操作，从反复的堆砌、排列组合的过程中，把零散的单元组合成一个统整的东西，并且体察到空间的位置以及部分与整体的关系，同时也一步步建立起心理的秩序。
艺术类玩具	打击乐器	在玩乐器玩具的过程中，感受音质、音色、音量的大小和音调的高低，增长对音乐的认识，促进听觉的判断力和敏锐力。
	美艺材料	认识颜色和工具，在操作过程中学习控制小肌肉的动作，培养观察力和想象力；欣赏一些不同类型的艺术作品，培养对美的感受力。
阅读材料	图书	在听成人讲故事、和成人一起阅读时，培养注意力和安静的倾听习惯，在认读过程中促进认知能力的发展；在自己翻阅图书时边看书边自言自语，或者与成人交流，发展语言。

1～2岁幼儿玩具的配备

玩具类型	玩具举例	作用
发声玩具	敲敲打打的玩具	击打玩具使之发出声音，发展视听知觉，感知颜色和形状，锻炼小肌肉的灵活性。
建构玩具	软体积木	感知积木柔软的质地和颜色，进行简单的搭建；通过摆弄、扔、拿放、持物站立等发展手臂的控制能力。
	木质积木	感知积木硬的质地和颜色，进行简单的搭建；通过垒高、拿放、组合、推倒等动作发展大肌肉和小肌肉动作，培养观察力和表现力。
	插装组装玩具	发展手和腕部动作的灵活性。
骑乘玩具	可骑乘的玩具	坐在玩具上，感受前后、上下、左右等不同方位的变化，促进脑的发育和大肌肉动作的发展。
	低矮的车子	能坐在带轮子的车上，自己蹬动双腿向前走，发展腿部大肌肉动作，练习直行和转弯。
家具玩具	能穿衣穿袜的娃娃	模仿成人动作给玩具穿脱衣物，训练手眼的协调性，培养积极的情绪情感。
	简单的劳动工具	认识并利用工具模仿成人的动作，发展小肌肉，体验劳动的快乐。
	小勺小碗	练习使用生活用品，发展小肌肉。
	牢固的椅子或沙发	能在沙发上攀爬，发展大肌肉动作。
音乐玩具	音乐儿歌的磁带	愿意随音乐做动作，锻炼听觉发展想象力。

（续表）

体能玩具	各种球	能用球玩滚、抛、接、拍等游戏，促进各种技能的完善，发展大肌肉动作。	
	小水桶和铲子	通过滚、装、提、倒等动作感受游戏的快乐，发展四肢动作的协调性，培养想象力。	
	可推拉（拖拉）玩具	使用玩具走、跑和过障碍，发展四肢的协调性和控制能力。	
	跳台	能从低矮的台阶上往下跳，发展大肌肉动作，培养勇敢精神。	
水中玩具	洗澡类玩具	随意摆弄玩具，感知玩具在水中的沉浮、流动等性能，探索容器的玩法。	
认知玩具	镶嵌、拼图	培养观察能力和手眼协调能力。	
	图形盒奇异盒	认识各种形状、颜色和简单画面，培养观察力和认知能力。	
	套叠环	能按玩具大小或形状进行套叠，认识颜色，能够比较大小，练习观察和手眼协调能力。	
	配对玩具	按照颜色进行配对，发展认知能力。	
图片图书	书籍	边听成人讲故事边看书，培养对文学作品的兴趣；自己翻书阅读，边看书边自言自语，满足阅读的愿望；向成人提问和交流，发展语言。	
美艺材料	美术用品	使用美术工具进行涂鸦活动，发展小肌肉的控制能力，表达对事物的认识和内心的感受。	

2～3岁幼儿玩具的类别

类别		作用
运动类玩具	攀登滑行类玩具	能增强幼儿四肢肌肉的力量，尤其是手的握力和手臂的肌肉力量；克服心理恐惧，培养勇敢精神。
	摆动颠簸类玩具	初步发展幼儿的平衡能力；通过程度适宜的摇摆游戏，增添幼儿游戏兴趣；感受与同伴游戏的快乐。
	转动类玩具	通过转动类游戏，刺激幼儿前庭平衡器官的发育，帮助幼儿形成稳定、愉快的游戏情绪。
	运行类玩具	练习身体不同部位的肌肉动作，刺激腿部肌肉的发育，初步培养大肌肉及身体控制能力的发展，激发幼儿愉快的情绪和想象力。
	钻爬类玩具	以发展幼儿钻爬动作为主，促进幼儿四肢和躯干主要大肌肉群的均衡发育。
	掷击类玩具	发展幼儿上肢运动及全身的动作，促进上肢肌肉、关节、韧带的发育，激发幼儿对掷击运动的兴趣。
	平衡类玩具	有利于增强幼儿的运动功能，刺激幼儿中枢神经系统对肌肉组织与内脏器官的调节发育，培养幼儿对平衡游戏的兴趣。
	弹跳类玩具	培养幼儿对弹跳游戏的兴趣，促进幼儿腿部肌肉的发育。
	球类玩具	发展幼儿上肢肌肉力量和手的触压觉，满足幼儿玩球的兴趣。
	圈类玩具	给幼儿提供探索圆的概念的机会，发展幼儿控制手腕运动的能力。
	自制类玩具	激发幼儿进行运动游戏的兴趣。
	自然物类玩具	在与沙、水、空气等自然环境和物品的接触中，刺激幼儿感知觉的发育，满足幼儿喜欢玩沙、玩水的兴趣与愿望。

（续表）

角色类玩具	自我类玩具	喜欢幼儿园的环境，感受温暖和安慰；喜欢和老师、小朋友一起玩，培养良好的情绪，缓解分离焦虑；养成收放玩具和物品的习惯。
	家庭类玩具	缓解分离焦虑、宣泄情感、感受温暖和安慰；培养良好情绪及爱心；尝试简单的口语表达；在操作过程中增加对各种用具、材料的感知，发展动手操作能力；知道玩完的东西要放回去。
益智类玩具	种植养殖类玩具	引发对生命物体观察的意识与兴趣；可以观察生活中一些容易种植和饲养的动物、植物，培养对生活中经常食用的水果、蔬菜的兴趣。
	操作类玩具	满足幼儿的动手愿望和探究兴趣；发展手指力量和小肌肉动作的灵敏性；发展手眼协调能力。
	规则类玩具	提供活动材料，引发动手动脑；激发好奇心，鼓励探究活动；感受玩具内在的规则，体验游戏的愉快。
	阅读类玩具	感知画面，发展视觉；引导幼儿听图书里的故事，引发对图书的兴趣；引导幼儿爱护图书，在教师的帮助下，学习一页一页地翻看图书。
建构类玩具	搭建类玩具	满足幼儿探究物品的需要，在操作摆弄玩具的过程中获得感官的满足；可以进行把物品延长、堆高、围拢的搭建游戏；在搭建过程中增强手指的力度和大小肌肉动作的协调性。
	插装类玩具	满足幼儿利用积塑材料动手插接的兴趣和需要；通过摆弄和探索多种游戏材料初步感知物体的属性。
	混合建构类玩具	乐于亲近大自然，感知其景物的不同变化；加深幼儿亲近自然、热爱自然的情感；学习安全地使用劳动工具和用具。

美艺类玩具	绘画类玩具	通过操作工具盒材料的动作使画面带来变化，宣泄情感。
	手工制作类玩具	初步尝试制作的乐趣；锻炼小肌肉的灵活性。
	欣赏类玩具	感受事物和颜色；获得愉快的情绪体验。
表演类玩具	乐器类玩具	探索声音，建立手的动作与声音之间联系的认识；感知各种乐器的声音，促进听觉器官的发育；增进幼儿与成人之间的情感交流。
	道具类玩具	引发对表演游戏的兴趣，吸引幼儿参与到表演游戏中来；相同的道具使幼儿可以互相模仿，产生心理认同。
	视听设备类玩具	能提供丰富的感知觉刺激，培养幼儿对艺术美的敏感程度；吸引幼儿参与艺术活动，从中获得快乐的情绪体验。

2～3岁幼儿玩具的配备

玩具类型	玩具举例	作用
攀登滑行类玩具	小滑梯 小型综合攀登架	高度适中，易于初步体验攀登及下滑的动作感受；造型可爱，具有攀爬的功能。
摆动颠簸类玩具	秋千 荡船 摇马 弹簧坐椅	摆动颠簸类游戏有助于发展幼儿的平衡能力；摇摆舒适，能舒缓幼儿情绪。
转动类玩具	转椅	让幼儿体会转动的感觉，促进前庭平衡器官的发育。
运行类玩具	三轮脚踏车	可推可骑，安全舒适，锻炼腿部肌肉，易吸引幼儿玩乐。
钻爬类玩具	拱形门 钻绳 体操垫	促进幼儿身体动作协调发展，锻炼、提高钻爬能力。

掷击类玩具	软球投掷物 低矮篮筐 飞盘类	通过抛、扔物的游戏，促进上肢肌肉的发育。
平衡类玩具	平衡木 平衡步道 平衡梯	发展对平衡类游戏的感知与兴趣。
弹跳类玩具	羊角球 悬挂物	可供双脚跳、双脚向上跳，促进身体协调发展。
球类玩具	皮球 软球	具有一物多用的特点，能促进对运动游戏的兴趣；促进基本动作的发展及身体素质的提高。
圈类玩具	塑料圈 藤圈	发展走、钻、爬等方面的运动能力，培养对圈类运动游戏的兴趣。
自制类玩具	拖拽玩具 沙包 小风车	引起活动兴趣。
自然物类玩具	沙盘 嬉水池	通过玩沙促进感知觉的发展，满足兴趣与玩沙、玩水的需求。
自我类玩具	地垫	创设温馨的游戏氛围。
	娃娃 普通娃娃 智能娃娃	通过搂抱娃娃，把自己被父母关爱的感受迁移到娃娃身上；在照顾娃娃的过程中培养爱心。
	毛绒动物玩具 实心玩具 空心玩具	通过柔软和造型可爱的毛绒动物玩具，引发对活动区的兴趣，产生搂抱、摆弄的愿望。
	自带的依恋物 玩具 物品	接纳幼儿依恋宠物的情感，让他们在这里感受到温暖与安慰。

	家具 床 桌椅	创设"家"的游戏氛围；引发操作活动。
家庭类玩具	娃娃 普通娃娃 智能娃娃	缓解分离焦虑；在照顾娃娃的过程中，培养幼儿的爱心。
	厨房用具	知道厨具的名称和用途；用材料进行简单操作。
	餐厅用具	练习使用小勺，发展手的小肌肉动作。
	家用电器 冰箱 电视	再造幼儿熟悉的家庭环境；提供可发展的游戏空间。
搭建类玩具	EVA软体积木 （标准型号）	材料质地软，安全性能强，重量轻，触觉舒适；体积相对较大，颜色鲜艳，在游戏中容易形成成就感，适于年龄小的幼儿选择。
	纸积木 （标准长方形）	结实，可坐可踩；扩展游戏内容，丰富游戏情节（一般幼儿多用于聚拢使用，如给小动物盖房子）
插装类玩具	叠接玩具	满足将物品垒高的兴趣与愿望；在游戏中发展手眼协调能力及平衡能力。
	嵌接玩具	幼儿连接时可将一个玩具的凸起嵌入另一个玩具的凹槽；在游戏中感受区分物体凸、凹面，感知凹、凸连接相吻合的特性；发展手眼协调能力及小肌肉的灵活性。
	旋接玩具	幼儿通过旋拧动作操作玩具，发展小肌肉的灵活性；在游戏中区分大小、形状，进行配对旋拧连接。
	套接玩具	玩具的一头比较粗，另一头比较细，幼儿在游戏时需要粗细相套进行连接游戏；在操作游戏中辨别粗细，感知物体套接的特性。

（续表）

混合建构类玩具	沙水 石头 树叶 雪	乐于亲近大自然，感知其景物的不同变化；加深幼儿亲近自然、热爱自然的情感；学习安全使用劳动工具和用具。
种植养殖类玩具	动物： 家禽 昆虫 鱼类	提供饲养对象；激发对动物的好奇心；激发爱护动物的情感。
	植物： 盆花 水果 蔬菜	激发好奇心；引发爱护植物的情感。
操作类玩具	声响： 电动 手动	激发好奇心；感知声音的个同。
	穿孔： 平面 立体	培养良好的情绪情感；发展手的动作。
	拾物： 物品 工具 容器	提供模仿成人活动的机会；发展小肌肉动作的灵活性。
	触物： 实物 图形	触摸不同材质的物品，发展感知觉；发展图形知觉。
规则类玩具	镶嵌： 平面镶嵌 立体镶嵌	满足探究需求；发展观察力和图形对应能力。
	接龙： 图案接龙 图形接龙	学习观察物体特征；进行小肌肉灵活性的练习。
	套叠： 里外套 上下套	在随意摆弄中感知大小。
阅读类玩具	图书： 画报 故事书 工具书	引发幼儿阅读活动，情绪愉快；培养幼儿阅读兴趣；发展感知能力。
	卡片：识图类	便于观察和操作。
	讲述玩具： 指偶 模型玩具 服装道具	引发积极的语言活动；在直观动作的帮助下提高阅读兴趣。

绘图类玩具	水彩笔		颜色鲜艳，水量充足，容易抓握，便于幼儿涂抹。
	棉签		操作简单，提高绘画活动的趣味性。
	各种大的纸张		满足幼儿大肌肉动作的操作需求，使幼儿不受限制地进行绘画活动，感受笔在不同纸上产生的不同效果。
	水溶性颜料		色彩饱和度高，便于幼儿认识和感受，操作简单方便。
手工制作类玩具	纸工	穿孔：平面立体	通过简单的折、压，感受纸的可塑性。
		拾物：物品工具容器	通过将纸撕成各种图案或随意撕碎，发展手部小肌肉的灵活性。
	泥工	触物：实物图形	色彩丰富、鲜艳，质地柔软，便于塑型。
	废物制作	镶嵌：平面镶嵌立体镶嵌	便于塑造动物的身体、头等造型，可进行粘贴、剪、折等不同的创作。
欣赏类玩具	自然物制作	水果	可利用水果本身的颜色、形状进行随意创作。
	绘画	中外名画	引导幼儿欣赏名家画的水果、蔬菜、动物，感受艳丽色彩，激发喜悦心情。
		年画	画面活泼饱满、色彩艳丽，易于引发幼儿产生愉悦感。
		儿童画	富有童趣，易被幼儿接受与欣赏。

	工艺品	内容贴近幼儿生活、富有情趣，容易引起幼儿的关注，感受其造型色彩。
乐器类玩具	金属类	金属类乐器能发出清脆、明快、灵动的声音，可以激发幼儿参与音乐活动的愿望。
	木质类	木质类乐器音调偏重浑厚、温暖，可让幼儿体验平和稳定的节奏。
	鼓类	鼓类乐器可以渲染和表现出热烈奔放和带有象征性的声音，易于激发幼儿模仿动作、感受节奏的兴趣。
	玩具类	让幼儿感知声音和节奏，从而对表现声音产生兴趣。
道具类玩具	手指偶 手袋偶 毛绒玩具 服饰及挂饰	激发幼儿参与表演游戏的愿望，增进表演游戏的趣味性。
视听设备类玩具	音频类设备： 磁带、CD盘 视频类设备： VCD DVD盘 录像带	帮助幼儿稳定情绪，放松心情；吸引幼儿注意力，培养初步的表演兴趣。

早期教养机构环境的评估

一、外部环境

1.园所附近是否有花园、公园，可供婴幼儿观察、探索自然环境？

2.户外活动的区域（或者活动时间段）是否便于和幼儿园的孩子分开？

3.户外活动区的设施是否清洁、安全？是否有尖锐、断裂处？

4.地面是否有软质材料（安全地垫）？

5.日照区和阴影区是否均衡（避免夏季阳光直射）？

6.是否有半开放、加顶的户外活动区，以方便雨天的户外活动？

7.是否有多种适合亲子园的体能设备？

8.活动场地的排水是否良好？

9.是否有供婴幼儿饲养（观察）小动物的地方？

10.是否有供婴幼儿进行种植（观察）活动的区域？

二、内部环境

1.桌椅、鞋柜、储物柜、教具柜等儿童用品是否存在安全隐患？是否符合其使用要求？是否有易清洗、擦拭的特性？

2.窗户的高度是否能让婴幼儿看到户外？

3.空调、取暖、采光、通风、照明等设施是否完善？

4.盥洗室的洗手池、马桶是否方便婴幼儿使用？数量是否足够？

5.活动室的地板是否适合婴幼儿坐下操作？

6.是否有自制、添置的符合婴幼儿发展的教具（如舀米材料、抓豆材料等）？

7.活动室内是否有一个能让婴幼儿安静独处的地方？是否放置了大靠垫或小沙发等？

8. 活动室内是否摆放鲜花或干花、精美的桌布、饰品、装饰画等？

9. 是否设有婴幼儿作品展示处？

10. 活动室内是否有图书、建构积木等适合婴幼儿自主游戏的材料（主要是活动结束后自由活动用）？

11. 卫生设施、材料是否充足，如配有擦地的抹布或毛巾、洗手间内供家长用的拖鞋、家长室内用的鞋套、消毒材料等？

12. 活动环境创设是否充分体现教育性？

首先，教育环境的创设要体现儿童情趣，否则婴幼儿不能和环境形成互动。

其次，教育环境要体现教育性，让婴幼儿能潜移默化地受到影响，从目前各园的环境创设来看，专门的布置都很少，教师没有考虑到环境对婴幼儿起到的教育作用，有些布置几乎成了装饰和形式。

13. 活动环境创设是否突出参与性？

教师是否给婴幼儿提供足够的空间和材料，调动他们参与环境创设的积极性？是否意识到家长作为重要的教育资源的作用，积极促成家长参与环境创设？

14. 活动室场地面积是否合适？

活动场地过大或过小都不利于组织活动。活动场地面积过大（如上百平方米的多功能厅），把一些滑梯、泡沫球池、小城堡等玩具都放在室内，孩子易于分心，难以组织活动。另外，大型玩具摆在室内，可能对1岁左右的孩子比较合适，但对于2岁多的孩子就有可能与户外活动重复。活动场地面积过小，有时候一间教室要有20人左右，且周围又摆桌子占去了空间，显得比较拥挤，孩子的大肌肉活动动作容易受限。

因此，各园还要重新考虑一下场地过大或过小各自的利弊，或者是要在场地活动区的划分上重新调整一下，以保证场地既不显得空，分散婴幼儿的注意力，又能保证婴幼儿正常的活动。

附

早教基地环境创设的实践与探索

在多年的幼儿园管理中，我们深知，要办好早期教育基地，基地选址应考虑到国家有关要求及环境卫生、交通、社区软硬件情况，这些因素对将来基地的发展有着至关重要的影响。当然，地处北京市的一个成熟社区的丰台区方庄第三幼儿园已无须对园所地址进行重新考虑，他们面临的问题就是对基地场地进行专业分析并对现有场地进行改造。

一、科学分析场地需求

早教基地应该建成什么样子？需要什么场地？结合亲子教育特点和北京市有关规定，我们认为，早教基地是亲子群体之间进行交流活动的场所，它强调教师、家长和孩子三者的共同参与，尤其是注重家长的参与，这个特点应该是基地建设的主要因素。所以，早教基地总面积应该在200～400平方米，场地主要包括主体活动区、展示区和户外活动区等。

主体活动区。主体活动区是进行亲子活动必备的场地，它主要包括活动室、咨询室、测试室、休息室等。活动室一般在60平方米以上，每次可容纳10～15人参加活动，设有中央活动区，供婴幼儿和家长一起参加游戏活动，四周设有观察区、操作区（精细动作训练区）、律动区、阅读区等。咨询室一般在6平方米以上，主要供专家咨询、进行科学育儿指导使用。测试室一般在12平方米以上，主要是定期给婴幼儿进行生理、心理测试和综合评价时使用。休息室一般在20平方米以上，供婴儿和家长在活动前后休息或做准备工作使用。休息室也可作为家长聊天室，家长可以利用活动前后的休息时间就孩子的有关问题彼此进行探讨。

展示区。展示区一般在20平方米以上，主要放置婴幼儿益智玩具和图书画册，供家长了解和租借。展示区一般在20平方米以上。

户外活动区。亲子教学过程中，有一些游戏需要家长带着宝宝走出活动室，在户外进行，有时还可能需要利用户外的一些大型器械完成游戏过程，所以设立一个户外活动区也是必要的。户外活动区的大小可根据园内户外场地的大小具体设定。

在场地需求方面，政府也出台了相关政策。北京市就对社区婴幼儿早期教育基地的场地需求做出规定，要求配备亲子专用教室，面积不小于60平方米，且光线充足、通风良好，并且要有户外活动场地等。

二、根据幼儿园实际情况进行基地建设

根据对活动基础场所的分析，结合我园现有场地和其他实际情况，我们对现在部分园舍进行了改建，辟出了宽敞、明亮、温馨而又充满童趣的活动室，活动室有100多平方米。为了适合开展亲子游戏活动，活动室四周用色彩明快的软性材料进行软包，半圆形的门饰和质地优良的方形胶垫也使宝宝们犹如来到了童话世界，可以尽情地玩耍和嬉戏。

根据宝宝的年龄特点，我们设置了适合婴幼儿使用的卫生间，卫生、清洁、舒适的小型洗手池和坐盆等，让宝宝在游戏之余体验独立入厕的快乐，帮助家长理解生活中处处有教育的真正内涵。

我们还为家长开辟了图书借阅室、家长休息室。室内配有供家长学习育儿知识的图书、报刊、电视、电脑，以及一些沙发、桌椅、饮水机、空调等。还特意制作了有关早教基地的宗旨、目标以及各年龄班的发展目标、努力方向等5块彩色喷绘展板悬挂在室内，使整个休息室既温馨、舒适，又处处给家长以教育和启迪。

在场地建设时，我们本着给婴幼儿、家长和教师一个健康而安全的空间，并考虑审美需求的原则，注意了以下几个方面。

健康。园舍建设必须确保婴幼儿、家长和教师的身心健康，因此在选择建筑材料和装修材料时要注意使用环保的绿色建材。

安全。安全是园舍建设必须考虑的重要问题。在建设时，既要遵守国家有关规定，又要时时、处处从保护婴幼儿安全的角度出发。为此，我园的亲子活动室

全部进行了软包，在婴幼儿能够触及的墙面高度上没有任何能对他们安全有威胁的东西，室内陈列的玩具和游戏设施也能确保婴幼儿的安全。

空间。亲子园活动场所的大小要根据家长和婴幼儿所需空间比例来确定，每个活动场所都进行了科学、合理的空间安排。

审美需求。在设计和装修室内外活动室时，充分考虑了婴幼儿的审美需求，为婴幼儿设计并创造了一个容易使他们产生美感的环境，在色彩、灯光等方面也都经过精心设计，这有助于他们的身心健康发展。

三、根据婴幼儿特点配备专门的亲子教育玩具

不同年龄段宝宝发展水平、能力不同，对玩具的需求也是有区别的，我们根据婴幼儿的特点及开展亲子教育的需要，为早期教育基地配备了全套的亲子教育玩具。

0～1岁：感官发展尚未成熟，肢体活动不灵活。选择玩具应侧重于刺激感官发展类，以看、听、握、敲的玩具为主，如床头悬挂玩具、发声玩具、柔软可抱玩具、洗浴玩具、拖拉玩具、填充玩具、可扔摔玩具、音乐玩具、布制玩具等。

1～2岁：肢体发展关键期。这时的婴幼儿刚会走路，喜欢走动又不稳；喜欢说话，开始有自我要求。选择玩具应侧重于大小肌肉发展和图形色彩辨认玩具为主，如小滑梯、摇马、钻爬玩具、推拉玩具、敲打玩具、认知玩具、形象玩具、图书（布书、压模书、识图卡）、蜡笔等。

2～3岁：已能自由跑跳，有好奇心，对什么都感兴趣，大量吸收知识，有基本的语言理解与沟通能力。选择玩具应侧重于语言沟通、表达和认知学习类玩具为主。如攀爬滑梯、跷跷板、海洋球池、形象玩具（娃娃、车辆、房屋、动物）、推拉玩具、穿接玩具、发条玩具、认知玩具（接龙配对）、柔软弹性球类、角色操作玩具、生活自理训练玩具、简单积木玩具、图书、手偶等。

玩沙、玩水、积木、球类玩具，适合各年龄段婴幼儿。

四、遵循五大基本原则，创设亲子园环境

环境创设的原则是指教师创设亲子园环境时应遵循的基本要求，这些要求是

根据亲子教育的原则、任务和婴幼儿发展的特点提出来的。

（一）环境与教育目标一致的原则

在创设亲子园环境时，要考虑它的教育性、指导性，应使环境创设的目标与亲子园教育目标相一致。过去虽然也重视环境创设，但在很大程度上只是追求美观，为的是布置环境，或者只是盲目地提供材料，对环境的教育性考虑很少。要注重环境为教育目标服务，应考虑以下两点。

1. 环境创设要有利于亲子教育目标的实现，促进婴幼儿的全面发展。在环境创设时对婴幼儿体、智、德、美四育不能重此轻彼。教师仅注重婴幼儿的认知活动，设置读、写、算等区域，缺少婴幼儿健康、社会、审美教育等环境，或在创设发展婴幼儿社会性的环境时，只提供婴幼儿社会认知的环境，而对社会性情感、社会性行为发展的环境考虑很少等，都不利于婴幼儿的全面发展。

2. 依据婴幼儿发展指标及亲子园教育目标，对环境设置做系统规划。在制订学期、月、周、日及每一个活动计划时，当教育目标确定后，应考虑：为了达到这些目标，需要有怎样的环境与之配合；现有的环境因素中，哪些因素对教育目标的实现是有用的，可以利用；哪些环境因素是要创设的，需要婴幼儿家庭、社区做哪些工作；等等。应将这些列入教育计划并积极实施。

（二）适宜性原则

婴幼儿正处在身体、智力迅速发展以及个性形成的重要时期，有多方面的发展需要，环境创设应与其身心发展的特点和发展需要相适宜。比如，婴幼儿天性好奇，有强烈的探索愿望，教师就应创设问题情境，使婴幼儿能在游戏中发现问题、解决问题，提高思维水平和动手能力；婴幼儿知识经验少，需要学习感性知识，就应提供各种各样的图书，开阔他们的眼界。处于不同年龄阶段的婴幼儿，身心发展特点和需要表现出不同的年龄特征，即使同一年龄阶段的孩子，在兴趣、能力、学习方式等方面都存在很大差异。环境创设应适应婴幼儿的这种差异，提供的玩具应该同品种的数量多一点，可提供一些穿珠、拼插、剪贴等方面的材料，让婴幼儿进行练习；有的婴幼儿大肌肉动作发展差，就可提供脚踏车、攀登架等，让婴幼儿进行练习。

婴幼儿的身心特点和发展需要还会随着其年龄增长而发展变化，因此环境创设不是一次就可以完成的，它是一个"设计→实施→修正→再实施→再修正"的螺旋式发展过程。

（三）婴幼儿参与的原则

环境创设的过程是婴幼儿与教养人共同参与合作的过程。教育者要有让婴幼儿参与环境创设的意识，认识到环境的教育性不仅蕴含于环境之中，而且蕴涵于环境创设的过程中。以往，环境创设常常较多地由教师包办，即使有宝宝参与，也仅限于将他们的作品拿来作为环境的点缀；教师经常在学期初为了布置环境加班加点，而一旦环境布置好了，就认为大功告成，一学期难得更换一次，因而环境对于婴幼儿没有持久的吸引力。教师应将宝宝参与环境创设融入课程，以便对婴幼儿有针对性地进行教育。游戏活动通过教养人的引导、参与等过程，使教师由单纯的传授者变成倾听者、合作者、指导者。婴幼儿在参与的过程中，充分认识到了自己的能力，培养了自信心和解决问题的能力。

（四）开放性原则

开放性原则是指创设环境不仅要考虑环境要素，也要重视园外环境的各要素，两者有机结合，协同一致地对婴幼儿施加影响。

利用开放的教育环境对婴幼儿进行教育，是教育者应该树立的大教育观。因为科学技术发展所带来的信息量给婴幼儿的刺激可以说是全方位的，婴幼儿的成长受到多方面的影响，因此，我们不能关起门来办教育，脱离幼儿园园外环境进行园内封闭式的教育。比如，幼儿园要求婴幼儿学习基本的生活自理技能，有的家长却常常忘记了这个教育任务，孩子在家自己穿鞋袜，家长认为孩子穿得慢，耽误大人的时间，于是包办代替帮孩子穿上，孩子愿意自己做，说在幼儿园也是自己做的，家长却说："幼儿园有幼儿园的一套，你这是在家里！"一句话就把幼儿园好的教育影响抵消了。面对外界环境的复杂影响，幼儿园应采取积极的态度，主动与外界结合，让家庭、社区成员更进一步了解幼儿和幼儿园，使幼儿园教育获得家庭、社区的支持和配合，有针对性地对婴幼儿进行教育，同时，也促使家长和社区成员从教师那里学习到教育知识及技能，改善自身的教育观念和行为。

幼儿园与家庭、社区合作的一般做法是：一方面选择、利用外界环境中有价值的因素教育婴幼儿，另一方面要控制与削弱消极因素对婴幼儿的影响。当然，每个园、每位教师也有自己独特的做法，但重要的是要把与家庭、社区结合的活动纳入到幼儿园教育过程之中。这方面的例子很多，比如，请交警来园模拟操作，给婴幼儿介绍交通安全知识；让家长制作一盘反映孩子一天典型生活的录像；带领婴幼儿参观附近市场（街市）等。更为重要的是，要摸索出一整套策略和做法，在幼儿园、家庭、社区之间形成长期且稳定的合作关系。

（五）经济性原则

经济性原则是指创设幼儿园环境应考虑幼儿园的自身经济条件，勤俭办园，因地制宜办园。

我国近几年来经济发展速度较快，但由于人口多、底子薄，经济水平仍相对较落后，所有的幼儿园都应当发扬艰苦奋斗的精神，勤俭办教育，给婴幼儿提供物质条件时，应以物质条件对婴幼儿发展的功能大小和经济实用性为依据。比如，图书架主要是放置图书、供婴幼儿阅读的，可取几根木条，做成可以放书的许多小格，钉在墙上，婴幼儿易拿易放，又不占地方，墙边再放几把小椅子，婴幼儿看书也方便。这样做，节钱省料实用，何乐而不为呢？此外，根据本园需要，就地取材，一物多用，也能够少花钱，多办事，办好事。有的山区盛产竹子，利用它可以做一些积竹、高跷，供婴幼儿玩游戏；农村幼儿园用三合土铺的活动场地，就比水泥地省钱又安全，等等。

（北京市丰台区方庄第三幼儿园　原　春）

| 第六章 |

集体教养机构中
早教活动的组织与指导

【第一节】
集体教养机构开展早教活动的定位与原则

在创设好适宜婴幼儿和教养人活动的环境后，集体教养机构需要针对教育对象的特点开展形式丰富、内容科学的早教活动，促进教养人育儿能力的提升，促进婴幼儿身心健康、和谐发展。

一、集体教养机构开展婴幼儿早教活动的定位

集体教养机构开展的早教活动（以下简称早教活动）是根据教育对象的成长特点和需要，在专业人员指导下，由婴幼儿和教养人共同参与的一项互动活动。

早教活动一般由专业人员主持，面对教养人进行现场指导，通过带领婴幼儿和教养人开展有针对性的早教活动，普及科学的早期教育理念和方法，促进婴幼儿积极主动地发展。早教活动具有示范性、指导性与实践性的特点，能使教养人得到教养婴幼儿的指导与服务，是教养人学习科学育儿的重要课堂。

（一）早教活动是面向婴幼儿及其教养人的活动

亲子互动是早教活动的核心。开展早教活动时，需要关注亲子互动的实效和质量。教师要结合婴幼儿的年龄特点和发展需要，选择适宜的活动材料，设计适宜的活动内容。活动内容应结合婴幼儿的生活、游戏和锻炼的目标，渗透语言、动作、认知、情感、艺术、健康、养成教育等多方面内容。同时，早教活动不仅应面向婴幼儿，同时也应面向教养人，要给予教养人科学的教养理念和实用的教养方法，引导教养人尊重和理解婴幼儿发展中的差异、赏识婴幼儿的发展，培养婴幼儿的独立性和创造性。教养人既是婴幼儿的玩伴，也是婴幼儿模仿的对象、学习的榜样和行为的楷模。

（二）早教活动是个别活动和集体活动相结合的活动

早教活动可以是集体的，也可以是分散的、个别的，两者应有机结合。集体活动为教师、教养人和婴幼儿的多边互动提供了良好的氛围和交流的平台，教师和教养人共同为婴幼儿全面、和谐的发展贡献智慧。个别活动中，教师则依据婴幼儿生理、行为、个性的差异，有针对性地采取适宜的策略，提高婴幼儿的多方面能力。

（三）早教活动应体现生活化、游戏化、个别化的特点

早教活动的设计应该基于婴幼儿的生活需要，因为我们不能指望婴幼儿一周一次或两次到早教指导机构里参加学习活动，就能产生立竿见影的效果。只有通过早教指导机构对教养人的育儿指导，提高婴幼儿的家庭教养质量，婴幼儿的发展才可能是可持续的，因为婴儿的发展机会和接受教养的主要场所是在家庭。通过接受早教工作者的指导，教养人可以在家庭的日常生活和游戏中，用重复的方式积累和强化婴幼儿的经验。

早教活动可以一对一或一对几进行，活动的时间根据婴幼儿的兴趣和注意力决定，短则1～2分钟，长不过15分钟。活动的方式是极其自然、简单而非程式化的。既然我们相信婴幼儿会在自然的生活和游戏中学习，那么成人的"教"则应更多地与婴幼儿的自然生活和自发游戏同步。

1.生活化。

集体教养机构开展的早教活动应强调生活化。教养机构的所有活动都应渗透或穿插在婴幼儿的日常生活中进行。有的教养活动本身就是生活环节，尤其是对于3岁前的婴幼儿来说。比如，面对0～1岁的婴儿，换尿布时可进行听说活动，多向婴儿描述自己正在做的事，平时提供一些日常用品让婴儿摆弄，给婴儿正在摆弄的实物命名或数数，让婴儿闻闻房间里的味道、晒晒太阳、踩踩影子等。面

对大一点的婴幼儿，也是如此。

早教活动还应强调教养人指导的生活化。如果认为婴儿的发展主要是依赖教养人的日常教养行为，那么早教指导机构应提供针对日常教养内容与教养活动方式的指导——解释活动的内涵，示范活动的方式，提炼活动的意义，提升活动的价值，观察活动中的亲子互动并解读婴幼儿的行为，引导教养人的行为，回答教养人的问题等。

2. 游戏化。

玩是婴幼儿的学习和工作，因为婴幼儿的经验和能力大多是在游戏的过程中获得的，所以要结合婴幼儿的这些特点，寓教于乐，在游戏中开展保教工作。

婴幼儿在亲子游戏中通过直接接触各种事物所获得的知识、经验和技能往往比在独自游戏和伙伴游戏中获得的更丰富，更有利于其认知发展。亲子游戏可以充分激活婴幼儿的大脑细胞，提升婴幼儿的听觉、触觉、视觉、运动觉、前庭平衡及语言智能、动手能力的水平，培养亲子感情，促进婴幼儿全面发展，创造良好的人生开端。

寓教于乐，不仅指的是成人应采用游戏的方式进行早教活动，还指的是婴幼儿在游戏过程中是感兴趣的、愉悦的，有自由活动、创造的时间和空间。

3. 个别化。

集体教养机构组织的早教活动虽然时间、内容是统一的，但在对婴幼儿及其教养人的指导上却要突出个别化。

婴幼儿的发展是存在各种差异的，在活动中要尊重他们的差异，密切关注婴幼儿的兴趣，关注他们的能力是否能及，防止齐步走、一刀切，把活动结果当做鉴定和评比发展高低的标准。同时，我们要承认和欣赏婴幼儿发展的多样性，保护发展中的个别差异，千万不要用一个模子去"塑造"我们心目中的儿童。

针对不同的教养人也要采取不同的指导方法。如对老人要态度热情、说话语速放慢；对保姆要平等相待，告诉她们怎样教养婴幼儿的实用方法；对婴幼儿父母要尊重，多交流沟通，分析婴幼儿的年龄特点，引导父母正确看待婴幼儿发展中的个体差异，用多元的眼光正确看待婴幼儿的发展，不要攀比。

二、早教活动设计的原则

（一）适宜性

目标定位适宜，是指早教活动的组织者要根据婴幼儿的年龄特点和发展水平，确定符合婴幼儿发展需要的活动目标。适宜的目标应该是既高于婴幼儿的现实发展，又是婴幼儿经过努力能够达到的水平；既考虑婴幼儿某一方面发展的需要，又要着眼于婴幼儿整体发展的需要；既要考虑婴幼儿群体的水平，又要兼顾他们之间的差异。因此，早教活动的目标一定要符合婴幼儿发展的需要，具有指导性和可操作性。

内容选择适宜，是指早教活动的内容选择结合婴幼儿的身心发展特点，设计丰富多样的内容，包含促进婴幼儿大肌肉发展的活动内容，促进婴幼儿小肌肉发展的活动内容，促进婴幼儿情感、认知、社会性等多方面发展的活动内容。早教活动切勿以知识传授为单一选择，活动内容更侧重婴幼儿习惯、能力、情感的培养，体现活动内容的多元化。

活动方式适宜，是指由于婴幼儿年龄小，活动要注意动静交替，集体活动与分散活动相结合，时间不宜过长，在集体活动中，可以穿插一些自由放松的活动。一个活动可以多次重复进行，但活动量要适当，根据教养人和婴幼儿的具体情况，适当注意调整活动内容和活动节奏。既要防止婴幼儿过度疲劳，又要避免运动量不足；既要防止内容单一、形式单调，又要防止花样繁多、任务过重。

指导策略适宜，是指早教活动的专业人员，要有目的、有计划、有组织地面对教养人开展科学育儿的具体指导活动。因为教养人的教育行为直接影响着婴幼儿的成长和发展，所以早教活动的指导对象应是这些成年人，通过指导他们与婴幼儿交流互动，传播教养婴幼儿的新观念，使他们进一步体会科学育儿的意义和价值，提高他们科学育儿的水平和能力。因此，组织者在活动前对参加活动的对象要有比较全面的了解，针对教养人的育儿需要和婴幼儿成长的需要，来设计活动目标、选择适宜的内容和方法。在指导中，既要满足多数教养人的需求，又要考虑对个别教养人的具体指导；既要考虑对教养人的现场指导，又要考虑对教养人的家庭育儿指导，使每个教养人都有所收获。

（二）互动性

这里的互动指的是教师与教养人，教师与婴幼儿，教养人与婴幼儿、教养人之间的多边互动。

在早教活动中，教师与婴幼儿的互动，实际上是指教师为教养人提供教养方法的示范，使教养人更加了解婴幼儿的特点和差异，采取适宜的方法针对其带养的婴幼儿进行教养。活动中，教师不仅要调动教养人和婴幼儿参与活动的积极性，还要关注教养人和婴幼儿之间的互动，通过榜样示范和方法引导，提高教养人与婴幼儿互动的质量。此外，教师还要关注教养人之间的互动。因为教养人不是被动的学习者，他们也有许多丰富的经验和方法。在设计早教活动的过程中，也可以将教养人在教养婴幼儿方面的经验，引入早教活动过程中，还可以在活动中为教养人提供分享交流育儿经验的平台和机会，充分运用这些宝贵的教育资源，使婴幼儿、教养人、教师三方面同时受益，把三方面综合成婴幼儿早期教育的整体，同时开发三者的潜能，产生整体效益。这是婴幼儿早期教育的基础与核心。

（三）开放性

空间开放：集体教养机构接纳社区婴幼儿开展早教活动。更重要的是它不同于一般的儿童乐园，不仅设备完善、玩具充足、环境温馨、活动系统，而且有计划、有指导、有干预，满足了婴幼儿发展的需求和教养人学习科学育儿的需求。

方法开放：早教活动帮助教养人提升教养理念和教养技能，使教养人能够更加客观地看待婴幼儿的发展水平和状态，采取有针对性的教养。幼儿园教育不仅可辐射到各个家庭，而且会逐步走向社区，让更多的教养人和婴幼儿受益。

方式开放：早教活动可以不受时间和地点的限制，根据季节和周边社区现有条件，安排不同的活动内容；可以室内外活动交替进行；可以根据婴幼儿的年龄来确定活动时间的长短；指导者可以是专业人员，也可以是社区有经验的志愿者，还可以是有经验的父母。

【第二节】

集体教养机构开展早教活动的组织与指导

早教活动以传播科学的早期教育理念与方法为基础，向教养人提供专业、规范的婴幼儿早期教育服务，把科学的教养观念、原则、方法融入具体的活动当中，用亲子同乐的方式增进教养人与婴幼儿的感情，让早期教育走进社区、走进家庭，让更多的教养人了解、参与早教，让更多的婴幼儿走进早教基地享受科学、系统的早期教育，拥有最佳的人生开端。

一、组织早教活动的基本策略

开展早教活动的思路应是：以婴幼儿潜能开发与个性和谐发展为出发点，以教师与教养人平等对话、和谐沟通为活动方式，以激发兴趣、积极引导为实施重点，以养成习惯、全面发展为活动过程的落脚点。

在组织早教活动的过程中，教师应注意：不一味追求智力发展，更应关注婴幼儿的健全人格；不一味追求形式翻新，更应关注婴幼儿的兴趣和经验；不一味追求传授知识，更应关注婴幼儿的自主性、创造性；不一味追求表面成果，更应关注婴幼儿的个体差异。

二、早教活动过程的组织与指导

由于早教活动的对象基本是3岁以前的婴幼儿和他们的教养人，所以，在活动时间、活动形式、指导方式等方面与幼儿园的教育活动有明显的不同。

（一）早教活动的形式

早教活动的形式可根据不同的内容来确定，分为集体活动、小组活动和个别活动。三种形式可以相互结合、灵活运用。当参与对象的月龄段不同时，更应注意分组开展活动，进行小组指导。

早教活动按时间可以分为小时制早教活动、半日制早教活动和周末制早教活动。

小时制早教活动指婴幼儿在教养人的陪同下，参与早教机构一到两小时的早教活动。因为早教机构有新颖的玩具和与更多小朋友接触和交往的机会，婴幼儿非常喜欢参与这种活动形式。

半日制早教活动指婴幼儿在教养人的陪同下，参与早教机构半日的早教活动。这种活动形式比较利于婴幼儿适应幼儿园的生活节奏和环境，为入幼儿园奠定很好的基础。

周末制早教活动指利用周末时间，教养人与婴幼儿参与早教机构的活动。这种活动形式弥补了年轻父母平时因为工作忙，没有时间带婴幼儿的遗憾。不仅促进婴幼儿与父母的亲子关系，也传递给婴幼儿父母许多科学的教育观念和方法。

早教活动按模式还可以分为"走出去"和"请进来"两类。"走出去"的活动指早教机构的教师走进社区开展多种性质的早教活动和服务，如入户指导、玩具图书馆、流动大篷车、社区活动站等。"请进来"的活动指早教机构的环境、玩具等各种资源定期或不定期向社区开放，可以有父母讲堂、育儿咨询、妈妈沙龙、亲子游戏等多种形式。

（二）早教活动的准备

1. 关注婴幼儿和教养人的需要。

（1）了解婴幼儿发展的需要。

教师可以通过有目的的观察，了解每个婴幼儿的特点和发展需要；通过从婴幼儿外观表现出的身高、体重，可以检测婴幼儿的身体发展状况；通过与教养人的交流和活动中婴幼儿的表现，观察幼儿发展的差异；尽可能多地了解他们的喜好和发展中的不足，选择适宜的活动内容。

（2）了解教养人的需要。

不同的婴幼儿教养人参与早教活动会有不同的需求。一般来讲，年轻父母较为关注婴幼儿的智力发展水平，隔辈教养人较为关注婴幼儿身体状况，保姆较为关注婴幼儿的安全、卫生。面对不同的教养人，教师可以通过调查问卷、访谈、约谈、教养人会、一对一交流等多种形式，了解教养人的需求，并将教养人的需要与设计活动内容有机结合。

2.活动目标的设计。

目标是活动的出发点和归宿。在制定活动目标时，教师可以结合婴幼儿发展现状和整体发展水平，制定共性的目标，有计划、有系统地安排不同活动，达到预期的目标。婴幼儿发展是存在差异的。虽然制定了活动目标，但不求婴幼儿全部做到。发展中的个性问题，可以通过其他方式解决，也可以听取教养人的意见，结合婴幼儿发展的状况、问题和需求，共同协商确定活动目标。

需要注意的是：

（1）早教活动目标指向应明确、具体。

婴幼儿的发展目标是长远的，需要循序渐进的积累。早教活动的目标则是针对一次活动的目标，应具体明确，具有可操作性。比如，"会用小勺舀物品，送到指定位置"的目标就比较适宜，而"提高幼儿手眼协调能力"的目标则过大、过宽，不是一次活动可以完成的。

每一次活动是否能够达到预期目标，则影响着婴幼儿发展的进程。

（2）早教活动的目标应指向婴幼儿和教养人。

在实践活动中，教师关注婴幼儿较多，而关注教养人还不够。教师需要明确的是，早教活动目标不仅指向婴幼儿的发展，还应该关注活动过程对教养人的影响，应有计划、有目的地制定指向教养人的目标。比如，指导教养人不包办代替婴幼儿活动、不攀比、不拿结果衡量婴幼儿发展等目标，有意识地将科学的教育理念与方法渗透到活动目标和活动过程中。

（三）早教活动的设计

1.早教活动的内容选择。

在内容的选择上，教师可结合婴幼儿的年龄特点和关键经验选择适宜内容。

（1）早教活动内容应依据婴幼儿的年龄特点设计。

0～3岁婴幼儿的身体各器官和系统在迅猛发展。每一个阶段都可以用不同的方式刺激婴幼儿的生长发育，使器官和系统在接受并处理外界信息的过程中与外部世界产生互动得到发展。而我们的早教教师则应根据身体发展的不同关键期和动作发展顺序，设计活动并进行干预。如在大肌肉动作方面,11～12个月、

13～15个月、16～18个月分别是走、蹲、跑的关键期,早教教师应设计与关键期相对应的游戏活动,促进婴幼儿大肌肉的发展。又如在小肌肉动作方面,教师应遵循动作的发展顺序设计活动,比如,先设计手掌抓的游戏、再设计五指拿的游戏、再到三指捏的游戏、最后过渡到使用工具,包括勺、筷子等。准确把握婴幼儿的生理特点设计活动,更有利于婴幼儿的生长发育。

（2）制订个别化方案。

参加早教活动的婴幼儿来自不同的家庭,由于遗传的先天差异、不同的生长环境和教养人的影响,婴幼儿的发展水平各有差异。早教教师应在每阶段活动前对婴幼儿的教养人和生活环境有所了解,并通过游戏对婴幼儿发展水平进行测查、评价,有针对性地设计活动,并在活动中提供不同层次的游戏材料。比如,同样是穿珠的游戏,教师应给能力稍弱的婴幼儿提供厚度薄而孔大的珠子,给能力稍强的婴幼儿提供稍厚而孔小的珠子。只有把握了婴幼儿的发展水平,早教教师在设计活动中才能做到心中有数。

2.环节的设计。

（1）时间宜做大块面安排。

早教活动可以安排相对固定的几个环节。开始,当婴幼儿在教养人的陪同下从家里来到早教机构,可以适当安排些自由活动,婴幼儿可自主选择各种玩具,这样就有了简短的适应和过渡时间,也便于教师与教养人沟通交流,便于教师观察婴幼儿的情绪行为表现。正式的活动过程可以安排以下板块:问候时间、精细动作时间、艺术活动时间、亲子游戏时间。大块时间可以相对稳定,具体内容则可以结合婴幼儿表现进行调整。

问候时间。目的是融洽气氛,促进婴幼儿社会性的发展。问候的形式可以变化多样,也可以通过游戏的方式进行。如玩传球的游戏,球传到哪个宝宝手里,哪个宝宝站起来向大家问好,介绍自己的名字。在实践中,教师可以变通活动方式,以免此环节重复进行,流于形式。

精细动作时间。通过不同方式的活动,我们可提高婴幼儿的手眼协调能力和动作的准确性,促进婴幼儿手部精细动作的发展,如拧、夹、舀、倒等操作活动和折、画、撕、粘等美术活动。

艺术活动时间。教师可以安排一些音乐活动，引导婴幼儿随音乐做动作，培养婴幼儿的音乐节奏感，发展婴幼儿的模仿力及表现力。

亲子游戏时间。教师可以安排大肌肉动作锻炼活动，提高婴幼儿的动作协调性和灵活性，游戏中增进亲子之间的感情。

整个活动过程做到几个结合：大肌肉动作与小肌肉动作结合、认知活动与社会性活动结合、动作发展与情感发展结合、习惯培养与能力培养结合。

(2)活动形式可多样化。

设计的活动可以有自选活动、集体活动、生活活动和室外活动。需要强调的是，在天气较好的季节，可以多安排婴幼儿进行室外活动，也可以利用社区资源，如公园、街心花园等场地，安排一些适宜的户外活动。

3.环境准备。

（1）空间安排。

亲子教室主要的活动场地留给婴幼儿进行活动，同时也应给教养人提供放置随身物品和休息的空间。教师应为婴幼儿提供可以钻、爬、滚动、滑梯、平衡等大肌肉活动的空间，同时也应提供图书、宠物玩具、操作玩具等相对安静的活动空间。婴幼儿可以自主选择。

（2）环境创设。

婴幼儿年龄小，身高有限，喜欢跪着玩、爬着玩、席地而坐玩，因此，活动室地面应提供软地面，方便幼儿活动。墙面布置的高度应以婴幼儿跪蹲或坐着时双手能方便在墙面活动为宜。墙面布置的内容要贴近婴幼儿的生活，要能与婴幼儿互动，引发婴幼儿的学习。

（3）材料投放。

材料提供要能够支持和引发婴幼儿与之积极互动。同时，适当提供收放玩具的标志，便于婴幼儿养成良好习惯。

在选择和提供活动材料时，要注意材料的生活性、操作性和趣味性。婴幼儿年龄越小，其学习与生活越是融为一体的，因此要提供生活中熟悉的吃、穿、用的真实物品，把这些材料渗透在活动区的内容之中，调动婴幼儿的感官，发挥真实物品作为教育载体的最大功效。

婴幼儿的经验是依靠感官和动作不断积累起来的。因此，要为婴幼儿提供可以操作和探索的材料。

在婴幼儿的童心世界里，喜欢拟人化的物品，喜欢鲜艳的色彩、悦耳的声音和可爱的动物形象。他们会和玩具材料对话，因此提供材料要生动有趣，满足婴幼儿的需要。

三、早教活动中的教养人指导

目前，早教活动是面向教养人进行早教指导的最主要的途径。传统上，早教活动，是指教养人和婴幼儿共同参与的游戏、活动。早教活动不仅仅是在集体教养机构中开展的"面向婴幼儿"的集体教育活动，更多是同时面向婴幼儿和教养人的活动。

（一）指导教养人的流程

活动开始：要用简洁的语言向教养人说明活动的主要内容，对他们提出必要的要求。接下来的活动是引起教养人与婴幼儿对活动的兴趣，活动组织者可以利用事先准备好的材料或身边的环境吸引婴幼儿和他们的教养人，可以有点名活动，也可以玩个简单的游戏或进行简短的谈话、播放好听的音乐等，目的是使大家进入活动状态。

活动进行：开展指导活动时，要向教养人们交待活动的要求，活动可以是面向集体的、也可以是分成小组或单独进行的。活动组织者要注意引导教养人观察婴幼儿的活动过程，避免包办代替、防止急躁情绪。引导教养人积极地鼓励婴幼儿完成任务，尊重婴幼儿的差异，体验指导婴幼儿学习的过程和方法。一般情况下，活动内容不要安排太多，大运动量的活动与安静活动要穿插进行。由于婴幼儿年龄小，要充分考虑到适当的放松和休息，可以安排一些喝水、小便等生活活动的环节。这时，组织者可以有意识地指导教养人，如何引导婴幼儿学会基本的生活能力，如学会用水杯喝水，要小便时知道去坐便盆等；让参加者有自主选择活动的机会，有自由活动的时间，如投放一些图书、玩具材料供婴幼儿挑选；在分散活动中开展个别指导，与教养人进行一对一、面对面的交流。每次活动都要求教养人和婴幼儿一起收放玩具材料，告诉教养人这也是很重要的养成教育过程。

活动结束：组织者不仅要小结一下今天的活动情况，还可以适当留些作业，提出教养人能够在家庭中进行的活动建议，使早教活动的指导向家庭延伸，引领教养人转变观念，使早教活动的目标更好地实现，使广大教养人的教育能力不断提高。活动的小结力求简短，否则婴幼儿们不能等待。

活动反馈和延伸：活动结束后教师可以听取教养人的意见，请教养人填写活动反馈表，及时了解教养人对活动的评价和想法，对今后的活动做出调整的计划。

教师每次活动后反思自己的教育行为，结合幼儿发展和教养人的反应，反思活动目标的适宜程度，思考下一步活动的方案。教师可以通过网络和热线电话与教养人多沟通，了解教养人更多的家庭教育情况，设计针对性更强的活动计划。

（二）指导教养人的形式

早教基地的活动流程不同，活动形式也很多样。其中，面向教养人的指导形式按照指导手段可分为三种：口头指导、示范指导和环境指导。按照指导的对象可分为：集体指导（一名指导者同时指导两位或两位以上的教养人）和个别指导（指导者和教养人之间的一对一指导）。一般，早教基地会把多种指导方式融合在一起，根据开展活动的流程安排指导教养人的时机和方式。

1. 示范指导。

示范指导，是指早教指导者亲自和婴幼儿共同游戏、活动，向教养人示范如何和婴幼儿互动。这种形式适用于教学方法、教养技术性一类的活动，其优点在于，指导效果比较立竿见影。指导者在向教养人示范了与婴幼儿的游戏、活动、互动过程后，可以在早教活动中，马上观察到教养人有没有把握指导者的要求，有没有将科学育儿的理念、方法运用到自己和婴幼儿的互动中，渗透到婴幼儿的教养中。而教养人接受了示范指导后，把同样的内容二次传达给婴幼儿。通过及时的参与，教养人对指导者的指导要求不仅"心领神会"，而且可通过"做"来强化印象。而且，教养人在指导婴幼儿时，并不是简单"重复"教师所示范的语言和动作，而是结合了自己和婴幼儿各自的特点、两者互动的特点，进行个性化、个别化的指导。

早教教师运用好示范指导的关键在于把握示范的重点，把做法的要领和原理、理念，通过示范使教养人形象化地理解；除了具体方法的介绍外，更主要的是示范教养人应对婴幼儿发展所持的态度。示范的目的不仅在于"婴幼儿的成功"，还包括"教养人的进步"。

2. 口头指导。

口头指导是指早教教师在早教活动中通过口头交流的方式，向教养人传达教养理念，解释教养方法背后的道理，了解婴幼儿的平时表现和家庭教养的特点，从而实现对婴幼儿教养人的指导。口头指导最大的特点就是"随机，在早教活动中进行指导"。只要有面对面的机会，就可以随时随地交流。正因为口头指导具有方便性，所以它也成为指导者最常用的手段。但随机，不等于随意、无意，关键是要把握口头指导的时机。

3. 环境指导。

环境指导是指通过在早教机构中创设与婴幼儿发展相适应的环境，包括设施设备、玩具、课程、游戏等属于外部的因素，让教养人带着婴幼儿在环境中感受早期教育的做法和理念。从人类发展生态学的角度而言，只要在早教机构中，除了婴幼儿和教养人自身以外，所有的人和物都构成他们的环境，甚至包括婴幼儿和教养人之间的关系，包括婴幼儿、教养人分别与其他个体、物体之间的关系。比如，早教机构大量采用自制的教玩具，虽然部分原因是为了节省经费，但是几乎绝大部分教师都认识到，教玩具本身就是对教养人的有效指导。特别是对祖辈、保姆、全职妈妈等相对有时间的教养人而言，这种透过环境的"潜移默化"，很容易让教养人领会。

由此可见，教养人正是通过婴幼儿与环境和材料的互动，了解了教育的意义，比如，在婴幼儿不断垒高的过程中，教养人知道了实现手眼协调的方法，通过婴幼儿上下坡的活动，教养人了解了平衡性与控制身体能力的重要性。当婴幼儿在早教机构只认定同一个指导教师而排斥不断更换的新教师，在熟悉的教师带领下能够积极地参与活动而在陌生的教师指导下则表现消极时，教养人便会懂得婴幼儿对心理安全的需要。可见，能够影响教养人的环境，不仅包括早教机构的硬件设施、环境布置、课程，还包括早教机构中的所有人，包括指导者和其他婴幼儿及其教养人；不仅包括具体的个体、物体，还包括他们之间的关系，如人与物的关系、人与人的关系。指导者与教养人的互动、教养人之间的互动,都能够影响教养人,成为开展教养人指导的途径。

不一定要固定哪种模式、哪种流程,要结合具体课程,安排好早教活动和指导教养人之间的次序。比如,在画画这项相对安静的婴幼儿活动中,指导者可以提供多种材料,让婴幼儿充分发挥。同时,指导者则可以跟教养人交流,为什么要提供这么多材料给婴幼儿、这些材料为什么对这个年龄段(月龄段)的婴幼儿适合。婴幼儿画画的过程,就是指导教养人的过程。婴幼儿画完了,指导教养人也告一段落。此时,教养人就很清楚如何评价婴幼儿的画、婴幼儿今天有了什么进步。像手工、操作性游戏等也可以借鉴这种安排。还有在运动类活动中,指导者可先带婴幼儿游戏、运动,让教养人在旁观摩。婴幼儿疲倦的时候,可派另一位教师带着婴幼儿在旁做一些安静的游戏,或和一些教养人进行婴幼儿的小便、吃点心等活动。而指导教师则可把教养人聚在一起,交流对婴幼儿表现的看法,再由指导者点评。

指导中要充分关注教养人的不同特点。比如,通过口头交流指导教养人,需要充分把握不同对象,选择适合的"指导语"。运用能被教养人理解、接受的"指导语",才能完成有效的指导。

四、组织早教活动应该注意的几个问题

(一)关注婴幼儿的年龄特点

针对不同年龄段的婴幼儿,创设不同的游戏环境,设计不同的活动内容。开展早教活动需要一定的活动空间、场地、必要的设施玩具和材料。早教教师应根据活动场地的大小,决定参与的人数;根据活动的需要,提供必要的设施,如引导婴幼儿练习爬行的动作,必须要有清洁的地垫或者地板;玩具及材料要符合婴幼儿的年龄特点;同时要提供婴幼儿喝水、小便的条件,保证活动的顺利进行。

(二)尊重婴幼儿的个体差异

同一年龄段的婴幼儿,在性格、兴趣和能力等方面并不一致,所以在设计、组织活动时也要考虑到婴幼儿的不同特点。

（三）早教活动内容方式应灵活，有弹性

针对婴幼儿的游戏表现，教师可调整游戏内容和指导方式。根据教养人和社区的需求，开展多样化的早教活动指导。早教活动的方式是多种多样的，除了开展一般的早教活动外，还可以根据教养人的不同需求开展丰富多彩的早教活动，如"亲子郊游""亲子俱乐部""亲子运动会""亲子游艺大会"，开设"玩具图书馆""妈妈聊天室"，进行入户指导等，以更丰富多样的方式服务于社区婴幼儿家庭，使教养人在活动中得到科学的育儿指导。

（四）充分利用各种教育资源

家庭、社区、图书馆、博物馆等场所，图书、音像制品、生活用品、自然材料等，都是设计、组织游戏时可以利用的资源。

早教活动不仅需要组织者精心设计和组织，还需要教养人的积极配合和参与，成功的早教活动，离不开两方面的共同努力。让我们携起手来，相互配合，共同营造促使婴幼儿健康、快乐成长的环境，与婴幼儿共同成长。

在早教机构中，教养人与婴幼儿互动的时间是短暂的，我们要在短暂的时间里使早教基地的教育在家庭中得以延伸、巩固、强化，在短暂的时间里进一步提高早教机构的指导效果，让它更具个别化，更有针对性。总之，早教活动对指导教养人科学育儿理念和行为有着重要的影响，希望通过早教活动为需要早期教育的家庭提供直接的帮助，使每个从小接受科学早期教育的婴幼儿，拥有幸福、快乐、有意义的人生开端。

附

早教基地2～3岁幼儿半日活动案例

一、愉快来园

（一）主要目标

帮助幼儿熟悉幼儿园环境，有主动参与活动的愿望。

（二）活动材料

活动室内已有的中型玩具，如大刺球、软爬滑三件套、海洋球池、动物彩车、各种常用手头玩具材料等。

欢迎幼儿来园活动的音乐磁带或光盘。

（三）指导要点

教师主动与家长及婴幼儿问好，热情了解幼儿一周的情况，指导家长鼓励幼儿自己换鞋并把鞋放到自己的鞋柜里。

幼儿在家长的陪伴下自己选择活动内容。教师注意关注每一名幼儿并随时与家长沟通。

（四）评析

教师善于为幼儿创设宽松、愉快的来园环境，用优美的音乐感染幼儿的情绪，用新颖、有趣的大型玩具转移幼儿的注意。幼儿来园时有的情绪不稳定，虽然有来园时间但也难免来得有早有晚，此时不宜组织集体活动。10分钟甚至时间更长一些的自由活动不仅使幼儿感到自己自由、愉快，而且逐渐被环境感染，萌生参与活动的积极性，为幼儿参与集体活动做好准备。

二、点名时间

（一）主要目标

引导幼儿敢于在他人面前大胆表达。

（二）活动材料

软爬滑三件套。

（三）指导要点

教师说儿歌：小宝宝，快快来，快到我的身边来。

请家长和幼儿围着教师坐好。教师告诉家长和幼儿比比看谁能站在领奖台上大胆地说出自己的名字，主动问大家好。

（四）指导家长的建议

1. 家长积极参与早教活动，在幼儿大胆说时给予掌声鼓励。

2. 不强迫幼儿做事，要积极鼓励、引导。

（五）评析

这个活动巧妙地取代了枯燥的点名时间，使幼儿对站到奖台上产生兴趣，积极地参与到活动中来。幼儿离开亲人，站在高处讲话，得到众人的掌声，对于他来讲无疑战胜了自己，树立了信心。

当幼儿之间熟悉以后，引导幼儿互相介绍，想一想谁没来，可以促进幼儿产生关心他人的体验。

三、切水果

（一）主要目标

1. 让幼儿知道水果的名称、颜色，能够操作粘扣，学习使用"刀"。

2. 培养幼儿耐心做事的习惯。

（二）活动材料

带粘扣的"苹果""香蕉""梨"，"刀"一把，案板一块，筐一个。

（三）指导要点

教师为幼儿发水果和"刀"，请幼儿上前领并表示感谢；请家长鼓励幼儿说出水果的名称、颜色，并让幼儿用手或用"刀"来切水果，然后再粘好；最后请幼儿把水果粘好放进筐里，交给老师或放回玩具的"家"。

（四）指导家长的建议

1. 家长多用语言指导，必要时再帮助。

2.鼓励幼儿把切开的苹果给父母"吃"，父母要说"谢谢"。对能力强的幼儿，家长也可请他数一数有几块水果。

（五）评析

对于幼儿来讲水果比较熟悉，颜色比较单一，容易从名称、颜色上来辨认，使幼儿体验成功。粘连的水果能帮助幼儿练习小手的灵活性，掰开、粘合、对应、切、拉、按等动作练习可使幼儿的小肌肉得到发展。教师在活动前后注意了渗透教育，幼儿在一取一放中发展了语言，培养了好的行为习惯。对于残障幼儿和非父母陪伴的幼儿，教师应给予更多的关注和指导。

四、小帆船

（一）主要目标

发展幼儿的平衡能力，体验滑动的快乐。

（二）活动材料

单人床单（一块大布）。

（三）指导要点

请幼儿自选一块床单，和家长一起打开，家长在床单的两个角打好结，请幼儿坐在打结的一端。家长边说儿歌边拉着幼儿坐的床单"船"四处走动。

附儿歌：

小床单，真好玩，我和妈妈造帆船，

小宝宝，坐上边，妈妈拉着四处转，

一会儿快，一会儿慢，宝宝不怕真勇敢，

小床单，真好玩，我和妈妈都喜欢。

（四）指导家长的建议

1.家长拉"船"时一定要注意速度的快慢，注意帮助幼儿调整坐姿。

2.结束时请幼儿和家长一起把床单叠好，放回原处。

（五）评析

小帆船游戏一方面巧妙地运用了想象，另一方面增进了亲子情感。同时，幼儿在练习坐、仰、趴等动作的过程中，保持着身体的平衡，体验着运动带来的快乐。幼儿在活动开始前和结束时都参与了准备和整理活动，增强了自信。

五、洗手、入厕、饮水

此环节中，教师指导家长鼓励幼儿自己洗手、脱衣服坐盆或蹲坑，鼓励幼儿多喝白开水。幼儿能做的尽量让幼儿自己做。

六、天天锻炼身体好（天气好时可在户外进行）

（一）主要目标

活动四肢，运动全身。

（二）指导幼儿的要点

结合天气情况，给幼儿穿脱衣服。教师、家长、幼儿一起站在大圈上，边说儿歌边做动作。

（三）评析

在幼儿进行大肌肉活动之前，教师先组织幼儿活动一下身体，做做准备活动是十分必要的，教师能够结合当日的天气来决定活动的场地，结合幼儿的动作情况说儿歌，使动作有反复，快慢适宜。

七、我的本领大（户外）

（一）主要目标

练习拖物跑、推拉、跳、钻、爬、攀登等大肌肉运动，培养幼儿的勇敢精神。

（二）活动材料

推车、拉罐、跳床、中型滑梯、小型攀登架、爬垫等（可混着玩，也可分区投放，可随季节安排活动内容）。

（三）指导幼儿的要点

活动前先介绍每一种活动材料的作用，在幼儿感兴趣的基础上家长和幼儿活动，活动中要以表扬、鼓励为主，在幼儿活动中教师随时观察幼儿的活动情况，和家长及时沟通，注意调节幼儿的活动量，尝试其他活动。

（四）指导家长的建议

1.在家长可以参与的活动中尽可能参与，如一起拉车走或跑等。

2.在户外家长一定注意看护好幼儿的安全。

（五）评析

幼儿园巧妙地利用了自己的优势——大型玩具，幼儿此时大肌肉发展迅速，大型玩具对他们的吸引力很大。教师合理安排幼儿在户外进行活动，遵守了室内外活动交替的原则，使幼儿的活动兴趣又出现了一个新的高潮。

八、吹泡泡（户外）

（一）主要目标

让幼儿练习追逐、拍打。

（二）活动材料

泡泡器一套。

（三）指导幼儿的要点

教师和家长一起说儿歌，教师边说边吹泡泡，鼓励幼儿拍打。

附儿歌：

吹泡泡，吹泡泡，吹成一个大泡泡。

泡泡高，泡泡低，泡泡和我做游戏。

你来追，我来打，捉到泡泡笑嘻嘻。

（四）指导家长的建议

1.吹泡泡时要分散，使幼儿活动方便。

2.因为是集中游戏，时间不宜长。

3.注意使幼儿的注意转到吹泡泡上来。

（五）评析

幼儿在玩过大型玩具后不易集中，教师利用吹泡泡的活动转移了幼儿的注意力，使幼儿很快集中，为下一环节的室内活动做好了准备。

九、包饺子（室内）

（一）主要目标

帮助幼儿整理、放松全身，缓解疲劳。

（二）指导幼儿的要点

在教师的带领下，幼儿平躺在家长的面前，家长和教师边说儿歌边为幼儿做整理、按摩。

儿歌：

具体玩法见游戏设计中的《包饺子》。

（三）评析

幼儿在激烈活动后由于兴奋大于抑制，因此不易平静下来，此时的被动按摩对于幼儿缓解全身的疲劳就十分必要，包饺子的游戏既能使幼儿舒适、愉快，又能增进亲子间的情感。

十、午餐：组织幼儿入厕、洗手、进餐

（一）主要目标

鼓励幼儿自己能做的事自己做。

（二）指导家长的建议

1.在幼儿入厕、洗手、进餐时少说话，必要时给予鼓励。

2.为幼儿盛饭时少盛勤添。

3.抱着积极的态度参与幼儿的各环节活动，用自己的情感感染幼儿。

4.指导幼儿把碗勺放回指定的地方。

（三）评析

教师为幼儿准备了优美舒缓的音乐作为进餐的背景音乐，有利于幼儿愉快进餐。

教师在各环节中注意渗透养成教育，使幼儿从小养成良好的行为习惯。同时，教师随时注意把自己的想法和各环节的教育目标向家长交待，使家长明确这样做的目的，以便于家长在家指导幼儿。

十一、再见

（一）指导幼儿的建议

鼓励幼儿自己换鞋，找到自己的衣物，和老师说再见。教师与幼儿拥抱，和家长一一再见。

（二）指导家长的建议

可发放一些幼儿园的通知、小报或其他宣传资料。

（北京市丰台区教研室　宗文革）

第七章

面向家长的早期教育指导

【第一节】

与家长建立良好的教育合作关系

　　随着全社会对早期教育重视程度的提高，集体教养机构为家长提供早期教育的指导与服务不仅对提高国民素质具有十分重要的意义，而且也是国家改善和保障教育民生的重要举措。集体教养机构开办早期教育基地、早期教育指导机构、亲子园，应本着与家长建立良好的教育合作关系的原则，帮助家长认识到家庭教育对婴幼儿成长的特殊意义，家长的教育责任和教育影响是不可替代的；一方面要为家长提供科学的早期教育指导，另一方面需为家长提供完善的养育服务，以满足不同家庭对婴幼儿早期教育的社会需求。

一、明确家庭教育对婴幼儿成长的特殊意义

　　（一）父母的遗传素质奠定了婴幼儿健康成长的物质基础

　　遗传素质对人身体的成长发育以及智力、能力的发展有着十分重要的作用，特别是母亲的心理素质对胎儿的影响尤其重要。有研究证明，母婴之间有一套信息传递系统，包括生理、行为和感知觉的信息传递。当母亲过分矛盾、悲伤、担忧、恐惧、焦虑的时候，胎儿的身体可能产生痉挛性抽动，如果这些消极心理因素持久而且成了习惯性的状态，对胎儿出生后的健康成长就有消极影响。在早教活动中，教师要注意指导年轻夫妻在怀孕之前保持身体健康、心情愉快；怀孕之后，准爸爸、准妈妈更要坚持科学、健康、卫生的生活习惯。正如古书《竹村妇

科》所说，"欲生好子者"，应"无悲伤，无思虑惊动""无大哀，无号哭"。

（二）早期的家庭环境对婴幼儿个性和性格的形成会产生深刻影响

家庭环境是婴幼儿出生后的第一个生活环境，也是对人的成长影响最直接、最深刻、最持久的环境因素，它潜移默化地塑造着人的个性与性格。春秋战国时期的著名思想家墨子说："染于苍则苍，染于黄则黄，所入者变，其色亦变，五入必，而已则为五色矣！故染不可不慎也！"意思是说，白丝可以染黑，可以染黄，染上五色，即成为五色之丝。他用染丝比喻人的个性与性格受不同环境影响而发生不同的变化，所以他最后说"染不可不慎"，实际上就是说父母对营造婴幼儿的生活环境不可不慎。为了促进婴幼儿形成健康的个性和积极的性格，教师要引导家长注意自己的言传身教、家庭关系和睦、邻里之间互助，为婴幼儿营造安全、温暖、文明、和谐的家庭环境。

（三）科学的早期家庭教育积极地促进婴幼儿的成长与进步

家庭教育对人的影响是自然的、深刻的，而科学的早期家庭教育更能够对婴幼儿的成长产生积极、主动的影响。对于0～3岁的婴幼儿来说，早期教育的重心在于尊重他们的天性，进而丰富他们的直接经验。教师要引导家长了解婴幼儿的年龄和个性特点，尊重婴幼儿的兴趣和学习规律；帮助家长认识到科学的早期教育并不是单一地教婴幼儿识字、计算、背诵等，是要鼓励他们在环境中寻找自己感兴趣的事物，在不断的摆弄和探索中学习；重视婴幼儿良好行为习惯的培养，多为他们提供充满快乐和成就感的活动机会，使他们获得真实、完整和有益的生活、游戏与学习经验，这样才能促进婴幼儿各方面潜能的发展。

二、集体教养机构面向社区提供早期教育指导和养育服务的意义

（一）必要性

1.集体教养机构为家长提供早期教育指导能够发挥机构教育的专业化优势，体现教育科学性的原则，传播科学的教育理念和教育方法，提高家长的科学育儿水平，促进婴幼儿各方面潜能的发展。

在集体教养机构中，教师能够引导婴幼儿的家长树立科学的家庭教育观念，了解科学的家庭教育方法，用专业知识和技能解答家长提出的教育问题，并提供

适宜家长理解和操作的教育建议，以帮助家长更好地发挥家庭教育对婴幼儿健康成长的重要作用。

在集体教养机构中，教师能够引导婴幼儿逐步走出家庭的呵护，勇敢地迈出步入社会的第一步，培养婴幼儿等待、分享、合作、谦让的意识，在同伴交往中学会文明解决冲突的方式，在集体环境中锻炼大方和清晰的表达能力，引导婴幼儿学习社会行为规范和人际交往，从而对婴幼儿的社会化进程产生积极影响。

2.集体教养机构为家长提供养育服务能够发挥机构教育的整合性优势，体现教育公平性的原则，为不同需求的家庭和需要特殊教育的儿童提供多样化的服务。

在集体教养机构中，教师能够引导婴幼儿的家长了解儿童生理、心理、营养、保健、卫生、护理等方面的育儿知识，用专业知识和技能解答家长在育儿过程中遇到的各种问题，为家长提供科学的、适宜的养育方案。

在集体教养机构中，教师能够借助教育主管部门的带动作用，与乡镇街道或社区居委会、卫生服务中心、计生部门和妇联组织开展横向合作，针对不同家庭教育水平的差异性，为家长提供多元化、多渠道、多层次的养育服务，解决家长的后顾之忧，满足不同家庭对婴幼儿早期教育的需求。

3.随着社会变迁，很多新的社会现象也在影响现代家庭的育儿状况。比如，独生子女父母群体、隔代教养的出现。

进入婚育期的中国第一代独生子女开始成为家长。中国从1979年实行独生子女政策，那时的独生子女现在已到婚育年龄。未来十年，独生子女养育独生子女的新家庭将超过千万，形成所谓"独生父母群体"。而独生子女父母抚养的子女大多也是独生子女。这类家庭的教养模式，往往是六个大人围着一个孩子转。但成人围着孩子转的"小太阳"现象，只是中国独生子女家庭教育的表面特点，并不表明中国家长倾向"儿童中心"或"儿童本位"。更多的情况表明，特别是在孩子的身心发展上，在对孩子的教养上，成人会将自己的意志强加在孩子身上，要求孩子沿着成人预先设计好的成长轨道一步一步前进。这是一种表现为"大太阳"现象的"成人中心"或"成人本位"。而在独生子女父母的家庭中，六个大人的意志又形成了绝对的强势。这也对科学育儿指导工作的展开提出了不同于传统的要求。

中国目前正处在"传统社会结构"向"现代社会结构"过渡的"转型期"。社会经济形态发生重大转变，家庭规模改变，小家庭型态逐渐普遍。家庭成员的数量构成是家庭规模的主要指标。

家庭规模的小型化，对现代家庭的角色分工提出了新的要求。负担家庭开支和照顾家庭的责任在小型家庭中通常由夫妻共同承担。原先由大家庭共同承担的教养子女的工作，落在了小家庭中的父母身上。但是，随着妇女就业的普遍化，双职工家庭成为社会主流。在夫妻双方都工作时，家中婴幼儿如何抚养的问题就很突出。随之产生的隔代教养、保姆教养的问题也就很突出。在这样的家庭中，家庭矛盾的产生，常常是由于祖辈和年轻父母对于教养孩子的观点、看法、做法不同而致。

对于祖辈和保姆而言，适合年轻家长的指导，对于他们并不一定适合。那么开展适合对象范围更宽泛的早教服务，就凸显出必要性。

（二）可能性

社区服务功能的扩大和加强，使得早期教育服务逐渐依托社区发展起来。社区的发展，让服务这一形式在早期教育的推广中具有可能性和可行性。

近些年来，随着经济体制的改革和城镇化程度的加快，我国的社会结构和组织形态发生了重大的变化，使得"社区"的概念逐渐被强化。具体表现如下。

首先，随着非国有制经济从业人员数量的增加，第三产业迅速发展，大量的社会服务职能开始回归社会，社会自主性明显增强。与此同时，随着市场经济的深入发展，政府和企业开始重新进行功能定位，各单位也正在逐步向单纯的经济组织或专业行政组织转变，将原有的社会职能转移到社会，逐步淡化了职工对单位在就业和生活服务方面的依赖。因此，作为分配和管理社会资源的基层行政组织和社会生活组织的"单位社区"正在逐步走向淡化，由此"单位人"逐渐转变为"社会人"。而"社会人"与社会之间的联系就转向了其所居住的"社区"，"社区"的概念由此被日益强化。

其次，体制外的人口增多，这些人口主要是自由职业者、个体工商户、私营企业主、下岗、失业人员以及外来流动人口。这类社会群体，在从其原有的社会归属体分化出来以后，正在寻找一种有效的被社会接纳的方式。这就对建立和加强基层社区的管理和服务，提出了现实的要求。

再者，现代社会城市家庭的结构功能发生了较大的变化，传统的四世同堂的大家庭逐渐减少，核心家庭越来越多，家庭原有的托幼功能、娱乐功能、维系功能开始弱化，并逐渐转移到其所居住的社区中去。

在这种背景下，加强社区建设已经成为我国社会主义建设的重要任务。民政部于2000年发布的《民政部关于在全国推进城市小区建设的意见》中提出，在5年内"要大力推进城市小区建设，强化小区功能，合理配置小区资源，以促进社会保障体系和社会服务网络的不断完善，提高广大居民的生活质量和文明程度"。根据这一意见，将来整个城市管理体制改革乃至以村民自治为主的乡村建设都会以社区为基础。

因此，在我国社区的运行机制正在逐步建立，社区的服务功能正在扩大和加强，社区资源的综合运用正在受到关注。在这种背景下，我国开始强调建立"以社区为基础的服务网络"，为普通百姓排忧解难，提供各种服务。

应该看到，0～3岁婴幼儿早期教育服务具有很强的社会性，与家庭和社区的联系十分密切。将婴幼儿早期教育服务纳入社区建设中，非常有利于积聚和运用社会资源、发挥社会保障体系的功能、完善社会服务网络等，从而为早教服务的发展提供支持。因此，为0～3岁儿童及其家庭提供的服务，既是"以社区为基础的服务网络"中的一个特别重要的组成部分，同时又是推进0～3岁婴幼儿早期教育的有力措施。

【第二节】

通过多种途径了解家长对早期教育的需求

由于婴幼儿的个体差异、家长的受教育程度、家庭结构和经济状况等各不相同，不同的家庭对婴幼儿的早期教育有不同层次的需求。集体教养机构应通过多种途径调查了解家长对早期教育的需求，并根据家长的不同需求和机构自身的实际情况，确定机构提供早期教育指导和服务的具体方式，如社区早期教育基地、半日制亲子园、小时制亲子园、妈咪俱乐部、走入社区开展活动、入户指导、网络咨询等，以满足不同家庭对早期教育的多样化需求。

要了解家长对早期教育的需求，就需要通过不同的途径调查包括社区各年龄段婴幼儿的数量、基本情况、家庭成员状况、家庭结构、婴幼儿的教养情况、家庭对婴幼儿早期教育的投入、家庭对婴幼儿早期教育的需求等。教师可根据调查的具体内容确定适宜的途径、方法和策略。

一、社区调研

（一）调查内容

0～3岁婴幼儿的早教工作涉及街道、妇联、卫生、计生等多个职能部门，早期教育指导和服务具有就近满足本社区早期教育需求的特点。集体教养机构需要与各职能部门合作进行社区调研，调查的内容包括本社区按月龄统计婴幼儿的数量和基本情况、家庭成员的基本情况、家庭结构、婴幼儿的教养情况、家长对婴幼儿早期教育的需求等。通过社区调查，教师能够全面了解0～3岁婴幼儿及其家庭的整体情况和需求，并根据调查的结果初步确定社区早期教育的规模，制定适宜的早期教育指导和服务规划。

（二）调查的方法和策略

由于现代个人信息资料的管理越来越规范，我国0～3岁婴幼儿及其家庭的基本信息资料主要集中在社区卫生服务中心、街道计生部门和居委会。教师可以向相关部门出示教育主管部门颁发的早期教育指导文件，出具机构的介绍信，清晰地讲解社区早期教育调研的目的，争取相关部门的配合。

在社区调查中，教师可以通过街道、妇联、计生等职能部门收集相关数据、发放调查问卷；利用跟随社区服务中心的医生进行入户指导的机会了解婴幼儿的教养情况；通过社区网络平台或宣传栏定期发布信息、走进社区提供咨询服务或组织早教活动，在活动中了解家长的早教需求；还可以配合相关职能部门开展早期教育培训，引起相关部门对早期教育指导和服务的重视，共同参与社区调研。

在调查过程中，教师要尊重家庭及个人信息的隐私性，对获取的相关数据和信息要保密。在调查结束后，可将调查的结果报告相关职能部门，共同研究和分析；还可协助相关职能部门制定本社区0～3岁婴幼儿早教工作计划，并将本机构的早期教育指导和服务规划纳入其中，整合各方优势合力开展工作。

二、家庭调查（入户调查）

（一）调查内容

家庭是0～3岁婴幼儿最主要的生活环境，走进家庭进行入户调查能够最直接地了解家长对早期教育的需求。调查的内容包括了解婴幼儿的性格特点、生活习惯和饮食习惯；婴幼儿家庭教育的环境和氛围；家长的教养观念、态度和方法；家长对早期教育的观念、期待和需求；家庭成员之间以及婴幼儿与养护人之间的关系；养护人的性格特点、生活经历、工作背景和知识结构等。教师可根据调查结果确定婴幼儿早期教育的方法和策略，制订适宜的早期教育指导和服务方案。

（二）调查的方法和策略

1.做好入户调查前的准备工作。

在与家长初步沟通并征得对方同意的情况下，先电话预约入户时间，在入户前的1～2天提醒对方。入户前可以先通过相关职能部门了解其家庭状况，如单亲家庭、工作单位保密等，做好沟通前的心理准备。

入户调查一般2～3人同行，避免一个人单独入户。教师之间事先做好分工，如一人与家长交谈，一人在旁陪孩子游戏并在活动中观察家庭的教育环境，这样可以完整地了解家庭的信息，获取第一手资料。

入户教师要求身体健康、衣着大方得体，入户调查的时间一般不超过半小时。教师在入户前需准备好调查的内容，如访谈提纲、调查问卷等，并根据不同家庭的情况做好相应的物质准备，如鞋套、一次性口罩、手套等。

2.注意与家长沟通的态度、方法和技巧。

在入户调查过程中，教师要注意认真地倾听，不随便打断家长的话语，不随意插入自己的见解；要用点头、微笑、目光注视以及"噢""嗯""是的""然后呢"等非语言或简单的言语方式，表达对家长谈话内容的兴趣、专注和认真的态度；支持和鼓励家长把自己所遇到的教育现象与教育问题描述清楚，这将为教师与家长深层次的沟通和对家长深层次的指导打下基础。在充分了解和理解家长的前提下，才能为家长提供针对性比较强的指导和服务。

在入户调查过程中，教师要注意待人礼貌真诚、言谈举止有亲和力，引导家长乐于交流，逐渐与教师建立充满信任感的合作伙伴关系；要尊重家长的现状和心理特点，以平和的心态对待家长，不要依据理论上的条条框框，简单地否定或批评家长的育儿方法；对家长陈述的现象或提出的问题给予一些专业的分析和解释；不简单评论行为的对错，重在帮助家长分析现象或问题的原因，并给予正面的引导和建议以及简单易行的教育策略和方法，这样沟通的效果会更好。

在入户调查过程中，教师要根据不同家庭的环境和氛围确定适宜的沟通距离；根据不同家长的文化层次确定适合的沟通语言，因人而异地采取适宜的沟通方式；沟通时注意把握说话的分寸，回避敏感或容易引发争执的话题，不询问涉及家庭或个人隐私的问题；调查过程中教师间不议论，不评价、不参与家长向教师陈述的家庭或个人事件；如遇对方提到一些不适宜的问题，可以礼貌地回避或转移话题；如遇对方态度冷淡或粗暴无礼时，要保持教师的职业风范。

入户调查结束后，教师还要注意对获取的信息负责保密，不在教师间议论或传播涉及家庭或个人隐私的情况。

三、其他途径

随着社会的发展和进步，人们沟通和交流信息的途径也越来越多。除通过社区进行调研和入户调查外，在了解家长对早期教育的需求时，教师还可以根据不同家庭的实际状况，给家长提供多种可供选择的方式，如电话访谈、网络调查、小组沟通、请家长来园个别沟通等。

（一）电话访谈

电话访谈之前要准备好访谈的内容。初次与家长进行电话访谈，一般是邀请家长参加早教活动或预约入户调查时间；入户调查后可通过电话访谈对入户调查后的情况进行回访，进一步了解家长的需求。电话访谈的时间要放在适宜的时间段，一般不超过5分钟。家长接电话后应先征询对方是否方便，再进行沟通。

（二）网络调查

现代社会使用互联网的家庭越来越多，一些单位还建立了自己的网络平台。网络调查的方式可以实名，也可以匿名，还可以用网络用户名，非常适合出于保护隐私等目的不愿意接受入户调查或电话访谈的家长。教师可利用论坛、社区等虚拟网络空间进行早期教育的宣传，或就一个家长感兴趣的话题发起讨论，也可以单独与个别家长进行网络聊天，鼓励家长参与讨论，充分发表自己的真实想法，然后收集记录家长的意见，最后分类统计并整理出不同家长对早期教育的需求。

（三）小组沟通

针对有同一类需求的家长，教师可组织小组沟通。在沟通前需事先准备一个适宜的场所，可以在幼儿园，或在社区公共场所，也可以由小组成员共同商定。有目的地准备一些容易引发家长讨论和交流、共同感兴趣的话题，或应家长的要求提供一个短小的讲座。注重引发家长间的互动和讨论，在交流中收集信息，了解家长对早期教育的需求。

（四）请家长来园个别沟通

对希望了解集体教养机构早期教育情况的家长或不重视婴幼儿早期教育的家长，教师可主动邀请其来园个别沟通。可组织家长进行实地考察了解环境，向家长介绍开展早期教育指导和服务的情况，现场观摩或参加早教活动等。在个别沟通中，教师能够有针对性地了解家长对早期教育的需求。

【第三节】

科学指导家长对婴幼儿实施家庭教育

一、指导的内容

（一）指导家长为婴幼儿创设良好的教育环境

1.指导家长为婴幼儿创设适宜的物质环境。

（1）指导家长为婴幼儿提供适宜使用的生活用品。

教师要了解婴幼儿的生活用品情况，指导家长根据婴幼儿的年龄和身心发育特点选择适宜的生活用品，鼓励他们在使用这些生活用品的过程中锻炼生活自理能力。如适合婴幼儿抓握的奶瓶、小勺、小碗、小水杯，能够帮助他们尝试自己喝奶、吃饭、喝水；适合婴幼儿穿戴的衣物、鞋帽不但有利于他们身体的发育，还为他们提供模仿和学习自己穿戴的机会。

有的家长在为婴幼儿挑选生活用品时，片面追求名牌、昂贵，或过于复杂、烦琐。教师要提醒家长，对婴幼儿来说安全、卫生、舒适、简单实用的生活用品才是适宜的。尤其不要超前使用不适合婴幼儿年龄的生活用品，如过早让婴儿使用学步车或使用过软的床褥。当婴儿还不能全脚掌站稳时使用学步车，婴儿就会本能地踮起脚尖在学步车里滑，时间长了会对婴儿学习走路产生不利影响。还有婴儿的床褥也不宜过软或过硬，这会影响婴儿的骨骼发育。

（2）指导家长为婴幼儿提供适宜活动的室内外场所。

指导家长为婴幼儿提供适宜的活动场所，注意活动场所的安全、卫生，是否有足够婴幼儿自由活动的空间，是否能为婴幼儿提供充分运动或动手操作的机会，是否能为婴幼儿提供与同伴交往的机会。如不要随意把婴幼儿放在床上、沙发上或桌上玩耍，以免从高处摔下来；在家里通风和光线较好的地方铺上地垫，让婴幼儿在上面坐、爬、翻、滚；经常带婴幼儿去社区活动场所或公园走一走，引导婴幼儿舒展躯体、观察大自然中的花草树木，与同龄伙伴共同游戏。

有的家长在家庭的环境布置上，没有考虑到婴幼儿的适宜性和安全性，如易于引发婴幼儿呼吸道过敏的毛毯、地毯或毛绒玩具；出于成人使用方便或整洁、卫生的考虑，限制婴幼儿的活动自由；抱着婴幼儿或用小推车带婴幼儿在马路边散步，日积月累汽车排出的有害废气会严重危害婴幼儿的身体健康。

（3）指导家长为婴幼儿提供安全和寓教于乐的玩具。

教师要了解婴幼儿的玩具情况，指导家长根据婴幼儿的年龄和身心发育特点为婴幼儿选择适宜的玩具，兼顾安全性、趣味性和教育性；同时引导家长多陪婴幼儿共同游戏，发展婴幼儿各方面的能力。如为婴儿挑选玩具时，首先要考虑玩具的卫生和安全，其次要考虑玩具是否能引起婴儿视觉、听觉和触觉的注意，是否能引发婴儿动手操作或探索的兴趣。教师可指导家长依据这些原则为婴儿选择那些色彩鲜艳、碰触后会发出声音的布制玩具。

有的家长在为婴幼儿挑选玩具时，片面追求高档、功能复杂，而很少考虑玩具对婴幼儿的适宜性。教师要提醒家长玩具不一定越贵越好、越复杂越好，卫生、安全、简单、能引发婴幼儿动手操作和探索的玩具就是适宜的玩具。有时，废旧物品也可以成为婴幼儿喜爱的玩具，如用废旧干净的袜子做成柔软的袜子球。同样一个玩具可以有多种玩法，要使婴幼儿对玩具维持较长的兴趣，家长要善于做婴幼儿的玩伴，带动婴幼儿探索玩具的多种玩法，发挥玩具更大的价值。

（4）指导家长为婴幼儿创设适宜的早期阅读环境。

指导家长为婴幼儿选择适宜他们理解和翻阅的图画书，培养婴幼儿的阅读兴趣与阅读能力，为他们创设适宜的早期阅读环境。成人阅读主要以文字为主，而婴幼儿的阅读主要不是对文字的阅读，而是读图。教师可指导家长为婴幼儿选择颜色鲜艳柔和、造型夸张、画面温馨唯美、材质优良的图画书。如布书、塑料书适合婴儿翻阅，而一些立体书、有声读物则适合低龄幼儿阅读。

不少家长愿意为婴幼儿买书，但很少陪孩子一起看书或念书给孩子听。教师要提醒家长，每天抽一点时间陪孩子"亲子共读"。因为婴幼儿的早期阅读不仅依赖视觉，还依赖听觉、触觉等多种感官，所以不是等到识字以后才开始阅读，而是从一出生就开始做准备了。婴幼儿在独立阅读之前要有大量"听书"的经验，即家长读书、婴幼儿听书。家长声情并茂的讲述使他们对书产生了好感，并记住了在温暖的怀抱中听故事的美好时光，是快乐让婴幼儿爱上了阅读。

2.指导家长为婴幼儿创设良好的精神环境。

（1）夫妻关系。

夫妻关系是家庭教育环境的重要因素，夫妻关系直接影响家长对孩子的看法以及对早期教育的情感投入，相互尊重和睦恩爱的夫妻关系对婴幼儿有积极的影响。在婚姻不幸的家庭中，一方往往不管教或厌烦孩子，而另一方要么溺爱孩子，要么对孩子期望过高。缺少父爱或者缺少母爱对孩子的成长都是不利的，父爱、母爱同时被剥夺的孩子处境则更糟。相反，婚姻幸福的夫妻遇事容易沟通，善于商量合作，在教育子女问题上善于优势互补，采取一致而灵活的教育方法。尤其是当孩子的成长出现问题时，这种优势互补和一致的教育方法更显重要。教师要帮助家长分析夫妻关系对孩子健康成长的影响，帮助家长意识到教育的责任，营造温馨、和睦的家庭氛围。

（2）婆媳关系。

在很多家庭中，婴幼儿的生活照顾和早期教育都是由妈妈和奶奶承担的，两者都是主要教养者。由于两代人的生活经历和知识背景的差异，在教育观念和教育方法上可能存在一些矛盾。教师在进行家庭教育指导时，要帮助家长分析婆媳关系对孩子健康成长的影响，帮助家长认识到两代人应该相互尊重、相互沟通，一些传统的美德和一些经典的育儿方法还是值得传承的。两代人可以在育儿的实践中不断学习、相互切磋、求同存异，营造互敬互爱的家庭氛围。

（3）亲子关系。

良好的亲子关系是婴幼儿重要的早期经验。美国著名的心理学家鲍姆林概括并提出了三种亲子关系：权威型、宽容型和专制型。在权威型的亲子关系中，父母理解并尊重子女，经常与子女交流并给予帮助，而子女具有较强的社会责任感和成就动机。在宽容型的亲子关系中，需要时父母愿意为子女提供帮助，但很少向子女提出要求，把尊重子女的个人意愿放在首位，给子女最大的行动自由，甚至采取放任的态度。在专制型的亲子关系中，子女的自由是有限的，父母要求子女绝对地服从自己，希望子女按照他们设计的发展蓝图去成长，这种亲子关系不利于子女社会责任感的形成。教师要引导家长建立权威型的亲子关系，改善宽容型的亲子关系，改变专制型的亲子关系。

（4）邻里关系。

随着社会生活的变迁，单元式住宅越来越多，这使邻里关系发生了很大变化，家庭之间的往来出现减少的趋势。针对这个现状，教师可指导家长建立新型的邻里关系，为婴幼儿营造和谐的成长环境。友好、相互帮助的邻里关系对孩子有潜移默化的影响，孩子们会逐渐养成关心他人、帮助他人、与人为善的好习惯。例如，当邻居有困难时，教育孩子主动帮助，如取牛奶、拿报纸等；活动或看电视要注意音量，不影响邻居的休息与学习；不将纸屑等垃圾从阳台上扔下去，爱护公共环境等。

（5）同伴关系。

现在的家庭多以独生子女家庭为主，婴幼儿与同龄伙伴的交往就显得尤为重要。只有在与同伴的交往中，婴幼儿才能够了解别人的想法与自己不同，学会协商并自己解决冲突和矛盾。良好的同伴关系能够促进婴幼儿社会性的发展。教师可指导家长多为婴幼儿提供与同伴共同游戏的机会，组织几个婴幼儿的家庭一起活动，或轮流到每个家庭中活动，或者在室外组织活动。同伴在一起游戏，能激起婴幼儿更大的活动热情和兴趣，丰富彼此的经验，形成乐观、合群的性格。

（二）指导家长培养婴幼儿良好的生活习惯

1. 指导家长培养婴幼儿良好的饮食习惯。

（1）控制婴幼儿的零食。现在婴幼儿的营养条件都较好，如不增加运动量，保持适度的饥饿感，不利于婴幼儿产生积极的食欲，也影响肠胃的吸收功能。

（2）引发婴幼儿积极进食的情绪。吃饭前不说和不做可能引起婴幼儿情绪波动的事情。家长要带头表现出对饮食的兴趣，给予积极的暗示。

（3）引导婴幼儿按时进餐。克服双休日进餐时间随意的问题，不忽早忽晚，以免上幼儿园后不适应。

（4）引导婴幼儿在固定座位上安静、专心进餐。不含着食物说笑、边吃边玩或来回走动。进餐时可播放固定的、舒缓的音乐，培养婴幼儿的秩序感。

（5）引导婴幼儿进餐时细嚼慢咽。进餐时要用牙齿充分地咀嚼食物再吞咽，切忌大口地不咀嚼就将食物咽下，这样会影响婴幼儿胃肠道的消化和吸收。

（6）培养婴幼儿乐于喝白开水的习惯。指导家长用游戏引导婴幼儿乐于喝白开水，如给小汽车加油。尽量少给婴幼儿喝饮料，否则会对健康产生不利影响。

（7）培养婴幼儿饮食均衡的习惯。指导家长在制作食物时要考虑婴幼儿的视觉和味觉偏好，变换婴幼儿不喜欢的食物的做法，同时用拟人或游戏的方法将食物与婴幼儿喜欢的事物联系起来，逐渐让婴幼儿接受并喜爱这些食物。

（8）不要"喂"出婴幼儿的任性脾性。有的家长为了让婴幼儿多吃一口饭，全家人投其所好，养成婴幼儿任性、娇纵的性格。教师要引起家长重视，从小培养婴幼儿健康的饮食习惯。

2.指导家长培养婴幼儿健康的睡眠习惯。

（1）养成按时起居的作息习惯。指导家长睡前不要让婴幼儿过于兴奋，不引起婴幼儿情绪波动，可播放轻柔的催眠音乐，让婴幼儿感到放松和安全。

（2）养成睡前的卫生习惯。指导家长多用鼓励和游戏的方式，培养婴幼儿自己刷牙、洗脸、洗脚等，并且持之以恒，形成良好的习惯。

（3）白天保证充分的运动量和户外活动时间。指导家长尽量保证婴幼儿每天有不少于两小时的户外活动时间，适宜的运动有利于婴幼儿有健康的睡眠。

（4）不宜让婴幼儿睡在两个大人中间。有的家长怕婴幼儿夜里蹬被子，让婴幼儿睡在两个大人中间，这样容易使婴幼儿缺氧，出现睡眠不安的现象。盖得太厚、室温过高、睡前吃得过饱或过度玩闹，都会造成婴幼儿蹬被子。教师要帮助家长分析原因，为婴幼儿营造良好的睡眠环境。

（5）培养婴幼儿独立入睡的习惯。指导家长在有条件的情况下为婴幼儿设立单独的卧室；或者在父母的卧室放置单独的睡床。可引导婴幼儿从最初的抱着自己的"宠物"入睡，再逐渐过渡到摆脱依恋物，完全地独立睡觉。

（6）注意婴幼儿睡眠中的不良现象。指导家长注意观察，如发现婴幼儿夜里睡觉出现咳嗽、磨牙、打呼噜、夜惊等，提醒家长及时就医。

3.指导家长培养婴幼儿健康的排便习惯。

（1）选择最佳时期训练婴幼儿使用坐便器。指导家长在婴幼儿接近两岁左右时循序渐进地训练其使用坐便器，过早或过晚使用都会对婴幼儿的健康不利。

（2）为婴幼儿提供适宜的坐便器。指导家长根据婴幼儿的年龄选择造型可爱、吸引婴幼儿的坐便器，有条件的家庭可安装专供儿童使用的坐便器。

（3）在游戏中培养婴幼儿入厕的兴趣和信心。指导家长用婴幼儿喜爱的角色游戏，鼓励婴幼儿使用坐便器独立入厕。要耐心地给予婴幼儿练习的时间，如果婴幼儿在入厕时弄脏了衣服等，不要责备婴幼儿，这样会让他产生自卑和胆怯心理。

（4）通过运动游戏锻炼婴幼儿的排便功能。可指导家长与婴幼儿一起玩追逐嬉戏等跑跳游戏、玩"下蹲起身""走独木桥"或"金鸡独立"的游戏，促进肠胃蠕动，提高消化吸收的能力，锻炼婴幼儿的排便功能。

4.指导家长培养婴幼儿良好的卫生习惯。

（1）养成婴幼儿良好的生活卫生习惯。如饭前便后要洗手，饭后漱口，早晚刷牙；进餐时如弄洒食物，知道并初步学会擦拭干净；知道饭后不做剧烈运动；不乱用别人的餐具、杯子；不乱扔果皮纸屑；不捡地上的脏东西吃；不喝生水等。

（2）矫正婴幼儿长牙期自发的不良习惯。为了排解长牙带来的刺激，婴幼儿会自发地形成一些不良习惯，如吐舌、咬唇、吮指、咬物、用口呼吸、偏侧咀嚼等。教师可指导家长在这段时期给婴幼儿多啃嚼一些硬质的食物，如烤面包片、苹果等，以帮助排解口腔刺激，锻炼牙齿的咀嚼功能，促进颌骨的健康发育。

（3）矫正婴幼儿吸吮手指的习惯。饥饿感、紧张情绪、长牙都会引发婴幼儿吸吮手指。教师要帮助家长分析婴幼儿吮吸手指的原因，善于发现婴幼儿的需要，并及时地给予回应。如当婴幼儿因紧张吮吸手指时，可抱抱他或递给他一个玩具，而不要当众训斥他。

5.指导家长培养婴幼儿运动锻炼的兴趣和习惯。

（1）重视婴幼儿的运动锻炼。指导家长树立正确观念，不生病不等于运动体能好。运动体能包括身体素质和运动能力，持久的运动锻炼才能使婴幼儿的运动体能得到充分的发掘，养成良好的身体素质。

（2）在生活、游戏中培养婴幼儿运动锻炼的兴趣和习惯。指导家长充分利用平时的日常生活和游戏,锻炼婴幼儿的体能,如步行上下楼梯、帮忙做家务、学小白兔蹦蹦跳等。教师还要提醒家长带婴幼儿去户外玩大型器械时注意安全保护。

(3)为婴幼儿选择适宜的运动项目。指导家长根据婴幼儿的兴趣、生理特点和身体素质选择适宜的运动项目,并由少到多、由简入繁、由易到难地逐步增加锻炼项目,促进婴幼儿身体的全面发展。

(4)合理安排婴幼儿的运动量。指导家长根据婴幼儿的年龄和身体素质情况合理安排运动量。开始锻炼时运动量可以小一些,逐渐把握婴幼儿的体能特点后再逐渐增加运动量。

6.指导家长培养婴幼儿收拾整理的习惯。

(1)放手让婴幼儿自己收拾整理。婴幼儿对秩序感有天生的喜好,两岁的婴幼儿会出现自发收拾整理的行为。教师要引导家长抓住时机,强化婴幼儿自发的收拾整理意识,放手让婴幼儿自己做并及时给予鼓励,如用记录、奖励等方式表扬婴幼儿出现的收拾整理行为,不要怕"帮倒忙"而事事包办代替。

(2)引发婴幼儿收拾整理的兴趣。指导家长用游戏的方法引发婴幼儿收拾整理的兴趣。对婴幼儿来说,收拾整理也是一种游戏,例如,叠被子就是"做汉堡包"、收拾玩具就是"送玩具宝宝回家"等。

(3)给予婴幼儿适时的示范和帮助。指导家长注意观察婴幼儿收拾整理中遇到的困难,分析原因并适时地给予示范和帮助。例如,当婴幼儿系不上扣子时,可以边念儿歌边进行示范。

(4)尊重儿童的整洁观。提醒家长尊重儿童的整洁观,不能一味地以成人的喜好为标准去判断和要求他们,更不能用自己的整洁观强迫婴幼儿,对婴幼儿提出过高的要求。

(三)指导家长培养婴幼儿的良好个性

1.快乐。

(1)指导家长满足婴幼儿的合理需求,使孩子获得基本的快乐。平时注意观察婴幼儿的生理、情感和心理需求,并给予及时的帮助。对于孩子不合理的需求,家长要采取转移注意力、讲道理或其他办法拒绝。否则,孩子将变得越来越任性，家长越来越难以满足他的需求，结果孩子的快乐越来越少。

（2）指导家长与婴幼儿做亲子游戏，在游戏中获得快乐。亲子游戏能够安抚婴幼儿的紧张情绪，发展婴幼儿各方面的能力，同时促进亲子间情感交流，如挠痒痒、举高高。有些年轻的家长不太善于与婴幼儿做游戏，教师要主动向家长提供帮助。

（3）指导家长鼓励婴幼儿通过自己的努力，获得成就感带来的快乐。多为婴幼儿提供自己动手做事的机会，例如，自己吃饭，摔倒了自己爬起来，自己上下楼梯，自己收拾玩具等。孩子通过自己的努力，获得了成就感、自信心，也就获得了更高水平的快乐。

（4）指导家长培养婴幼儿的抗挫折能力，保持面对困难的乐观。帮助家长认识到，挫折教育最好的方法就是挫折之事无论大小，不管是生活、游戏、学习还是交友等方面的问题，家长都要鼓励孩子自己想办法解决，可以给予适当的引导，但不能包办代替。

2.独立性。

（1）指导家长在生活中不要包办代替。过分呵护、溺爱会阻碍婴幼儿独立性的发展。例如，由于怕孩子走路摔跤，就抱着孩子或限制孩子的活动；由于孩子自己吃饭会把身上和桌子搞脏，就不让孩子自己吃等，这些行为不但延缓了孩子的动作发展，还对孩子的独立意识产生不良影响。

（2）指导家长因势利导、循序渐进地培养婴幼儿的独立能力。几个月的婴幼儿就表现出独立做事的愿望，自己拿奶瓶、自己抓取物品等。尤其到了2岁左右，什么事都想自己做，拒绝别人的帮助，这是婴幼儿独立性发展的内在动力。家长应因势利导，在确保孩子安全的前提下，放手让孩子去做一切力所能及的事情。

（3）指导家长在游戏中培养婴幼儿的独立性。有的时候婴幼儿喜欢自己一个人游戏，如自言自语地看书、自己搭积木等。这时家长要保持安静、不去打扰他，让他有独自一个人做事的机会。虽然这样的时间还不很长，但是随着年龄的增长，游戏中的独立性有助于发展他人格上的独立性。

（4）指导家长让婴幼儿学会不打扰大人。婴幼儿的独立性依赖于自我意识的发展，当他意识到别人与自己的不同时才能学会独立。教师要指导家长逐渐让孩子明白家长有自己的事情，当大人做事时要学会短时的等待和独处。家长要给孩子提供一些积极有趣的活动，以免孩子消极等待。

　　3. 自信心。

　　（1）指导家长适度地表扬与批评。自信是一种自我意识，是对自己能力实际水平的正确估计。教师要指导家长既不要对孩子虚夸表扬，也不要经常贬低和否定，这都是不正确的教育方式。无论批评与表扬都要适度，将两者相结合才能帮助孩子准确定位自信的坐标。

　　（2）指导家长用商量的口气引导孩子做事。婴幼儿有时会表现出逆反的情绪，当孩子不愿意做什么事情的时候，家长要用商量的口气引导，而不是用命令的语言。例如，当孩子不愿意上床睡觉时，可以问："你是想盖那个花格的被子睡觉，还是盖星星的被子睡觉？"这样既给了孩子一定的自主空间，又提出了合理的要求。当孩子因为动作不熟练而做错事情的时候，要告诉他正确的方法而不是责骂。

　　（3）指导家长给孩子自己选择和决定的机会。有机会做出自己的选择和决定，会大大提高孩子的自信心。如购买衣服、生活用品时，可以问孩子喜欢什么款式、什么颜色，给他提供选择的机会；双休日出去玩，先问问孩子想去什么地方。如果家长能做到，就采纳孩子的建议。渐渐地，孩子就增强了自信心。

　　（4）指导家长为孩子提供展示自己成绩的空间。例如，在家中醒目的墙面上张贴孩子的涂鸦之作；在柜子上做个陈列架，陈列他的小制作。把孩子活动中的状态拍下来，与孩子一起观看，给他讲解其中的故事和他的优秀表现，孩子的自信心也将随之增强。

　　（5）指导家长不要盲目地攀比孩子之间的能力。每个孩子的个性特征和生活经验不一样，不要对孩子说："弟弟已经会数数了，你还不会，你可真笨！"总是拿别的孩子的强项和自己孩子的弱项做比较，这样最容易挫伤孩子的自信。

　　4. 同情心。

　　（1）观察学习法。绝大多数孩子都喜欢动物，爱护动物的教育有利于培养孩子的同情心。教师可指导家长带孩子到动物园观看自己喜爱的小动物，或者与孩子一起饲养小动物，在观察照顾小动物的过程中培养婴幼儿的同情心。

（2）拟人故事法。同情心是对他人、他物的痛苦或者不快产生类似感觉的移情，对幼儿而言，痛苦就是"哭泣""眼泪"这些看得见、摸得着的行为。教师可指导家长在给孩子讲故事时，用拟人和形象的讲述激发孩子的同情心。

（3）自我体验法。让孩子适当地体验挫折也是培养同情心的好办法，他只有感觉到自己受挫是不好受的，才会设身处地对别人产生类似的联想，进而同情别人甚至帮助别人。

（4）实践养成法。指导家长用实际行为激发孩子的同情心，因为一次行动胜过一打说教。例如，在赈灾捐款捐物或献爱心活动时，带孩子一起参加，引导他们捐出自己的压岁钱，让孩子体验帮助他人的幸福。

5.礼貌。

（1）指导家长在生活中言传身教，培养孩子的礼貌语言和行为。有的家长平时总是教育孩子见面与人打招呼："你怎么不问阿姨好呀？"可是自己却从来不这样做。教师要帮助家长认识到对孩子的文明礼貌教育不能单靠说教，在生活中家长要自己做榜样，以身作则地影响和带动孩子。如见面与人打招呼，彬彬有礼地接电话，认真倾听，不随便插话，得到帮助表示感谢等。

（2）指导家长帮助孩子正确对待非礼的人。当孩子遭受非礼之遇时，父母要保持冷静，不急于表态，让他慢慢倾诉，再根据孩子交往中的薄弱环节加强指导。其目的不是为了"争口气"或者"挽回面子"，而是为了提高孩子妥善解决问题的能力，如适度的自我防卫或请求大人的帮助，同时注意引导孩子乐意接受小朋友诚恳的道歉，培养宽容之心。

（3）指导家长多用鼓励的方式为孩子指明言行目标。当孩子出现不礼貌的行为时，教师要帮助家长分析原因，是因为他忘记了该做什么，还是故意掩盖自己的调皮捣蛋行为，或是家长自身行为带动得不够。提醒家长用鼓励的方式为孩子的言行指明目标，纠正不礼貌的言行。例如，当孩子没有主动与人打招呼时，家长故意说他是个有礼貌的好孩子，得到鼓励往往会激发孩子正面的言行。

（四）指导家长开发婴幼儿的潜能

1.指导家长培养婴幼儿的认知能力。

（1）指导家长为婴幼儿提供丰富的认知环境。婴幼儿的注意时间比较短，容易转移注意对象。教师要指导家长为婴幼儿提供丰富的认知环境，吸引婴幼儿的注意力，并伴随简单的讲解，刺激婴幼儿的大脑产生复杂的神经联系。封闭、单调的认知环境不利于婴幼儿认知水平的发展和提高。

（2）指导家长为婴幼儿提供直观形象的认知途径。婴幼儿在感知事物时往往具有直观形象性。教师要提醒家长为婴幼儿提供多种感官参与的认知活动，调动婴幼儿听觉、视觉、嗅觉、味觉、触觉以及各种运动器官的活动积极性。枯燥的说教、强行的灌输和单一的背诵记忆等教育方式会损伤婴幼儿的学习积极性。

（3）指导家长帮助婴幼儿认识自己与他人的关系。婴幼儿的认知具有自我中心的特点。教师要提醒家长，这并不是品德意义上的自私，而是婴幼儿在认知上以自己的体验为中心的心理特点。教师可指导家长通过角色扮演游戏或移情训练法，逐渐认识到他人与自己的不同，学会协调自己与他人的关系。

（4）指导家长理解和理性对待婴幼儿的"胡言乱语"。婴幼儿的认知具有把想象与现实混淆的特点，他们常常无意识地说出"胡言乱语"，或编出一些"谎言"。教师要提醒家长不要批评、讽刺或打击，要帮助家长从"胡言乱语"或"谎言"中分析他的需求，并根据情况给予解释或满足。

2.指导家长培养婴幼儿的语言表达能力。

（1）指导家长根据婴幼儿的年龄特点采取不同的教育方法。

从零岁开始就不断对婴儿说话。家长这时对婴儿说话，他未必完全听懂，但能发展他对语音、语速和语调的感知能力，并学习根据表情和情境理解家长给予的语言信息，这对婴幼儿学习用语言理解和表达打下了基础。

正确引导咿咿呀呀想说话的1岁婴儿。指导家长用准确词语示范、指称事物，如"皮球""鸡蛋"，而不是说"球球""蛋蛋"等。当婴儿使用"电报式语言"时，家长要向婴儿简洁地示范完整语言。例如，他会用"妈书"代替"妈妈拿书"，家长可一边示范说"妈妈拿书"，一边把书递给他。家长正确的引导会极大地促进婴幼儿的语言发展。

关注2岁幼儿常用肢体语言补充口语表达能力不足的现象。2岁幼儿的口语表达能力还没有发育完善，往往不能准确地表达自己的愿望，而是常常以动作代替语言。例如，在想与同伴玩耍时不会用语言表达，而是用手拉别人，这样很容易引发同伴误会。教师要指导家长注意正面地示范口语表达方式。

激发3岁幼儿说话的兴趣，鼓励他大胆表达。3岁幼儿已经具备基本的语言表达能力。教师要指导家长抓住幼儿的兴趣点，激发他的表达欲望。对那些不爱说话的孩子，教师要帮助家长分析原因，引导家长经常主动跟他交流。用幼儿感兴趣的话题作为交流主题，激发他表达的欲望，鼓励他大胆地表达。而不要当着孩子的面说他"内向、不爱说话"，那样更会挫伤他的积极性。

（2）指导家长正确对待类似"口吃"的现象。帮助家长分析造成婴幼儿"口吃"的原因，是心理上的害怕与胆怯造成的，还是想模仿别人或急于表达自己又有些吃力的结果。要提醒家长千万不要训斥孩子，先冷静地听他讲完，然后鼓励他流畅地再说一遍，或示范比较简洁的表达方式。平时多带孩子一起诵读儿歌或唱短小流畅的歌曲，都是矫正孩子口吃的好办法。

3.指导家长培养婴幼儿的人际交往能力。

（1）指导家长多为婴幼儿提供与同伴交往的机会。婴幼儿的人际交往能力只能在人际交往的实践中锻炼和发展。在现代的居住环境中，婴幼儿往往缺少同龄伙伴。教师要指导家长多为婴幼儿创设与同伴交往的机会，如定期组织不同家庭的宝宝聚会，或邀请其他同伴到家里玩耍等。

（2）引导家长重视父亲对发展婴幼儿人际交往能力的作用。在现代社会女性养育者居多的环境中，父亲在婴幼儿形成完整的社会性别意识、发展社交技能方面就显得尤为重要。教师要指导家长重视婴幼儿与父亲的交流，让父亲多与婴幼儿一起说话、讲故事、做游戏等，充分发挥父亲在婴幼儿早期教养中的重要作用。

（3）指导家长鼓励婴幼儿自己解决与同伴的冲突。帮助家长认识到婴幼儿与同伴发生冲突时是发展他人际交往智能的重要时机。在冲突中婴幼儿才能发现别的小朋友与自己的想法和做法不一样，从而学会协调与他人的关系。家长要鼓励婴幼儿自己协调并解决与同伴的冲突，在这个过程中给予适当的引导和帮助。

（4）指导家长培养婴幼儿关爱他人的意识。帮助家长认识到单向的付出会造成婴幼儿的依赖性，不利于培养婴幼儿人际交往的角色意识。要鼓励婴幼儿做一些力所能及的事情，培养他们关爱家人的意识。例如，去超市购物可以请孩子帮忙拿东西；帮忙递报纸、摆拖鞋；给奶奶捶背、为爷爷拿眼镜或照顾其他小朋友等。

4. 指导家长培养婴幼儿的自我意识。

（1）指导家长帮助婴幼儿从物品中分离出"自我"。为婴幼儿提供可以把握和操纵的玩具，如握在手里的小摇铃、可以晃动的拨浪鼓、可以踢动的小皮球等，操纵这些玩具不但可给婴幼儿带来快乐，而且能让他通过身体动作体验到自己不但与物品不同，还能使物品产生变化，从而意识到自我的存在。

（2）指导家长帮助婴幼儿从镜子、照片和录像中反观"自我"。与婴幼儿在镜子前做一些动作，让他观察镜中人与镜前人的关系。还可以把婴幼儿日常的生活情景拍成照片或录像，与他一起观看，让他说说这里都有谁、大家都在做什么等。还可以与2岁的幼儿讨论他小时候是什么样的，与现在有什么不同。这些活动都有助于促进婴幼儿自我意识的产生和发展，提升自我意识水平。

（3）指导家长帮助婴幼儿从成人的评价中确立"自我"。婴幼儿的自我意识依赖于成人对他的评价。要指导家长多给予婴幼儿积极的评价，确立婴幼儿积极的自我认识。同时，良好的家庭环境和氛围对婴幼儿的自我意识发展也很重要，父母的评价不一致或冷漠的生活环境都会使婴幼儿的自我意识发育受到不良影响。

（4）指导家长帮助婴幼儿从自己的行为中认识"自我"。2岁以后，幼儿进入第一心理反抗期。对此，家长要满足和支持他的合理要求，拒绝不合理的要求。婴幼儿从家长一分为二的态度中明白了"我"可以做哪些事情，不可以做哪些事情，帮助婴幼儿在行为中认识"自我"。

（5）指导家长帮助婴幼儿在交往中认识"自我"。同龄伙伴是婴幼儿认识"自我"的重要参照。要指导家长多为婴幼儿提供与同龄伙伴共同游戏的机会，不管他们和谐相处还是出现冲突，都是婴幼儿学习观察的机会；同时，家长可以引导他比较同伴与自己有什么不一样，帮助婴幼儿从交往中认识"自我"。

二、婴幼儿家庭教育中常见的问题

（一）将婴幼儿摆在家庭中心的位置，过度照顾、包办代替

我国现代社会的家庭主要以独生子女家庭为主。婴幼儿所面临的家庭环境和人际关系都发生了很大变化，导致不少家长把孩子作为家庭的中心，使孩子在受到过多关注的同时，也容易受到过分的溺爱。不少家长非常重视对婴幼儿早期教育的物质投入，甚至将家庭经济收入的一半以上用在孩子身上；而且全家上下齐动员，尽一切可能满足孩子的需求。但在教育方式上却表现出对孩子的过度照顾和包办代替，这对孩子的健康成长是非常不利的。

（二）片面追求教育结果，忽视婴幼儿的心理特点和接受水平

由于缺乏科学的早期教育知识，不少家长出于"盲从"或"跟风"，或出于自己的感受和期望，将孩子送到各种时髦的"特长班"去学习，希望孩子从小能有一技之长，今后能"出人头地""做人上人"，提高孩子将来的身份地位。这种教育态度导致家长片面追求教育结果，忽视孩子的心理特点和接受水平，甚至不惜代价地对孩子进行超前教育，强迫孩子去做自己不愿意或不适合做的事情，挫伤了孩子对学习的兴趣和积极性。

（三）重智力开发，轻身体素质、行为习惯、人际交往和良好品德的培养

日益提高的物质生活水平为婴幼儿的营养、卫生、保健、医疗和生活环境改善创造了条件，家长对文化和教育的需要也相应提高，因而非常重视婴幼儿的智力开发。婴幼儿时期是智力发育的关键期，科学的早期教育是开发智力的重要条件。但是，片面重视智力开发，忽视身体素质、行为习惯、人际交往和良好品德的培养，会影响婴幼儿一生的可持续发展，不利于他们成长为全面发展的人才。

（四）教养态度不一致、言行不一给婴幼儿造成了不良影响

由于现代社会家庭结构和家庭观念的变化，在一些家庭中家长对婴幼儿的教养态度不一致，宽严度不一，导致父母你"严"我"宽"，一方管、一方宠；也有部分家长在管教孩子的方式上与老人产生分歧和矛盾，并且无时无刻不在孩子面前表现出来；还有的家长言行不一或不注意自己的言行规范，对婴幼儿的行为产生不良影响和导向，不利于他们人格的健康发展。

三、指导的策略

（一）指导家长树立正确的早期教育态度

1.理智施爱，爱而不娇。

婴幼儿不具备独立生存和生活的能力，日常生活需要家长给予精心的照料；在精神生活上，家长也需要给予婴幼儿爱抚、温存、体贴，陪他们玩耍和游戏。家长对婴幼儿的慈爱与关心是早期教育的前提。但是，对于婴幼儿的种种要求和需要，家长不能一味地满足，对不合理的要求要予以限制，这也是爱，是理智之爱，而不是溺爱。因此，教师要指导家长在满足婴幼儿各种需要的时候，还要从人生的长远利益出发，对婴幼儿做到爱而不娇。

2.量力而行，循序渐进。

教师要指导家长从婴幼儿的实际状况出发，按照婴幼儿的成长和教育规律进行科学的早期教育，而不能随心所欲地将自己不切实际的主观意志强加于婴幼儿，进行"过度教育"。教师要引导家长了解婴幼儿的心理特点，采取适合婴幼儿接受的内容与方法，量力而行，循序渐进，丰富婴幼儿的生活经验，增强婴幼儿的具体形象思维和动作操作能力，切忌死记硬背、强行灌输、操之过急、揠苗助长。

3.全面发展，因材施教。

人的成长是一个漫长的过程。婴幼儿时期是全面打基础的阶段，要使他们在体、智、德、美、劳等方面得到全面发展，长大后才能成为一个身心健康、适应社会发展进而为社会做贡献的人才。教师要引导家长认识到，全面发展的教育必须针对不同的婴幼儿因材施教，使他们在自己原有的基础上，各个方面都得到不同程度的发展，最终帮助婴幼儿形成良好的个性品质。

4.态度一致，教育统一。

由于不同家庭成员的生活经历、思想观点、文化修养、教育能力存在差异，对婴幼儿的教育也会存在差异。而家庭成员在教育态度、观念、方法和要求上的不一致，容易导致婴幼儿在一个家长面前是一套行为方式，在另一个家长面前是另一套行为方式，不利于婴幼儿形成稳定的个性。因此，教师要提醒家长注意保持家庭成员的教养态度一致、言行统一，才能形成强有力的教育合力，从而大大提高早期教育的效果。

（二）指导家长掌握科学的早期教育方法

目前，附设在幼儿园中的社区早教基地采取最多的是半日班和小时制结合的形式，家长带婴幼儿来早教基地参加活动。在活动中，家长一般容易犯的错误有：瞧不起幼儿、强迫幼儿服从、对幼儿进行物质贿赂、对幼儿要求过高、将幼儿和更好的幼儿比、认为自己的孩子什么都行、家长之间物质攀比、包办代替幼儿活动。这些在早教活动现场发生的问题也正是婴幼儿家长中比较普遍存在的早期教育方法问题，需要教师重点在以下方面对家长进行指导。

1.尊重心理，注重体验。

早期教育的一个重要特点就是尊重婴幼儿的心理特点，让婴幼儿在日常家庭生活中亲身体验，并感受到活动的乐趣。近期的科学研究发现，婴幼儿的知识来源并不是家长耳提面命传授的直接结果，而是他们主动积极地体验和建构的结果。例如，爸爸妈妈告诉婴幼儿："不要往地上洒水，要不然地上就湿了。"果真是这样吗？那得试试看！于是他"故意"往地上洒水，然后还在地上踩一踩，检查地上是不是确实湿了。教师要指导家长理解并尊重婴幼儿的心理特征和学习特点，避免枯燥说教和强行灌输。

2.掌握分寸，划清界限。

分寸和尺度是早期教育极为重要的问题。著名教育家马卡连柯说："不管你采用哪一类教育方法，你们都需要一个尺度。因此，也就需要在自己的身上培养分寸感。"掌握分寸，划清界限，是实现早期教育科学化的重要条件。教师要指导家长妥善把握教育的尺度，最终使子女成长为一个真正的人。否则，严格要求过了度，就会变成苛求；对婴幼儿的爱过了度，就会变成溺爱；对纪律要求过度，就会束缚子女的个性；让婴幼儿自由过度，他就容易变得放肆；与子女平等过度，家长就容易没有威信。

3.转移注意，另谋教机。

家长都明白，婴幼儿的需求很多，有的合理，有的不合理。对不合理的要求，无原则地给予满足会惯出许多毛病；如果不满足他就可能又哭又闹，这时候给他讲道理也无济于事。教师可指导家长用其他新鲜的刺激吸引婴幼儿的注意力转移到另外一个对象或活动上，事后再用浅显的语言给婴幼儿讲道理，让婴幼儿逐渐明白什么事情可以做、什么事情不可以做，树立规则意识。还要特别提醒家长，转移注意力的时候，不要给婴幼儿无法兑现的空头承诺，言而无信会使婴幼儿失去对家长的信任，也影响他诚实品质的形成。

4.表扬批评，适可而行。

表扬和批评是家长经常使用的教育方法，但是如果掌握得不适度往往适得其反。如果对婴幼儿表扬过多，从不批评，婴幼儿就只喜欢听好话，排斥与自己不同的意见；如果对婴幼儿批评过多，很少表扬，婴幼儿就会丧失自信心，不利于形成积极的自我意识。所以，教师要指导家长把表扬与批评相结合，该表扬的时候表扬，该批评的时候批评，培养婴幼儿的自尊与自信，也培养婴幼儿能接纳不同意见的心理承受能力。

四、指导的多种模式

为使0～3岁儿童受到良好的早期教育，为儿童的健康发展创造更加开放、更加温馨的环境，面向家长的早期教育指导应以社区为依托，树立大教育观的思想，不断提高社区、幼儿园、家庭的早期教育水平；挖掘家长的教育资源，利用家长的需求，借助专家、幼儿园和教师的力量，加强研究，扎实探索；从调查分析社区类型入手，为不同类型的社区进行早期教育指导提供不同的方案，实验并研究方案的适宜性，尝试并总结出适合不同社区的多种"早期教育指导模式"。

（一）面向家长的早教指导原则

目的上的同一性：对于早教模式的研究，主要目的就是为了使家长了解幼儿，发挥家长是孩子第一任老师的作用，引导家长学会教育孩子。任何一种模式的最终目的就是这个。

形式上的独特性：每一种模式都有其自身的价值，有优势也有不足。我们要看到不同模式的不同特性，从而有效地利用这种优势。

方法上的借鉴性：有许多模式有其相同或类似的作用，在使用中应相互借鉴，互为参考。

功能上的互补性：任何一个模式都有其利与弊，如何将不同模式进行整合，较为全面地、系统地开展亲子工作，需要幼儿园结合自己的实际进行创造性的探索和尝试。

（二）早教指导的多种形式

根据家长的需求和社区的实际情况，社区早教指导的形式分为两种——传授式和互动式。传授式的类型有父母学校、亲子学苑、专家咨询、网上查询、热线电话、资料宣传等。主要由专业人员向家长宣传科学育儿的意义，传授具体的指导内容与方法，为家长育儿提供咨询、答疑解惑等。传授式提供的内容往往带有普遍性和系统性，也易于组织。但由于家长处于被动接受的地位，有时并不能满足个别化的需要。

互动式的类型有送教上门、妈妈育儿沙龙、辨析式讨论和参与社区儿童活动中心的活动等。主要由专业人员与儿童家长进行个别化的交流与研讨，其优点是能调动双方的积极性，能帮助家长解决急于想了解的问题。但缺点是科学育儿的知识不系统，组织上有一定的难度。

相对亲子活动而言，其他早期教育指导形式只是辅助。目前，传统式、互动式的早教指导辅助途径正在逐渐交叉和融合，彼此都在吸收对方的优点，发挥出新的生命力。这些变化有利于早教基地开展面向家长的指导与服务。

1.小时制、半日制的亲子活动。

这类活动一般是一周一次，活动安排结合幼儿年龄特点，促进幼儿的全面发展；动静交替，劳逸结合；指导婴幼儿与指导家长结合；室内外活动结合；活动前后有面向家长的宣传与指导。

这一形式的特点是时间短，内容多，教师累；幼儿一环一环地变化；家长容易坚持；单位时间面对多个家长，效率较高。问题和局限性是时间短，不能满足幼儿长时间游戏的需要；教师和家长沟通少；教师带得多，家长参与得少；生活环节重视不够；缺少室内外的有机结合。

2.季节性亲子园（社区早教基地）。

利用社区资源在居委会中建立流动的儿童之家，送教下社区的公益活动造福了社区家庭，也使来自边远地区的儿童与家庭，能在首都同享蓝天下平等的教育和关爱。

3. 咨询、讲座。

大部分早教机构定期开展讲座，讲座、咨询常常结合在一起。条件成熟后可在机构中设立家长学校，把讲座作为家长学校的一部分内容。家长对儿童保健这方面的咨询需求最大，所以邀请、聘请的专家包括妇幼保健医生、儿保专家、从事学前教育的特级教师、区教育学院（教研室）的老师、早教专家、心理学专家等。

幼儿园要安排讲座或咨询的年度计划，根据指导对象规划讲座内容，既有全体性的，也有分年龄段的，可以请社区一起发放活动通知。

这一形式的特点是能够满足个体需要、针对性较强。问题和局限性是共性问题不能共享，效率较低；如果咨询人多，就需等待，浪费时间，无法全面满足家长的需求。

4. 制作与发放书面资料。

书面资料包括早教中心自办刊物、手册（宣传机构的和普及知识的）、活动计划、活动（课程教材）的家长须知、家长作业、现成的资料（书报杂志、网上资料的打印版）。这些在幼儿园的家园共育、家长工作中都被经常使用。但是，由于早教指导的相关课程大都是自行开发、没有公开发行，投注了教师大量的心血，涉及教师的知识产权，或者因为课程没有经过科学的评估，还不成熟，所以不少教师显得格外敏感。因此，有些教师不愿意把活动、课程的书面资料提供给家长。

教材是书面资料中家长最需要的部分。因为在早教中心接受指导的时间毕竟有限，要在有限的时间里当场消化大量内容，对于平时工作繁忙的年轻父母、年纪较大的祖辈、文化水平有限的保姆，都是比较难实现的。所以，关于课程教材的问题，还将困扰家长教育的开展。

5. 开辟早教热线电话。

目前看来，尽管早教机构没有开通24小时热线电话（因为资金的问题，有热线电话就要有一个人坐在那里），但是早教机构公布的报名电话（咨询电话）却在客观上起到了热线电话的作用。这类电话一般都安装在教师的办公室内，从周一到周五的上班时间，只要有教师在一般都会接听。这种形式，客观上还成为对弱势群体家长的支持渠道。

这一形式的特点在于针对性强、较灵活；问题和局限性在于教师的早教专业知识和指导水平不够，有时不能解决家长的问题。

6. 制作和使用影音资料。

有条件的早教中心，可以在活动室里安装摄像头和监控设备，随时摄录下早教活动的场景，方便搜集案例，用于教研和家长指导。现代电化教育设备的运用大大拓展了指导家长的形式，并且能调动家长的兴趣，在指导者和家长之间形成密切的互动，符合现代家长教育发展的潮流。

7. 开发、利用网络。

早教中心需紧跟"互联网"时代的步伐，运用网络服务工作。利用早教中心的网站和网页，宣传机构、推广招生；利用网络主页，传播育儿知识；利用网络BBS，延伸机构开展的亲子活动。由于网络的便捷、迅速，扩大了早教指导机构的辐射范围，使家长和早教指导机构的"距离"缩短；网上交流突破了时空限制，满足了家长在接受育儿指导时对时间、空间的要求，极大地方便了家长。家长足不出户，一样可以接受早教指导。

8. 设立家长沙龙、妈咪俱乐部或亲子俱乐部。

家长沙龙等家长群体性活动是能够充分调动家长主观能动性的一种指导途径，在家长教育中也经常使用。家长沙龙作为幼儿园家园共育的传统形式，实现了家园互动和家长间的交流。早教机构的教师把这种形式移植到0~3岁婴幼儿早期教育中。

俱乐部成员一般较为固定且有具体分工，建立和完善了成员加入、退出制度。活动有提前计划，可以组织讲座、主题式交流、户外活动、妈妈育儿食谱制作、自制玩具、婴幼儿生日会、种植等多种活动。

这一形式的特点是灵活性强，比较容易达成一致性意见；促进了家长之间、幼儿之间、家长与幼儿之间的相互交往；能够发挥家长的主人翁精神，使家长成为教育的主人。问题和局限性是要与幼儿园或社区联系；定期有专业人员指导和帮助；幼儿园或社区应有其活动的地点，以保证其他活动的正常开展。

9. 入户指导、送教上门。

对于婴幼儿家庭而言，送教上门就显得尤为重要。因为这种形式，大大方便了不容易外出的婴幼儿及其家长。而对于特殊需要儿童的家长，送教上门更似雪中送炭。因为就算是去早教中心活动，还要承担路费和路上交通的时间，而免费的送教上门使家长承担的成本最小化，几乎是"零成本"接受指导服务。

但入户指导首先要建立在双方自愿、互相信任的基础之上，其次需要成立由妇幼保健员、亲子园教师为核心的指导组。

指导内容包括了解婴幼儿的生长发育指标、生理特征、科学喂养常识；根据幼儿月龄提前向家长发放婴幼儿近期的发展水平指标；使家长树立正确的教育意识，知道教育就在身边，自己就是教育者。

入户指导人员应佩戴统一的身份标志，持有服务卡等形式的记录纸。记录纸上有具体的指导时间，还有婴幼儿的姓名、出生日期，观察的时间、内容，发现的问题，指导的过程，提出的建议，家长的反馈等内容。

0～1岁婴儿家庭，每月至少入户指导一次；1～2岁婴幼儿家庭，每季至少入户指导一次；2～3岁幼儿家庭，每半年至少入户指导一次。

这一形式的特点是针对性极强，比较灵活；满足个体的需求，因人而易；有个案跟踪，教育及时；灵活性强，随时调节。问题和局限性是单位时间内教育对象数量少，覆盖面有限；教师的保健知识缺乏，对0～1岁幼儿年龄特点和生理特点把握不准。

10. 借阅图书资料。

开设"幼儿图书借阅中心"，需要教师在每本书后附上阅读指导、阅读提示，使家长在亲子阅读的过程中，提升教育理念和教育技能。

这一形式的特点是家长和幼儿能够结合自身的需要及时地借阅相关资料，幼儿园和家庭的资源得到了共享，在图书中渗透了对家长隐性的教育指导。问题和局限性是图书资料的内容有限，不能及时调整、更换，针对性弱。

11. 设立玩具馆。

提供幼儿园、家庭、社区共享儿童玩具的场所。玩具的配备应按不同年龄段分类，要写清玩具的名称、功能、玩法。

这一形式的特点是使幼儿园和家庭、社区的资源得到了共享,在玩具和图书中有隐性的教育渗透。问题和局限性是对个体幼儿指导的针对性不足,图书和玩具的更新不太及时。

12. 定期开放幼儿园。

具体分为每日开放、每周开放、周末开放、节假日开放、幼儿园大型活动时开放等。

这一形式的特点是发挥幼儿园玩具器械的作用,使更多的孩子能够参与幼儿园的活动,了解幼儿园,热爱幼儿园;有更多的机会和同伴进行交往;在玩具中渗透教育或指导的功能;和社区一起搞好宣传工作。问题和局限性是一般情况下是家长带孩子活动,因此在玩法的指导上缺乏科学性;要事先与家长在安全问题上达成协议;需要加强管理,教育幼儿和家长要爱护幼儿园的公共设施。

13. 社区游戏小组。

这一形式的特点是能够根据家长的需求及时调整教育策略,满足未入园幼儿受教育率,幼儿能够结合自己的需要选择游戏内容,幼儿活动时的灵活性强。问题和局限性是教育缺乏系统性,针对性;幼儿的年龄差异较大,对活动的个性化指导重视不够;要求教师有较强的随机教育能力。

14. 特殊婴幼儿的早期发现和早期干预。

对特殊婴幼儿既要个别指导,又要引导其参与集体活动,使他能感受与同伴共同活动的乐趣。配合医疗,将矫正和教育同时进行。同时,对特殊婴幼儿做具体的追踪和记录,帮助家长树立信心,转变教育观念。这一形式的特点是针对性强。问题和局限性是一般教师对医学知识了解少,师资水平不够;时间、人力成本较大。

15. 小喇叭广播站。

广播站开设家教知识宣传、嘉宾主持、故事儿歌、幼儿猜谜等活动。

这一形式的特点是低成本、覆盖面广,适合农村地区。问题和局限性是关注的人群不确定,关注的内容不全、不系统;家长比较被动,广播内容不一定是家长所需;家长参与少。

16. 社区早教大篷车。

定期在社区中心进行早教宣传，以大篷车为宣传载体，在车中放置幼儿喜爱的图书、玩具，定期开到街心花园、体育场等社区活动场所，由教师组织活动，指导家长和幼儿。类似的形式还有"早教流动桌"。

这一形式的特点是灵活，可使社区中未入托的幼儿有机会受到教师的指导和帮助；能够帮助家长解决一些实际问题，尤其是个性的问题。问题和局限性是缺乏系统性；接受早教指导的人员不定，教育的持续性不能保证。

（三）应注意的问题

在开办各类亲子活动之前，应注意对本地区的家长需求进行调查，使活动更具有目的性、针对性；同时要从幼儿园的整体发展考虑，收费合理。

每一种活动形式都有利有弊，应辨证地看待。开展0～3岁早教活动的形式应根据幼儿园实际，名称自定，方式自定。幼儿园可以结合本园实际进行合理的组织和安排，也可以同时开办几种形式，形成园本化的早教模式。

指导对象应从家长延伸至婴幼儿的教养人，还应包括有特殊需要的家长。

传统上，幼儿园家长工作或是早教指导工作的主要对象还是孩子的父母。但是，随着社会变迁，隔代教养、保姆带养的社会现象越来越普遍，早教机构指导对象的范围也延伸到祖辈、保姆，甚至更广泛的群体。

1. 培训保姆的尝试。

培训保姆的关键点如下：培训前，提前通知雇主，告知培训保姆的重要性，得到雇主的配合；培训中，通过教师的示范、讲解，让保姆初步掌握教养方法；面对一群保姆，可以指导一个，树立榜样，带动一片；通过口头指导和感性操作，让保姆掌握教育方法和技能，初步知晓教育理念；在平时的活动中，随时察觉保姆不科学的教养行为，提高指导的针对性；一定要做好家长的工作，同时指导保姆和家长，减少教育中的矛盾。

2. 针对有特殊需要的家庭选择合适的指导方式。

针对有特殊需要的家庭选择合适的指导方式，是因为有特殊需要的孩子。这里的特殊需要，不单单是特殊教育范畴的，还包括一些性格、情绪、心理发展有偏差的情况。因为孩子的特殊性，需要家长对孩子倾注更多的爱和心血，也需要对家长进行更多的指导、服务和支持。

从指导途径、指导内容到支付成本，都应该适合有特殊需要的家庭的特殊情况。有特殊需要的家庭，经济负担比正常家庭要重。对于这样的家庭，无论实施早期干预，还是进行早期教育指导，或是给予其他服务，都应该不增加其额外的经济负担，甚至应该帮助其提高经济收入，缓解经济压力。同时，对其提供低收费甚至免费的教养指导、科学的指导，都能减轻家长、家庭在教养上的压力，满足其教育需求。尽管相关措施有些已经远远超出"教育"的范畴，但这些给予家长的支持、指导、服务，恰恰符合"家长教育"的内涵。

指导形式应从传统的集体活动延伸至整合社会资源的各种活动。除了传统的传授型和互动型的指导形式外，早教基地的指导教师还创造了丰富多彩的延伸形式，如送教进社区、在商业网点附近宣传。这些延伸形式，把早期教育指导的网络辐射到整个社会，整合了社会各方面的资源。

早教基地应巧妙地利用网络中的每一个"点"，通过它们之间的分工合作，发挥每一个"点"的优势，为指导工作的开展创造条件。通过整个社会网络的配合，早教指导工作会更容易地深入到社会的方方面面。

|第八章|

特殊儿童的
早期发现、筛查和干预

【第一节】
特殊儿童的概念和分类

一、特殊儿童的概念

日常生活中，我们可以看到一些白化病的孩子，头发全白，皮肤也是白的；还有一些其貌不扬的孩子、个子特别矮小即侏儒的孩子等。这样的孩子在人群中占少数，让人感到他们很特殊，但这种特殊对他们的学习并没有多大影响，因为这些特点对学习并不产生直接影响，从而并不形成障碍。

所谓特殊儿童，是针对学习需要的特殊性而言，单纯身体或心理特点上的特殊，并不是构成特殊儿童的条件，特殊儿童所具有的身心特点必须能够造成其对学习的过程有不同于一般儿童的特殊需要，这样的儿童才是我们所指的特殊儿童。

对这种有特殊学习需要的儿童，必须用特殊的教学方法、教学方式、教学内容等来满足，如下所介绍。

特殊的教学方法：有听觉障碍的儿童不能靠听觉来学习，只能通过看对方的口形或手势、姿势来学习，那么就要采取手语或读唇的方法进行教学。

特殊的教学方式：有视觉障碍的儿童只能利用触觉或听觉来学习，通常的教学方式不能满足他们的需要，必须采取适合他们特点的教育教学方式。例如，给他们使用字体很大的课本（大字课本），或者摸读点字课本（盲文）。

特殊的教学内容：在智力方面，每个人的聪明才智不同。智力超常儿童的学习速度快，在相同的时间内，学到的东西更多；而智力落后的儿童不但学习速度慢、水平低，还需要反复学习。在同一时间内，智力水平不同的儿童学习的内容也应该不同。

特殊的教育环境：凡是有情绪困扰或社会适应不良的儿童，都需要改变其受教育的环境。

特殊的教育设施：肢体残疾者需要依靠轮椅、手杖，盲人需要导盲设施，对这些人要有特殊的教育设施，如无障碍通道。

上述需要并不是每个儿童都必须满足，但有些儿童对某些需要就非具备不可，否则就无法学习。凡具有特殊学习需要的儿童，方可称为特殊儿童。对于这些特殊的需求，何时需要，需要多少，每个儿童是不同的，取决于障碍的类别和程度。

二、特殊儿童的类别

通常依据身体、心理特点将特殊儿童进行分类，普遍采取细致性和概括性分类两种方法。

"美国94～142公法"就是采取细致性分类的方法，将特殊儿童分为11类：聋、盲聋、重听、智能不足、多重障碍、肢体残伤、其他健康问题、严重情绪困扰、特殊学习障碍、说话障碍、视觉障碍。此外，美国1978年的《资优儿童教育法》将资优儿童分为5类：普通智能方面、创造力方面、特殊学业方面、领导才能方面、表演与视觉艺术方面。

概括性分类法有很多种。比如，柯克与葛拉格将特殊儿童分为五大类，分别是：(1)心智异常，包括智能优越与智能不足；(2)感觉障碍，包括听觉损伤与视觉损伤；(3)沟通异常，包括学习障碍与语言障碍；(4)行为异常，包括情绪困扰与社会适应不良；(5)多重障碍。台湾学者在1997年根据台湾的《特殊教育法》，将特殊儿童分为身心障碍和资赋优异两大类，身心障碍又概括分为身体障碍和心理障碍。对每一个概括类别又进行细分：身体障碍包括视觉障碍、听觉障碍、语言障碍、肢体障碍、身体病弱等；心理障碍包括智能障碍、情绪障碍、学习障碍、多重障碍、自闭症、发展迟缓及其他显著障碍；资赋优异包括智能、学术性向、艺术才能、创造力、领导才能及其他特殊才能。

本书的写作目的是为了更广泛、深入地开展0～3岁婴幼儿的早期教育，为培养早期教育的教师编纂一本简洁、全面、概念准确的手册。因此，本章将细致性和概括性分类的方法相结合，根据婴幼儿时期的障碍特点和需要介绍的重点，进行如下分类：

第一类：发展障碍，包括发展迟缓、婴儿孤独症；

第二类：情绪障碍，包括焦虑障碍、心境障碍；

第三类：行为障碍，包括注意缺陷障碍、品行障碍；

第四类：感官障碍，包括视觉障碍、听觉障碍；

第五类：与身心健康相关的障碍，包括睡眠障碍、排泄障碍、进食障碍。

【 第二节 】

特殊儿童的早期干预

一、早期干预的概念

干预是英语单词Intervention的译文，也翻译为"介入"。由于是外来语，让人费解。什么是干预？干预是不是教育？干预首先是指教育，但不仅仅是教育。干预的含义比较广泛，至少应该包括医疗与保健、教育与训练、社会心理咨询，干预还经常用于指对儿童的教育设施，也包括对家长和社区的教育。因此，干预一词应当有四方面的内容，即：以教育人员为儿童提供教育训练为主，同时兼顾他们的医疗保健、社会心理咨询、家长与社区教育问题的合理解决来配合教育目标的实现。

二、早期干预的原则和方法

如何进行早期干预？这里讲的早期干预主要指教育训练。

（一）确定训练的起点和领域

儿童在各个领域的发育水平是通过一系列行为来评价的。通过评价找到了各个领域发育的最高点，也就是教育训练的起点。当各个领域训练起点确定之后，再确定先从哪一个领域训练，也就是说，要先排好训练的优先顺序。不可能五个领域同时训练，究竟训练几个领域的项目要根据儿童的能力水平而定。

先训练哪个项目要考虑儿童和家庭的情况，比如，儿童是否有兴趣、是否容易学，学习的时间是否太长。最好从儿童能接受、喜欢学的项目开始。对于那些儿童不感兴趣、花时间较多，但又是发展过程中非学不可的项目，可以穿插着学，变着花样学。

（二）制订训练计划

1.确定长期目标。

当确定了训练的起点、排好了训练的优先顺序后，该训练哪一个项目就明确了。例如，训练爬，让孩子学会爬是最终的目标，我们称为长期目标，但怎样教却不是一件容易的事情。首先要将爬这个动作分解为若干步，一步一步地教给孩子，最后才会爬，我们称为"小步伐"。

2.分解动作。

仍以训练爬为例。首先让孩子练习跪，可以锻炼腿部力量。当他跪得很好的时候，可以让他趴，开始趴时全身着地，可以在腹部垫一个枕头，使腹部抬起，双手支撑，这样可以锻炼两个上肢的力量。然后将枕头撤出后再趴。最后学爬（可先用毛巾兜住腹部）。每一步都是一个短期目标，需要一定的时间才能学会。

3.确定短期目标。

每一个短期目标应该在一周之内学会。一般一周之内学会2～3个领域的行为足矣，每个动作要反复练习，这叫做"多循环式练习"。

（三）总结

每周要总结一次，以便制订下一周的计划。有了计划才能使儿童得到系统训练，才能不断提高，家长、教师也容易看到自己的成果，增加信心和成就感。总结和计划可以用简单的图表表示。

【第三节】

常见特殊儿童的早期发现、筛查和干预

一、注意缺陷伴多动

注意缺陷/多动性障碍即ADHD，是指儿童表现出持续的与年龄不符的注意力不集中及多动—冲动行为。

（一）多动症的表现和特点

1.活动过度。

活动过度被视为多动症的表现之一已有很久历史。出生后不久，婴儿便好哭、好闹、好动。几个月时会从摇篮里往外爬。开始学走路时，往往以跑代步，喜欢爬高，不知危险。5～6岁会看小人书时，看不了几页就换另一本，或者干脆把书撕了；喜欢翻箱倒柜，把家里搞得乱七八糟；在地上打滚，衣服、鞋、裤子容易磨损。上小学之后症状格外突出，上课时小动作不停，屁股在椅子上不停地扭；书本涂写得不成样；手闲不住，凡是能碰的东西总要碰一下；喜欢挑逗人，因而常与同学吵架、斗殴；做作业时边玩边做，十分磨蹭；常在大人讲话时插话或干扰大人的活动，引起大人的厌烦。

患儿不仅活动频繁，更重要的是一刻不停，在一些场所（如课堂）或特定时候不该动时（如当着客人的面）失去控制，就像一部失灵的机器。

2.注意力集中困难。

注意力特别容易因外界环境的干扰而转移，且注意时间短暂。玩积木、看图书时也会东张西望，显得不专心。

3.情绪不稳、冲动任性。

常对一些不愉快的刺激做出激动或愤怒的反应，缺乏克制力，做事杂乱，想干什么就干什么，不假思索，不考虑后果。经常无缘无故地喊叫，没有耐心，要求必须立刻得到满足，否则就发脾气。经常为一些小事一会儿高兴一会儿哭。

以上是多动症的三种主要表现，并且这三种表现经常同时出现。这些特点将导致一系列继发后果。首先是学习困难，但这类儿童的学习困难抓一抓可以提高。另外，这样的儿童由于经常遭到责骂甚至挨打，常有自卑感，又加上学习成绩差而遭到老师同学的歧视，容易出现品行问题。

（二）诊断

美国精神病学会出版的《精神障碍诊断和统计手册》（第四版）（DSM-Ⅳ）提供的诊断标准有较高的诊断价值。标准如下：

1.注意力集中困难（至少具备3条）。

(1)不能善始善终地完成一件事，往往有头无尾。

(2)上课似乎在听，实际已经走神。

(3)周围一有动静，注意力就分散。

(4)不能长时间集中注意地完成作业。

(5)不能全神贯注地做一个游戏。

2.冲动任性（至少具备3条）。

(1)不经考虑就行动，带有冲动性。

(2)动作过多，不停地从一个活动转向另一个活动。

(3)不能把工作安排得有条理，杂乱无章。

(4)需要不断监督。

(5)在教室里经常大声叫唤。

(6)等不及游戏或集体活动轮流，迫不及待。

3.活动过度（至少具备2条）。

(1)走路如跑，过度地跑或往东西上爬。

(2)坐不住，动个不停。

(3)不能保持稍长一段时间的静坐，屁股扭个不停。

(4)睡眠不安，翻动过多。

(5)经常处在准备活动状态，就像有马达在驱动。

4.其他。

(1)起病在7岁前。

(2)病期已经在6个月以上。

（三）筛查

康纳氏量表（Conner's）是一种较为普通的、专供父母和教师填写的量表，可用来筛选多动症，也可供疗效评定时使用。量表如下：

项目	程度（用"√"表示）				
	无	很少	多	很多	备注
1.动个不停	0	1	2	3	
2.容易兴奋和冲动	0	1	2	3	
3.打扰其他小孩	0	1	2	3	
4.做事有头无尾	0	1	2	3	
5.坐不住	0	1	2	3	
6.注意时间短暂，容易转移	0	1	2	3	
7.要求必须立刻满足	0	1	2	3	
8.大声叫唤	0	1	2	3	
9.情绪改变快	0	1	2	3	
10.暴发性和不可预料的行为	0	1	2	3	

如果总分为15分或超过15分，就高度怀疑为多动症，分数越高，可疑性越大。

（四）干预

对多动症进行教育干预，一方面要进行家长咨询，另一方面要努力提高儿童自我控制能力和锻炼其注意力集中的能力。目前较为常用且有一定疗效的是感觉统合疗法。

二、婴儿孤独症（自闭症）

目前孤独症的出现率有增高的趋势。其中患者所占比率最高的是婴儿孤独症，之所以如此命名，是因为婴儿孤独症的发病年龄在0～3岁（婴儿期），更确切地说是在30个月以内起病。

（一）孤独症的表现和特点

婴儿孤独症的表现主要在行为方面，其中社会交往能力缺陷、语言交往障碍以及固定刻板的礼仪式行为是孤独症儿童的三大主要特征。

1. 社会交往能力缺陷。

社会交往能力缺陷从小婴儿期，甚至在7个月时就可以被发现。对母亲不亲，亲人或者陌生人谁抱他都一样，母亲抱着也毫无反应，对拥抱和爱抚动作无动于衷。从小不懂得认生，即使喂奶，逗他，对他笑也引发不出情感的反应。他们从不会主动对别人笑，不具有社交性微笑的能力。随着年龄的增长，交往缺陷越发明显，不会伸手做出期待大人抱的姿势；面部表情极少；主动回避与别人的视觉接触；不在意最亲近的人的来与走，容易与父母分离；在家里独自玩，在外面独自走，我行我素；几乎不会与别人交流，极难理解别人的情感，也不会表达自己的情感；无法参与别人的活动，不与别的孩子一起玩有规则的游戏，生活在一种极度自我封闭的状态中。

孤独症儿童虽然不能与人建立情感联系，却能对无生命的物体或小动物产生特殊的情感依恋。例如，有的患儿时时刻刻抱着一个红枕头，有的患儿依恋某一特定的玩具汽车等。

2. 语言交往障碍。

在语言交流方面，孤独症儿童有严重的障碍。大多数孤独症儿童语言发展迟缓，少数出生后没有语言能力。能够讲话的孤独症儿童，其语言形式及语言的运用也都存在各种各样的问题，例如，总是像鹦鹉学舌一样机械地模仿重复别人的语言。有时患儿对听到的话、广告会立即模仿重复，有时是模仿重复几天前、甚至是几星期前听到的话。

在学习使用"你""我""他"等代词方面，患儿表现出相当的困难，时常出现代词运用的混乱和颠倒，如常把"你"说成"我"，或把"我"说成"你"。代词使用困难的情况可以一直持续终生，他们到了成人阶段，仍然尽量避免使用代词，而使用名字。

孤独症儿童在语言理解方面同样存在很大困难。他们能够流利地朗读课文，却不理解所读内容。因为他们不理解别人话语的意思，所以不能与别人一来一回地交谈，也不能主动与别人交谈，对于他们而言，语言似乎不是一种交流形式。孤独症的孩子常常自言自语地重复讲一些不着边际的话，不顾对方听或不听以及对方问什么。他们在语音、语调、韵律方面也表现出异常，有的患儿讲话声调单一，没有高低轻重之分，或者声调古怪，如尖声回答一个简单的问题。

3.固定、刻板的礼仪式行为。

孤独症儿童无论是游戏、生活方式还是对环境的要求，都有固定的、反复机械的、礼仪式的刻板行为表现。他们对玩耍的偏好和游戏活动常常表现出异常。有时只是机械地重复某一动作，如不停地转动物体，不停地把积木扔在地上，或是长时间摆弄一件物品。一般来说，年幼儿喜欢玩会动的、出声的、发亮的东西。例如，他们喜欢把玩具车翻转过来玩轮子，或者不停地推车，看车轮转动；喜欢转动瓶盖、钱币、锅盖等圆的东西；喜欢撕纸，把纸揉成一团，听揉纸时的声音；喜欢不停地玩沙、玩水。年龄较小、能力较差的儿童喜欢将玩具放在嘴里咬，任何东西都要闻一闻，喜欢用手或面颊触摸头发、丝袜等物。年龄较大的儿童喜欢自身旋转、转圈跑、踮脚尖走路等。

患儿对生活环境和生活方式的要求也十分刻板单一。睡觉要在固定的地方，盖固定的被子；坐在固定的地方吃饭，用固定的碗筷；喜欢看固定的电视节目，尤其喜欢看天气预报、广告节目；喜欢听同一首歌曲；喜欢翻看同一本书；出门走固定的路线等。如果原有的生活环境发生了改变，或要求患儿改变已形成的习惯顺序，他就会发脾气或做出反常举动。

另外，在感知觉方面，患儿对某些刺激可能反应过敏，对另一些刺激的反应又欠缺。发展也表现出不平衡或奇特之处，比如，可能在正常的年龄学会说话，可到了两三岁却又突然不会说话了。

（二）诊断

婴儿孤独症的形成原因至今仍没有一个确切的说法，早期研究资料提示与家庭及社会心理因素有关。但随着近二三十年来医学、生物学及其他科学的迅速发展，对孤独症的病因研究也取得了重大进展。研究提示孤独症是由多种生物学及医学原因所致，由神经病理学损害引起的一种行为综合征。但是社会心理如精神压力和打击，始终被认为是原因之一。

根据美国《精神障碍诊断和统计手册》（第四版）的诊断标准，婴儿孤独症可从这几个方面进行诊断：

1. 发病年龄在30个月以内。

2. 关系障碍。即表现为与母亲不亲，对亲人的来去无反应，不合群，愿意一个人玩，与别人缺乏眼对眼的凝视。

3. 情感奇特。虽然不能与人建立情感联系，却能与无生命的物体或有生命的小动物产生特殊的情感依恋。

4. 感知障碍。对外界刺激有不同的反应，可能对有的刺激极为敏感，对另一些刺激却表现得麻木。

5. 动作异常。可能表现为打自己的头，用头撞墙以寻求刺激。

6. 言语障碍。言语迟缓，少数出生后无言语，也有个别儿童言语比一般儿童发展要好。常常出现模仿语言和代词倒错。

7. 智力。大多数孤独症儿童较一般儿童智力差。另外，随着年龄的增长，可出现癫痫发作。

（三）筛查

孤独症在我国有明确的诊断标准，由专业医生负责，诊断目的是为了及早矫治，所以广大家长、教师在了解了孤独症的核心症状后，方可进行初步的鉴别、筛查。下面介绍几个用于鉴别和筛查的量表。

1. 克氏行为量表。

本号表为美国克莱希（Clancy，1969）编写，适用于2～5岁儿童，施测时间约10分钟。评分标准："经常"（2分），"偶尔"（1分），"从不"（0分）。累计分≥14分，且"从不"少于3项（包括3项），"经常"多于6项（包括6项）者，可能为自闭症，分数越高，可能性越大。

以下十四种儿童行为中，请根据你孩子最近一个月内的情况，在题目右边的方框内打勾，不要漏掉任何一题。

克氏行为量表

儿童姓名：_____ 性别：_____

年龄（实足年龄）：_____ 填表人：_____

儿童表现	从不	偶尔	经常
1.不易与别人在一起玩			
2.听而不闻，好像是聋子			
3.强烈地反抗学习，比如抵抗模仿、说话或做动作			
4.不顾危险			
5.不能接受日常习惯之变化			
6.以手势表达需要			
7.莫名其妙地笑			
8.不喜欢被别人拥抱			
9.活动量过大			
10.避免目光接触			
11.过度偏爱某些物品			
12.喜欢旋转的东西			
13.反复怪异的动作或玩法			
14.对周围漠不关心			

2.孤独症儿童行为检核表（the Childhood Autism Rating Scale，CARS）。

该量表共有15项，分别为：人际关系、模仿行为、情感反应、奇异的身体动作或仪式化的行为、对无生命物体有特殊的喜好、抗拒环境的改变、奇特的视觉反应、奇特的听觉反应、感觉器官对刺激的过度反应、焦虑反应、口语沟通、非口语沟通、活动水平、智力功能不平衡、总的印象。每项依据正常（1分）、轻微不正常（2分）、很不正常（3分）、极不正常（4分）评分。总分≤30分，就可以排除孤独症，总分≥36分，可以初步诊断为孤独症。

孤独症儿童行为检核表

儿童姓名：＿＿＿＿＿＿　性别：＿＿＿＿＿＿＿＿　出生日期：＿＿＿＿年＿＿＿月＿＿日

填写人：＿＿＿＿＿＿＿＿＿＿＿＿＿　与儿童的关系：＿＿＿＿＿＿＿＿＿＿

填写日期：＿＿＿＿年＿＿＿月＿＿日　　儿童实足年龄：＿＿＿＿＿＿＿＿＿＿

　　下面15项儿童行为，请您仔细阅读后，根据您孩子最近一个月内的情况，在题目左边的空格内打勾，不要漏掉任何一题。

1.人际关系			
□正常	□轻微不正常	□很不正常	□极不正常
2.模仿行为			
□正常	□轻微不正常	□很不正常	□极不正常
3.情感反应			
□正常	□轻微不正常	□很不正常	□极不正常
4.奇异的身体动作或仪式化的行为			
□正常	□轻微不正常	□很不正常	□极不正常
5.对无生命物体有特殊的喜好			
□正常	□轻微不正常	□很不正常	□极不正常
6.抗拒环境的改变			
□正常	□轻微不正常	□很不正常	□极不正常
7.奇特的视觉反应			
□正常	□轻微不正常	□很不正常	□极不正常
8.奇特的听觉反应			
□正常	□轻微不正常	□很不正常	□极不正常
9.感觉器官对刺激的过度反应			
□正常	□轻微不正常	□很不正常	□极不正常
10.焦虑反应			
□正常	□轻微不正常	□很不正常	□极不正常
11.口语沟通			
□正常	□轻微不正常	□很不正常	□极不正常

12.非口语沟通			
□正常	□轻微不正常	□很不正常	□极不正常
13.活动水平			
□正常	□轻微不正常	□很不正常	□极不正常
14.智力功能不平衡			
□正常	□轻微不正常	□很不正常	□极不正常
15.总的印象			
□正常	□轻微不正常	□很不正常	□极不正常

3. 法国 IBSE 量表。

法国 Barthlerny Tolord 等人于1990年编制出实验版的 IBSE 量表，共有33项，分为6大类。每个项目依其行为出现的频率分别得0～4分：从未出现（0分），偶尔出现（1分），常常出现（2分），频繁出现（3分），连续出现（4分）。我们发现，总分在50分以下为正常，50～100分之间比较可疑，100分以上就高度怀疑为孤独症。

法国 IBSE 量表

1.社会化行为
（1）不理人。
（2）较喜欢独自一个人。
（3）社会性互动贫乏。
（4）无目光接触。
2.沟通行为
（1）缺乏声音沟通。
（2）缺乏适当的脸部表情。
（3）缺乏社会性的微笑。
（4）缺乏适当的手势或表达性的姿势。
（5）无法或贫于模仿他人的手势或声音。

3.适应环境情境

（1）活动过少。

（2）活动过多。

（3）物品之不当使用。

（4）不能容忍挫折。

（5）抗拒改变。

（6）行为的多变。

4.自动能力

（1）只对身体接触感兴趣。

（2）不喜欢被触摸。

（3）刻板行为。

（4）低僵直性。

（5）反常的姿势。

（6）过于安静。

（7）过度兴奋。

5.情绪与本能反应

（1）自我攻击行为。

（2）对外攻击行为。

（3）未受刺激而哭笑发作。

（4）无情感之表达。

（5）饮食问题。

（6）睡眠问题。

6.注意力/知觉

（1）注意力不集中，易分心。

（2）对听觉刺激无反应。

（3）对听觉刺激的怪异反应。

（4）异常的眼光接触。

（5）不会分辨他人。

（四）干预

对孤独症儿童的干预，首先要讲究实用的原则。对孤独症儿童的教育，要使他们从自我封闭的世界里走出来，走向社会，因此学习社会生活中一些有用的东西十分必要。然而他们学习能力又不足甚至不具备，因此需要加强训练。比如，乘公共汽车、认字、说话等，这些学习可以节省"无意义"学习的时间，使得学习的内容更实用。其次要坚持扬长避短的原则。孤独症儿童本身各项能力发展不平衡，一般来说他们的机械记忆特别好，空间概念也不错，还有的孤独症儿童有较好的数学才能，因此在干预时要充分发挥这些长处，对其短处也要加以利用，使其变为长处。例如，利用他们的刻板行为，让他们做一些高要求、规范化的工作。对孤独症儿童的训练要循序渐进，家长要参与进来，训练内容一定要生活化。比如，从"把圆凳搬过来"学会"圆"，从"把鞋放在床底下"学会"底下"，这种训练方法很自然，把要教的概念反复说几遍，以达到训练目的。

三、发展迟缓（智力低下）

（一）智力低下的定义和诊断标准

智力低下是指智力低于普通人的一种症状。说它是一种症状，因为它不是一种疾病，而是由各种不同的疾病导致中枢神经系统受到损伤，或神经系统的发展停止而表现出的大脑功能障碍的现象。那么到底什么是智力低下呢？国际公认的较为全面的定义是1973年美国智力低下协会（AAMD）提出的，指"在发育时期内，一般智力功能明显低于同龄水平，同时伴有社会适应行为缺陷"。1985年世界卫生组织在马尼拉召开智力低下学术会议，在《智力低下迎接挑战》一文中，对AAMD提出的有关智力低下的定义做了进一步说明："智力低下的范畴包括两个基本组成部分：第一，智力功能明显低于一般水平；第二，对社会日常要求的适应能力有明显损害。"可见判断一个儿童是不是弱智必须从三个方面考虑：一是年龄，二是社会适应行为，三是智商。

鉴于AAMD对智力低下的定义，智力低下的诊断标准有三条，缺一不可。

1.智力明显低于平均水平，即IQ低于人群平均值的2个标准差，或者说IQ在70分以下。

2.适应行为缺陷，主要指个人在生活和履行社会职责方面有明显的缺陷。

3.发育年龄一般在18岁以下。

只有当智力功能和社会适应行为都有损害时，才考虑为智力低下。单有智力功能损害或适应行为缺陷，不能诊断为智力低下。

（二）智力低下的分级和各级的特点

1.分级。

智力低下患者约占人群总数的2.2%，分为四个等级：

等级	IQ
轻度（四级）	55～70
中度（三级）	35～55
重度（二级）	20～35
极重度（一级）	20以下

在智力低下人群中，绝大多数属于轻度，占2%左右，中度患者不到1%，重度与极重度患者都很少。

2.各级智力低下的特点。

(1)轻度智力低下。

适应性行为低于一般人的水平，在教育分类中属于可教育的一类。由于他们的问题主要表现在读、写、算等基本的文化学习和人际交往上，所以往往在上了小学以后，问题才暴露出来。及时进行教育训练，能使他们获得社会交往和职业技巧，走入社会后，维持生计应该不成问题。

(2)中度智力低下。

适应性行为不完全，在教育分类中属于可训练的一类。这部分儿童大部分有脑损伤或其他神经障碍。能与人进行基本的交往，但语言简单；生活能半自理；能够学习一些简单的手工技能。

(3)重度智力低下。

适应性行为差，往往有先天性的疾病和较严重的脑损伤。在教育分类中属于需要监护的一类。有简单的交往能力，但生活不能自理。情感幼稚，情绪反应容易过激。经过长期训练，可以学会吃饭、穿衣、大小便等简单的生活习惯，但生活仍需要别人照料。长大后可以在监督下做一些较固定和最简单的体力劳动。

(4) 极重度智力低下。

适应性行为极差，往往有严重的脑损伤，常伴有多重残疾和癫痫，缺乏基本的自我保护能力，生活完全不能自理，必须有人照顾。经过训练，一部分人可以学会自己吃东西、自己控制大小便，但仍不会穿衣服；听不懂话，也不会说话，顶多发几个简单的音，如爸爸、妈妈，但不懂是什么意思。

（三）婴幼儿智力低下的特点

1. 婴幼儿的智力。

在不同的年龄阶段，智力发育的内容和结构不一样。学龄期智力是指与认知、学习有关的能力，青少年以后智力主要表现为综合能力的发展。婴幼儿时期智力的内容是指人的各种基本能力，如大运动、精细动作、语言、认知、社会性等。因此，从这个角度来说，婴幼儿智力的实质是神经精神的发育在行为上的表现。因此，婴幼儿时期的智力应该称为发育，其结果应该称为发育商。

2. 婴幼儿智力的特点。

儿童处于生长发育的过程中，这是一个动态的过程。我们很难对一个幼小的儿童做出"弱智"的判定，年龄越小，越是如此。从神经系统的发育来看，3岁前即使是所谓的中度发育落后，经过早期干预也可以达到正常。因此常有这样的说法："3个月前不判'重'，3岁前不判'中'，6岁前不判'轻'。"一般来说，我们不对婴幼儿做出智力低下的诊断，只是对各个领域的发展水平或发展速度进行评估，如果某一领域的发展水平低于90%的同年龄儿童，那么这个儿童便在这个领域上发育迟缓。

（四）早期发现和筛查

1. 早期发现的方法。

(1) 什么是早期发现？

早期发现一般专门针对发育迟缓的儿童。我国将早期看成是从0岁开始到6岁这个阶段，在这里，早期还指发展迟缓出现的早期。在这个时期，找出那些可能导致发展迟缓的因素，或者发现有发展迟缓表现的儿童，可以为早期诊断提供线索，这就是早期发现。及时发现个体在胎儿期，以及出生后很短时间内身心发展过程中的不利因素，有针对性地进行教育训练，可以促进儿童的发展。

(2) 早期发现的方法。

①从儿童的外表发现。

母亲是最先看到新生儿的人之一，儿童先天外表的异常会引起母亲的高度重视。例如，先天愚型的孩子生下来就有特殊的面容：舌头伸出口外，鼻梁塌，头扁平，眼角内疵褶下垂，眼距宽，外疵上斜，体形矮胖。先天愚型的孩子几乎都伴有中度到重度的智力低下。早期发现先天愚型的孩子，早期给予环境刺激和教育训练，可以改善患儿的智力与神经系统功能。再如苯丙酮尿症儿，由于缺乏色素，毛发很淡，皮肤特别白，尿有异常气味。另外，儿童头颅的大小、形状也会引起家长的注意，成为早期发现发育迟缓儿童的线索。

②从儿童异常行为表现发现。

不同年龄阶段的儿童有不同的行为表现。例如，新生儿出生后数天，便会自发地微笑，4～6周见人会微笑，3个月能笑出声，4个月能大声地笑，并随着成人逗引可以笑个不停。会笑是婴儿期的一个显著特点。如果孩子很少笑，逗引时也没有反应，不注意别人对他的说话，不会用视觉、听觉追踪物体，表现冷漠，细心的家长就会对儿童的这种表现产生疑问。有的儿童已经4～5个月或9～10个月了，仍旧躺在床上不哭不闹十分安静，双手从不主动去抓握玩具。过去我们认为这样的孩子"乖"、好带，其实过分老实的婴儿可能有潜在的影响智力发展的因素。另外，早期有吞咽或咀嚼困难、双眼凝视或眼球震颤、烦躁不安、尖叫等症状，都可以成为早期发现孩子发育迟缓的线索。

2. 筛查。

小儿发育筛查量表又称丹佛小儿发育测验（the Denver Developmental Screening Test, DDST）易于操作，简便快速。该方法由美国学者弗兰肯堡和多兹在美国丹佛市，以初生到6岁的儿童为对象，进行标准化处理而成。该量表诞生至今已经40年，至今仍广泛地应用于世界各个国家和地区。

量表的设计针对易被忽略的婴幼儿神经发育上的差异，以便早期发现潜在问题。如果某一行为在应该出现的年龄没有出现，或者90%的儿童都已经出现的行为，该儿童没有出现，说明神经系统在这项能力的发育分化上存在问题，从而发现儿童的潜在问题，为早期干预打下基础。

小儿发育筛查量表（DDST）经过大量广泛使用，被认为是行之有效的方法。目前美国及世界上很多国家的托儿所、幼儿园及儿童保健机构常使用这个方法测查婴幼儿，我国儿童保健机构及部分幼儿园也在使用这一方法。多年来，丹佛小儿发育测验深受心理学家、教师、保健医生和护士的欢迎。

该量表为出生后2周至6岁儿童设计，但在4岁半之前测查结果最为客观。量表分为四个能区：个人—社会，精细动作—适应性行为，语言，大运动。筛查记录由104个项目组成，这些项目排列于出生至6岁的年龄范围，并分布在四个能区之中。每个项目的名称和内容写在由白、绿两色条块组成的方框中，这个方框被称为项目条，条上有4个点，即25%、50%、75%、90%，表示在相应年龄组内，能够做这个项目的儿童所占同龄儿童的百分数。

通过这种方法可以早期发现发育迟缓的儿童。

（五）干预

1. 了解儿童目前的状况。

干预之前首先需要了解儿童当前的状况，尤其是五大领域的能力和水平。其次要了解儿童已经学会了什么、兴趣是什么、学习新内容的能力如何。

2. 确定教学起点和教学内容。

通过发育检查，确定儿童在五大领域的最高水平，这个水平就是教学的起点，然后再决定教学内容。

3. 制定数字目标。

数字目标分为长期目标和短期目标。长期目标可以是单元目标，是儿童成长的行为目标。将达成行为目标的过程分解为连续的若干个小步骤，每一个小步骤就是一个短期目标，短期目标是由儿童现有的发展水平和学习能力决定的。

4. 制订教学方案及有关服务设施。

短期目标确定之后，要制订教学方案，并提供有关的活动和心理咨询辅导。

四、语言发育迟缓

（一）概念

如果1岁以内或更小的孩子（8～10个月），当他们正处于学习语言的萌芽阶段，却不哭不闹特别安静；一般孩子到了1岁半，会说大约50个词，而他们还不会叫爸爸妈妈；到了2岁半，一般的孩子开始使用叙述、感叹、疑问句和4个字的简单句，而他们还不会说2～3个字的电报句，这时，我们就认为这些孩子的语言发育迟缓，或者说孩子说话晚。

（二）原因

造成说话晚的因素很多，但不外乎生理、心理和环境三个方面。以下就从这三个方面加以介绍。

1.生理因素。

(1)孩子说话晚，首先要注意他的听力有没有问题。如果听力不好，听不清楚周围世界的声音，就很难发展说话能力。

(2)看发音器官有没有问题，如果发音器官有问题，也会影响语言发展。

(3)看智力有没有问题，智力发育迟滞的孩子，不但说话晚，走路也晚，手的动作很笨，认识能力差。

2.心理因素。

(1)母亲等成人自身的情绪问题。如果家长本身情绪不稳定、过度焦虑，就会影响孩子的语言发展。

(2)成人对孩子的情绪反应。一些成人对孩子粗暴或过分保护溺爱。对孩子态度粗暴或家长语言过多，会抑制孩子的语言发展。过分溺爱，不等孩子张口说话，需要的东西已送到孩子手中，这实际上是有意无意地剥夺了孩子学习语言的机会，从而影响了语言的发展。

3.环境因素。

人类具有学习语言的装置，也就是说人类本身具有语言学习系统，但是语言又是习得的。如果家庭中没有语言环境，父母以及家庭成员都是沉默不语的人，孩子语言发展就会受到影响。此外，如果家庭中语言环境混乱，有几种方言同时使用，使孩子分辨不清楚应该说哪一种，也会影响孩子的语言学习，造成说话晚。

（三）干预

孩子说话早晚是家长十分关心的事情。但在一般情况下，除了为孩子创设积极的语言环境外，没有必要进行特殊的训练，因为这样做会使孩子心理紧张而产生口吃。创设语言环境的方法是：

1.对处于说话萌芽状态的孩子，大人要经常跟孩子说话，以促进其懂话和表达的能力。不要以为孩子什么也不懂，就不跟他说。

2.用简单、明了、准确的发音和适当的速度与孩子说话，便于孩子学习。

3.提供良好的语言示范，建立语言概念，比如孩子看见狗，只会用汪汪来表示，你就要说"哦，这是小狗，小狗叫汪汪"，总之要给他一个语言概念。

4.对孩子的语言表达要给予适当鼓励，比如孩子喃喃自语时，你不妨说"宝宝说得真好"。

5.经常不断地给孩子念书，提高孩子对语言的理解能力，培养其对阅读的兴趣。

6.避免情绪反应。包括两个方面：一方面是成人自身的情绪问题，另一方面是成人对孩子的情绪反应。家长只有不断地提高自身修养，才能养育出具有健康人格的孩子。

五、进食、睡眠、大小便以及性行为方面的问题

婴幼儿在进食、睡眠、大小便以及性行为方面的一类问题颇受家长重视，这些问题既与生理因素有关，又与心理情绪因素有关。在这里我们着重介绍心理情绪因素对这些问题造成的影响。下面介绍一些常见的问题。

（一）异食癖

1.概念。

异食癖是指进食非食物性的异物，如玩具上的油漆、灰泥、煤渣、墙皮等，是一种进食过程中的特殊嗜好。

异食行为的出现大约在1岁半起始，1岁以前咬食非食物性东西不能视为异食行为。异食行为在1岁半～3岁的幼儿最为多见。

2.原因。

引起异食行为/异食癖的原因至今没有定论，主要有生理和心理两个方面。

从生理角度看，有人认为异食行为是由于体内铁、锌的缺乏所致。也有人认为体内铁、锌缺乏与异食癖究竟孰因孰果，不可轻易下结论。

从心理角度看，有人认为异食癖是一种心理失常的强迫行为。这种行为的产生与家庭环境不良有关，如家庭不和睦，父母教养态度不良，忙于工作或生计，对儿童无暇照管等。

3.干预。

对异食癖的儿童必须寻找原因，进行治疗。

(1)体内铁、锌缺乏与异食癖无论孰因孰果，只要孩子缺，便要补充治疗。

(2)心理治疗对于异食癖儿童是十分重要的。父母首先需要进行心理咨询，改善自身行为和育儿态度与方法，使儿童的心理能够从父母那里得到支持与关爱。责罚和捆缚手足是不可取的，不但不能解除异食行为，反而会使这种行为加剧。父母要关心儿童，加强对儿童的饮食照顾。纠正已形成的异食行为，可以采用行为疗法，如厌恶疗法。

(3)随着年龄的增长，异食行为会逐渐减少至消失，很少持续至4岁以上。

(二)厌食症

1.概念。

厌食症是指长时间的食欲减退或食欲消失。

2.原因。

婴幼儿厌食可以由几方面原因造成：

(1)生理因素。比如，慢性消化道疾病、长期消化不良、便秘等是引起食欲减退的常见原因；食用易引起恶心、呕吐的药物也可以导致厌食。

(2)不良的饮食习惯常是厌食的主要原因。高蛋白、高糖的浓缩饮食常常造成食欲低下；饭前吃零食，吃饭不定时，生活不规律也会影响食欲。

(3)家长的不良养育方法所致。比如，有的家长喜欢边喂孩子边与别人聊天，孩子则边吃边玩，或者成人追着哄着，机械地强迫喂食；还有的家长对孩子进食的期望值过高，总喜欢跟别的孩子比，觉得自己的孩子吃得少，对孩子过度喂食。

(4)食物本身单调，色、香、味均不能引起孩子的食欲。

(5)生活环境中温度过高、气候过热，都会影响神经系统调节消化酶的活力，造成厌食。

(6)情绪因素。造成婴幼儿厌食的另一个重要因素是情绪因素，小儿受到精神刺激或心情不愉快，均可造成厌食。当小儿受到强烈惊吓后，精神委靡，食欲减退。如果刺激是短时间的，只要刺激的因素消除，厌食的症状会逐渐消失。如果经受慢性的精神刺激或较长时间的不愉快，如离开亲人或到了一个新的环境，小儿则常常表现出拒食，甚至长期厌食，有时还伴有饭后呕吐。

3.干预。

对于厌食的孩子首先要搞清厌食的原因。如果是疾病或生理原因造成的，首先要治疗疾病，解除导致厌食的生理因素。家长要改变不良的喂食方法和孩子不良的饮食习惯，不要过分强迫小儿进食，如果小儿拒食，就暂时不给他吃，等他饿了自然就会吃。对于精神因素导致的厌食，首先要消除各种导致小儿精神不愉快的因素，增加孩子的活动量，白天让其身体充分活动，增加肉体的疲劳，减少精神的疲劳。经常变换饮食花样，吸引孩子，引发食欲。还可以让孩子与小朋友一起吃，大家一起吃饭，互相感染，互相分享，可以产生良好的治疗效果。

（三）睡眠不安与夜啼

1.概念。

睡眠不安是指睡眠不深、辗转反侧、易醒，多见于婴儿。夜啼是指经常性的、规律性的半夜啼哭。睡眠不安与夜啼常常相伴出现。睡眠不安的孩子晚上不愿睡觉，睡后很容易惊醒，或在床上辗转反侧，或全身翻动，睡得不深。有的孩子夜间啼哭，白天又没精神。睡眠不安的孩子易激怒、烦躁，时有胃口不好。有的婴儿昼夜颠倒，白天整天睡觉，夜间整夜不睡或哭闹。

2.原因。

造成婴儿睡眠不安、半夜啼哭的原因很多，大致可分为生理性原因和非生理性原因两大类。

(1)生理原因。

①当婴儿脑发育不成熟时，昼醒夜眠的习惯正在形成或刚刚形成。由于抚育

方法不对，如夜里抱在身上睡，或其他原因，使婴儿的睡眠规律受到影响，会出现白天睡夜里醒的情况。

②身体不舒服或具有疾病。如尿不湿、尿布裹得太紧，内衣太紧或太硬，以及身体出现饥饿、口渴、发烧、肚子痛、耳朵痛、鼻子堵塞等异常现象，会使婴儿睡眠不安或夜间啼哭。佝偻病的孩子夜里睡觉不踏实，容易出现夜惊。生理因素尤其是疾病引起的半夜啼哭持续时间不会很长，一旦身体上的不适解除了，孩子也就不哭了。

(2)非生理性原因。

①家长情绪焦虑，母亲长期心情紧张不安。家庭气氛不和睦，家庭气氛和家长的心理变化对婴儿产生了影响。

②家长对婴儿管得太多，反应太频繁。如过于频繁地把尿，不时地看看孩子是否把被子踢开了，频繁地折腾孩子，近乎神经质。家长的行为使婴儿产生紧张感，心灵上没有一点放松的时间，心神焦躁，引起半夜啼哭。

③如果白天受到强烈的刺激，夜里容易做噩梦，梦醒之后，还会感到恐惧不安，也会啼哭。其实婴儿并不会梦见鬼怪，只是白天受到的刺激，夜里在梦中又呈现出来。所以，如果白天孩子挨了训斥，大人的语调和表情就会成为强烈的刺激，引起孩子啼哭。

④神经过于敏感的孩子，也容易发生夜啼。这种孩子似乎不能熟睡，看上去好像睡着了，但只要有一点小小的声音，就会惊醒，"哇"地一声哭起来。这种神经过敏的孩子一旦哭起来，就会持续很长时间，很难哄。

3.干预。

如何对待睡眠不安及夜啼的孩子呢？

如果夜啼是生理原因造成的，那么排除生理因素，问题就自然得到解决。同时一定要注意从婴儿期起，养成良好的生活规律和睡眠习惯。

如果没有生理上的问题，那么家长就要认真找一找养育孩子过程中存在的问题。比如，白天孩子是不是受到了什么强烈的刺激，或者家长本身的心情不好，紧张焦虑或者家中的人际关系处理得不好等。有时焦虑的家长容易话多，家长的话太多了，也容易引起婴儿夜啼不止。如果是这种原因造成的，可以采用一个星期左右的"沉默疗法"，就是沉静地用微笑去对待孩子，这样可以使孩子紧张的神经得到松弛。其实比较难解决的是以家庭关系为主要原因引起的婴儿半夜啼哭，如婆媳意见不一致、夫妻之间有意见等。如果是这样，家庭成员之间要互相包容，同时要用放松的心情去接纳婴儿啼哭，家长要打心眼里接受孩子夜里哭闹不睡觉的行为，一旦持这种态度和心情，孩子的啼哭就会奇迹般地减少和消失。那些由于神经敏感而夜啼的孩子，往往在某方面具有非常敏锐的感觉，将来也许会有很强的判断能力。因此家长相信自己有一个值得培养的孩子，那么对于孩子的啼哭也就更能容忍，自己也就更自信、更豁达。

（四）小便不能控制

1. 概念。

训练控制小便最好的年龄是半岁至2岁。如果孩子过了这个年龄，3岁以后仍然在夜间入睡后或白天不能控制自己的排尿，尿湿了被褥或裤子，称为小便不能控制。

2. 原因。

造成小便不能控制的原因很多。

第一，据研究显示，70%的小便不能控制儿童的一级亲属中有遗尿的历史，因此很多人认为小便不能控制是家族性的。

第二，婴幼儿时期排尿习惯训练不良导致。长期使用尿布或纸尿布，从小忽视了对排便习惯的训练，以致养成随时随意小便的习惯。也有的训练方法不当，如，半夜把孩子弄醒，让孩子坐在盆上边玩边尿，之后不管尿了没有，又将孩子抱到床上去睡，结果孩子不能把便盆和排尿联系在一起，坐在盆上不尿，站起来就尿，不能形成条件反射，造成排尿习惯紊乱。还有的父母无论孩子是否有尿，到时候就硬强迫孩子坐在便盆上尿，无论孩子怎样哭闹反抗，一定要挤出几滴，造成了孩子对坐便盆的恐惧，不利于排尿习惯的培养。把尿太勤的孩子，憋不住尿，这是目前较多见的小便不能控制的原因之一。

第三，一些生理上的原因。如，白天有尿频现象，尿量又少，这样的孩子夜里容易尿床。

第四，心理功能紊乱的儿童，常有排尿不能控制的现象。小便不能控制的儿童，多有些神经质，或情绪抑郁、多动、好发脾气等。研究发现，小便不能控制与儿童情绪行为之间存在着戏剧性的关系，当情绪问题好转时，小便不能控制的现象也消失了。因此有些精神病学家认为，小便不能控制是由于情感障碍或矛盾所致，是焦虑情绪的一种表现。还有人认为小便不能控制是由于情绪不成熟，或者是儿童发泄愤懑情绪的手段。

第五，身体过于疲乏，睡得过死、过熟，尿床了自己还不知道，这种情况也是常见的。

3.干预。

培养良好的排尿习惯是预防小便不能控制的最基本方法。排尿训练的最好时期为半岁至2岁。

对已有小便不能控制问题的儿童，首先要弄清原因，并采取以下方法：

(1)夜间定时把尿或叫醒孩子尿尿，逐步培养到时间就醒来尿尿的习惯。

(2)睡觉前控制喝水量。

(3)白天训练孩子自己控制排尿次数，要尿尿时，让孩子稍微憋1～2分钟，经过一段时间的锻炼，孩子控制排尿的能力会逐渐加强。

小便不能控制的原因很多是心因性的，因此，对于这类儿童，首先要了解他的生活环境和家庭背景，如家庭是否和睦，父母的身体健康状况、精神神经状况如何，家长是否心情不好、爱发脾气，家里是否有突发事件等。对于心因性的小便不能控制，最根本的解决办法是对家长、父母进行心理咨询，一旦家庭、家长的情绪问题得到解决，孩子小便不能控制的问题就会随之消失。

一般来说，小便不能控制症状的消失，常常是在减少了遗尿次数后，最后才完全消失，除心因性的情况以外，不可能短时间突然痊愈。

(五)玩弄生殖器

1.概念。

玩弄生殖器是婴幼儿时期常见的性行为问题之一。儿童性行为方面的问题是指：儿童时期出现的对于性的认识和活动方面的异常状态，成人中存在的一些性行为方面的问题如性识别障碍（异性装扮癖），也可以源于幼儿或少年时期的性体验。

玩弄生殖器在男性婴儿中更常见，最早可发生在1岁左右，几乎所有的儿童在生长发育过程中都可以出现或轻或重的这类现象。多数儿童3岁开始比较明显，上学后消失，到了青春期又有所增加，只要这种行为不过度，就可以看做发育过程中的正常现象。

2.原因。

(1)儿童到了3岁左右，开始了对自我的探索，发现了生殖器，并对其产生好奇与兴趣，同时发现这些器官能让他得到某种快乐，所以3岁左右玩弄生殖器的现象比较明显。

(2)从生理角度看，局部疾病或阴茎头炎症的刺激，使儿童去搔抓，继而养成习惯。

(3)穿开裆裤的孩子玩弄生殖器的机会多，容易养成习惯。

(4)有些成人好以"小鸡鸡"为题，跟孩子逗着玩，继而使孩子养成玩弄生殖器的习惯。

(5)儿童内心寂寞或情绪矛盾，将玩弄生殖器作为自娱自乐或消除情绪焦虑的手段。

3.干预。

(1)讲究局部卫生，经常清洗，勤换内裤。

(2)及时发现并治疗局部疾病或炎症。

(3)尽早穿闭裆的裤子。孩子出现玩弄生殖器的行为时，尽量转移他的注意力。养成良好的睡眠习惯，上床后立即睡觉，最好不要盖太厚的被子，以便使儿童尽快入睡。不在床上玩耍，减少在床上觉醒的时间。

(4)按照弗洛伊德的理论，3岁儿童开始进入生殖器期阶段。处于生殖器期的儿童如果父母给予过多限制，会削弱儿童的自信心，减少好奇心。因此家长对儿童玩弄生殖器的行为不要过于紧张和焦虑，但要尽量减少他的这种行为，如分散注意力，养成良好的睡眠习惯，注意局部清洁卫生等。

(5)对于过度玩弄生殖器的儿童，父母不要任意惩罚，父母的惩罚不但达不到有效控制的目的，反而会使儿童变得更加焦虑。